무역영어

T R A D E E N G L I S H

머 리 말

본서는 무역영어를 크게 일곱 장으로 나누어 소개하고 있다. 제1장은 무역 마케팅과 국제 매매계약에 관한 내용으로 해외시장 진입 및 매매계약의 체결과 관련된 주요 사항을 설명하고 있다. 제2장은 정형거래조건, 즉 인코텀즈에 관한 내용을 Incoterms 2010의 11가지 조건을 중심으로 소개하고 있다. 제3장은 무역거래의 핵심부분인 다양한 대금결제 방법에 관한 내용을 살펴보고 있다. 제4장은 신용장의 다양한 종류와 대금결제를 할 때 첨부되는 서류를 중심으로 설명하고 있다. 제5장은 해상운송을 비롯한 다양한 국제운송 및 선화증권과 관련된 사항들을 고찰하고 있다. 제6장은 해상보험 및 무역클레임에 관한 내용을 설명하고 있다. 제7장은 무역거래 단계별로 필요한 구문들을 소개하고 있다.

제7장을 제외한 각 장은 각각 제1절 개론, 제2절 주요 논의사항, 제3절 국제협약으로 구성된다. 개론은 관련 내용을 개략적으로 소개하며 논의사항은 각 장별로 주요한 내용 및 개념을 설명하고 있다. 국제협약에서는 관련 국제협약 및 규칙 중 주요 사항을 정리하여 살펴보고 있다. 따라서 필요에 따라 각 장별로 적합한 부분을 학습할 수 있다.

제2절 주요 논의사항에서는 해당 주제를 설명하기 위해 정의하는 구문과 설명하는 구문이 같이 수록되어 있는 점에 유의할 필요가 있다. 예를 들면 issuing bank, 즉 개설은행을 다음과 같이 설명하고 있다.

The bank providing the letter of credit. (축약문)

It is the bank that, should the importer be unable to pay, and should the exporter provide all the necessary documents, has the contractual obligation to pay the beneficiary (the exporter).

첫 번째 구문은 개설은행을 정의하는 것으로 '수입업자에게 신용장을 제공하는 은행'이라는 축약 구문을 사용하고 있다. 이런 경우 문장 끝부분에 (축약문) 이란 문구를 추가할 것이다. 두 번째 구문은 이를 보다 자세히 설명하는 것으로 '개설은행은 수입업자가 대금지급을 할 수 없고 수출업자가 필요한 모든 서류를 제공하면 수익자(수출업자)에게 대금을 지급하여야 하는 계약상의 의무를 갖는 은행이다'라고 완전한 문장으로 표현하고 있다.

학습에 도움이 되도록 각 주제에 번호를 부여하였으며 동일하거나 유사한 주제에 대해서는 동일한 번호를 부여하고 알파벳(예, a, b, c, d, e, …)을 부기하였다. 예를 들면 FCA의 경우 [66a] 및 [66b]로 나누어 설명하였다.

끝으로 여러 가지 면에서 부족한 본서가 무역영어를 학습하고 교습하는데 조금이나마 도움이 되기를 바라며 출간될 수 있도록 도와주신 관계자 여러분께 감사드리는 바이다.

이병락

차 례

제 1 장

무역 마케팅과 국제 매매계약

T R A D E E N G L I S H

T·R·A·D·E·E·N·G·L·I·S·H

제1절 개 론

해외시장에 진입하는 전략을 수립하기 위해서는 해당 시장 및 상품의 특성과 해당 수출업체의 능력 등 여러 가지 사항을 고려하여야 한다. 즉, 해당하는 해외시장의 규모와 성장 가능성을 생각하고 목표하는 시장 점유율을 설정하여야 한다. 이 밖에 수출하고자 하는 물품의 종류에 따른 특성과 수입국이 갖고 있는 정치 및 경제적 특색을 염두에 두어야 한다. 해외시장에 진출하는 방법 중 단순히 물품만을 수출하는 방법에 관해 정리하면 다음과 같다.

Agent : 수입국에 소재하며 수출업체의 대리인으로서 행동하는 기업 또는 개인을 말한다. agent는 해당 물품에 대한 소유권을 갖지 않으며 판매를 할 경우 commission을 받을 뿐이다. 이 경우 수출하는 업체를 principal이라 한다. 해외시장에 진출하면서 agent 방식을 채택하는 경우는 일반적으로 해당 해외시장의 잠재력이 크지 않고 해당 시장에서 지배적인 위치를 추구하지 않거나 확보하기 어려운 경우이다.

Distributor : 수입국에 소재하며 수출업체로부터 해당 물품을 구입하여 이를 유통시키는 기업 또는 개인을 말한다. distributor는 해당 물품에 대한 소유권을 가지며 판매를 통해 이윤을 얻고자 한다. 따라서 distributor는 agent에 비해 수출업체와의 관계에서 보다 많은 위험을 부담하게 된다. 예를 들면, distributor는 일반적으로 광고비를 부담하고 시사회 등에도 참석한다. 반면에 distributor는 가격 설정이나 수입국의 소비 고객들과의 거래에서 보다 많은 유연성을 갖게 된다.

단순히 물품만을 수출하는 것이 아니라 해외에서 생산까지 하는 방법은 다음과 같다.

Subcontracting (Contract Manufacturing) : 예를 들면 어떤 물품에 대한 해외시장의 진입장벽이 높은 경우 해당 물품을 해외에서 생산하기 위해 외국의 생산업자와 협정을 맺고 생산하는 방법이다. 생산된 물품은 distributor 또는 관련 마케팅 채널을 통해 유통시키게 된다.

Licensing : 수출업체가 보유하고 있는 지적재산권을 royalty를 받고 해외에 소재하는 기업에게 사용을 허가하는 방법이다. 이런 지적재산권에는 특허권, 상표권, 저작권, 디자인 등이 포함된다. 지적재산권을 보유하고 있는 측을 licensor라 하고 보상을 지불하고 이를 사용할 수 있는 권한을 취득한 측을 licensee라 한다.

Franchising : licensing과 유사한 방법이지만 franchising의 경우 관련된 많은 지적재산권을 한꺼번에 모두 사용할 수 있도록 일련의 지적재산권을 보유한 업체가 해외에 소재하는 업체에게 royalty를 받고 허가하는 방법이다. 이때 일련의 지적재산권을 보유하면서 이의 사용을 허가하는 측을 franchisor라 하며 해외에 소재하며 royalty를 지불하고 사용의 허가를 받는 측을 franchisee라 한다. franchising은 높은 수준의 기술이 필요하지 않은 소매업종(예를 들면, 햄버거 체인점)이 대부분이다.

Joint Venture : 수출업체가 외국에 소재하는 하나 또는 둘 이상의 업체와 공동으로 출자하여 새로운 기업을 설립하는 방법이다. 출자한 소유권의 비율은 50퍼센트 대 50퍼센트 또는 51퍼센트 대 49퍼센트 등 다양한 방식이 존재한다.

Subsidiary : 이를 Wholly Owned Foreign Enterprise(WOFE)라고도 하며 이는 수출업체가 외국에 100퍼센트 투자하고 해당 투자업체에 대해 완전한 지배권을 행사하는 방법이다. 하지만 투자가 단독으로 이루어지기 때문에 이에 따른 위험도 해당 기업이 단독으로 부담하게 된다.

무역거래가 구체적으로 이루어지기 위해서는 매도인과 매수인 사이에 계약조건에 관한 합의가 이루어져 매매계약이 체결되어야 한다. 매매계약의 체결을 위해서 사전적인 교섭이 필요한데 이를 정리하면 다음과 같다.

Inquiry : 두 가지 종류의 inquiry, 즉 trade inquiry와 credit inquiry가 있다. trade inquiry는 무역거래 상담의 한 과정으로서 해당 업체가 관련 물품에 대해 나타내는 의사표시라고 할 수 있으며 물품의 카탈로그를 보내달라는 요청에서부터 구체적인 계약조건에 관한 문의까지 그 범위가 매우 넓다. 이에 반해 credit inquiry는 상대방의 신용상태를 조사하는 것으로 소위 3C 또는 4C를 조사하게 된다. 3C란 character, capital, capacity를 의미하며 여기에 condition을 추가하면 4C가 된다.

Agreement on General Terms and Conditions of Business : 이는 일반거래협정으로 매도인과 매수인 사이 양자 간의 거래에 관한 일반적인 사항(예를 들면, 품질, 수량, 분쟁해결 방법, 손해배상 청구 등)을 규정하여 장래에 발생할지도 모를 분쟁이나 오해를 최소화하고자 한다.

매매계약이 체결되는 데 관련된 사항을 정리하면 다음과 같다.

Offer : 이는 일정한 조건에 따라 계약을 체결하고 싶다는 의사표시이다. 즉, offer를 제시하는 당사자인 offeror가 이를 받는 offeree에게 offer를 제시하게 된다. offer를 받은 offeree가 offer의 조건을 변경하여 의사를 표시하는 경우 이를 counter offer라 한다. firm offer는 청약내용에 승낙기간을 지정하고 그 기간 내에 승낙하는 회답이 있으면 계약이 성립되는 offer이다. 승낙기간이 명시되어 있지 않더라도 해당 청약이 확정적이거나 취소 불가능하다는 표시가 있는 경우에도 firm offer라고 할 수 있다. 이에 반해 free offer는 승낙기간이 명시되지 않거나 확정적 또는 취소불능이라는 표현이 없는 청약으로 offeror가 일방적으로 철회하거나 내용을 변경할 수 있다.

Acceptance : offer의 내용에 따라 계약을 체결하겠다는 offeree의 의사표시로서 acceptance를 할 경우 원칙적으로 offer의 내용을 무조건적이며 절대적으로 받아들여야 한다. 즉, acceptance의 조건은 offer의 조건과 엄밀히 일치해야 하며 조건을 변경하거나 추가할 수 없다.

T·R·A·D·E·E·N·G·L·I·S·H

제2절 주요 논의사항

무역계약의 체결과정을 간략히 살펴보면 다음과 같다.

[1] How to Start a Trade Transaction?

step 1 : choosing a new client

The method of customer selection may include information through the Chamber of Commerce, bankers, trade shows and foreign government offices such as embassies. Advertising in a newspaper or foreign magazine will be helpful in reaching large numbers of potential clients quickly.

⊂용어⊃ Chamber of Commerce (상업회의소) : 각국의 상업회의소는 각국의 국내법에 따라 설치되며 각국의 일정 지역에 소재하는 상공인들이 회원이 되어 해당 지역의 상공업 발전을 도모하고 있다. 각국의 Chamber of Commerce가 모여서 국제상업회의소, 즉 International Chamber of Commerce(ICC)를 결성하였다. 우리나라의 대한 상공회의소(Chamber of Commerce and Industry)도 ICC에 가입하였다.

⊂해설⊃ 잠재적인 신규 고객을 발굴하기 위해서 상업회의소를 통하거나 각국의 대사관처럼 정부기관을 통해 접촉할 수 있다. 이 밖에 무역 전시회, 거래은행, 광고를 통해서도 이들에 관한 정보를 얻을 수 있다.

step 2 : making an offer

The offer must be presented with a positive and prudent attitude toward the business. Include such items as a price list, packaging information and terms of sale (trade term/payment term). An offer to show the product personally or mail a sample on request will help promote the business.

⊂용어⊃ offer (청약) : 매도인이 매수인에게 또는 매수인이 매도인에게 가격, 수량, 선적, 품질 등에 관해 일정 조건으로 무역계약을 체결하고 싶다는 의사표시이다.

price list (가격표) : 무역거래를 하기 위해 상품명 및 가격 등을 기재한 서류이다.

⊂해설⊃ 무역거래를 하려면 우선 offer를 하게 되는데 이때 price list뿐만 아니라 sample 등을 보내면 거래를 촉진하는 데 도움이 된다.

step 3 : credit inquiry

Before accepting a new client beware of those that just collect samples. They usually get the sample free of charge and sell them at a reasonable price. The buyers do not reimburse the shippers and the shipper loses money. Before starting actual business a credit inquiry is important. In the export business, the credit is the most basic factor. Your bankers will usually debit the charges for this service.

⊂용어⊃ shipper : 송화인을 말한다.

credit inquiry : 신용조회를 의미하며 신규 거래처에 대한 신용상태를 조사한다.

⊂단어⊃ reimburse : to pay back or compensate (a person) for money spent, or losses or damages incurred

⊂해설⊃ 실제로 무역 거래를 시작하기 전에 상대방에 대한 신용조회를 하는 것이 일반적이며 이는 거래은행, 거래기업, 전문기관 등을 통해 이루어지

고 일정한 수수료를 부과하기도 한다.

step 4 : general agreement on terms and conditions

Before starting business, one should draw up an agreement between the client and the exporter to avoid any misunderstandings. An agreement made at the initial stage of business would protect the parties concerned from misunderstanding and legal difficulties.

⊂용어⊃ general agreement on terms and conditions of business : 일반 거래조건 협정서로서 매도인과 매수인 사이 상호간의 거래에 기준이 되는 조건을 체결한 협정이다.

⊂해설⊃ 거래를 개시하기 전에 향후 발생할 수도 있는 오해와 법적인 문제를 방지하기 위해서 무역거래 전반에 걸쳐 일반거래협정을 체결하는 것이 바람직하다.

step 5 : export contract

The export contract is completed when the buyer agrees to the offer presented by the exporter. The offer is a declaration of intention, and acceptance is a contract confirming the offer. If the export contract expires, each party (buyer and seller) must reconfirm the sales contract.

⊂용어⊃ acceptance : 승낙을 의미하며 무역거래에서 상대편의 청약에 대해 이를 수락하는 의사 표시이다.

acknowledgment (주문승낙) : 매수인이 낸 주문에 대해 매도인이 이를 승낙하는 의사 표시이다.

⊂해설⊃ 상대방이 제시한 청약을 승낙함으로써 계약이 체결된다.

계약 체결과 관련된 사항을 보다 자세히 살펴보면 다음과 같다.

[2] Inquiry

The first contact between the parties may take the form of an inquiry or an invitation to contract, such as contained in a catalog, advertisement or invitation to submit tenders for construction or other work.

⊂용어⊃ inquiry (조회) : 무역거래에서 상대방으로부터 오는 문의를 말하는데 일반적으로 매수인이 매도인에게 물품을 수입하기 위해서 품명, 수량, 가격 등에 관한 사항을 문의하는 것을 말한다. 이에 대한 회답으로 매도인이 구체적 조건을 표기한 offer를 제출하게 된다.

[3] Quotation

Generally a quotation is only an invitation to contract. In this case the person to whom the quotation is addressed makes the offer and it is for the sender of the quotation to decide whether to accept or reject it.

⊂용어⊃ quotation : 가격에 대한 견적을 말한다.

[4] Offer

The initial step in the formation of a contract. (축약문)

When one of the parties to a potential sale contracts the other, it does so with an offer to enter into a contract. Under the Convention on Contracts for the International Sale of Goods (CISG), the offer made by one of the parties is valid until it stated expiration date.

The offer is a statement intended to result in a binding contract if duly accepted by the offeree. The seller should make certain that the essential elements of the contract are clearly stated in the communications exchanged by the parties. These elements are :

1. the goods ordered which should be described without ambiguity;
2. the purchase price and the terms of payment; and
3. the terms of delivery, including instructions for packing and invoicing, transportation and insurance.

⊂용어⊃ offer (청약) : 청약인이 피청약인에게 품질, 가격, 수량, 선적, 결제 등에 관해서 일정 조건을 내용으로 하여 계약을 체결하고 싶다는 의사표시를 말한다. 반드시 offer라는 용어를 사용하지 않아도 실질적으로 계약의 체결을 희망하는 의사만 명백하다면 충분하다고 본다. 일반적으로 offer는 상대방에게 도달할 때 효력을 발생한다고 간주한다. 매도인이 매수인에게 판매의사를 나타내는 청약을 selling offer라 하며 매수인이 매도인에게 매입의사를 표시하는 청약을 buying offer라 한다. 제시된 offer에 대해서 일부 조건을 변경하여 다시 제시하는 청약을 반대청약, 즉 counter offer라 한다. 청약에 대한 승낙 회신기한이 지정된 청약을 firm offer라 하며 그렇지 않은 청약을 free offer라 한다.

United Nations Conventionon Contracts for the International Sale of Goods (CISG) : 일명 'Vienna Convention'이라고도 하며 국제 매매계약과 관련된 대표적인 국제협약이다.

offeree (피청약인) : 청약인, 즉 offeror가 제시한 offer를 받는 당사자를 말한다.

⊂해설⊃ 청약은 계약을 체결하기 위해서 조건을 제시하는 처음 단계이다.

[5] Counter Offer

After an offer has been made by one of the parties, the other party may not agree with all of the terms of the offer, and may want to modify them.

Under the Convention on Contracts for the International Sale of Goods (CISG), this response is construed as a rejection of the original offer, to which a counter offer can be made.

⊂용어⊃ counter offer (반대청약): 제시된 offer에 관해 일정 조건을 수정하여 다시 제시하는 경우 이를 counter offer라고 한다.
⊂해설⊃ 계약을 체결하기 위한 중간 단계로서 제시된 조건의 일부에 대해 조건을 변경하여 이를 다시 제시하는 것을 counter offer라고 한다. offer의 내용을 무조건적으로 승낙하지 않고 일부를 변경할 경우 이는 offer에 대한 거절로 보며 반대청약, 즉 counter offer를 구성한다.

[6] Acceptance

After an offer has been made by one of the parties, the contract is formed if the other party accepts the terms of the offer. Under the Convention on Contracts for the International Sale of Goods(CISG), the second party must completely agree with all the terms presented in the offer; otherwise, it is a rejection of the offer.

The acceptance must be unconditional and unqualified. If it is otherwise, it constitutes a rejection of the original offer, combined with a counter offer.

The general rule is that a contract is made when the acceptance is communicated to the offeror.

⊂용어⊃ acceptance (승낙): 제시된 offer를 수락할 경우 이를 acceptance라고 한다.
⊂해설⊃ 한 당사자가 제시한 offer에 대해 다른 당사자가 이를 승낙하면 계약이 체결되는데 이 경우 CISG에 따를 경우 승낙은 제시된 offer의 조건에

따라 무조건적으로 이루어져야 한다. 그렇지 않을 경우 offer의 거절로 간주된다.

[7] Term of Sale

An element in a contract of sale that specifies the method of payment to which an exporter and an importer have agreed. (축약문)

Specifically, the terms of sale will specify cash in advance, letter of credit, documentary collection, open account, or trade card transaction.

⊂용어⊃ cash in advance : 물품의 인도 전에 대금을 현금으로 결제하는 방법을 말한다. 매도인에게는 가장 안전하고 유리한 결제 방법인 반면에 매수인에게는 가장 불리한 방법이다.
letter of credit : 신용장을 말한다.
documentary collection : 화환추심을 말한다.
open account : 청산계정을 말한다.

[8] Term of Trade

An element in a contract of sale that specifies the responsibilities of the exporter and the responsibilities of the importer. (축약문)

Specifically, the term of trade will specify which activities must be performed by the exporter, which are performed by the importer, and where in the international transportation process the transfer of responsibility for the merchandise takes place.

⊂해설⊃ 수출업자와 수입업자의 의무 사항을 규정하고 운송과정에서 물품의 인도 및 인수 시점 등을 규정한 계약 조건을 의미한다.

[9] Breach

In the event that one of the parties to a contract does not meet its obligation, that party can be found to have broken the terms of the contract, or to be in breach of the contract.

If the party did not fulfill its obligations because of an event beyond its control, the nonperformance can be excused under the force majeure clause.

⊂용어⊃ force majeure : 불가항력을 말한다.
⊂단어⊃ breach : a violation of law, legal obligation or promise
⊂해설⊃ 계약의 일방이 자신의 의무를 이행하지 않을 경우 계약조건이 파기되어 계약 위반이 발생한다. 하지만 불가항력적인 상황으로 인한 계약의 불이행은 면책이 될 수 있다.

[10] Force Majeure

An event beyond the control of any of the parties in an agreement that prevents one of the parties from fulfilling its commitment. (축약문)

The title of a standard clause often found in contracts for sale of goods or transportation exempting the parties from liability for non-fulfillment of their obligations by reason of certain acts beyond their control, such as natural disasters or war. (축약문)

The affected party is then not considered to be in breach of the contract.

⊂용어⊃ force majeure : 지진, 홍수, 화재, 폭풍우, 폭동, 파업 등과 같은 비상사태가 발생하여 통상적인 주의 또는 예방방법으로는 손해를 방지할 수 없는 상황을 말한다. 무역거래에서 일반적으로 이런 경우 면책이 된다.
act of God (천재지변) : 인력의 한계를 넘는 불가항력적인 상황을 말한다.
⊂해설⊃ 당사자들로 하여금 계약을 이행할 수 없도록 하는 예를 들면, 천재지변과 같은 불가항력적인 상황을 말하며 매매계약이나 운송계약에 자주 포함된다. 이런 불가항력적인 상황으로 인한 계약 의무의 불이행은 계약 위반으로 간주되지 않는다.

[11] Lex Mercatoria

The sum total of all the international agreements, international conventions, and other international trade customs that complement the domestic laws of any given country, and to which all international trade transactions are subject. (축약문)

Because some countries are signatories of some treaties but not of others, the complexity associated in determining which elements of Lex Mercatoria apply to a given transaction can be substantial.

⊂해설⊃ 국내법을 보완하며 무역거래를 하는데 준수하여야 하는 국제협정, 국제협약, 국제무역 관행을 총합하여 이르는 말이다. 하지만 모든 국가가 서명을 한 것이 아니기 때문에 이를 실제로 적용하는 데는 복잡한 문제가 뒤따른다.

[12] Evergreen Contract

A contract that, by design or by default, does not have a specific term of appointment. (축약문)

If a contract lapses but both parties continue acting as if the contract were still in place, the contract then can be considered evergreen.

⊂해설⊃ 대리점 또는 판매상을 지명하고 이들과의 계약을 갱신하는 특별한 조건이 명시되지 않은 계약을 말한다. 따라서 이들과의 계약이 실제로 잘 이행되지 않더라도 계약은 계속 유지된다.

[13] Overseas Marketing

The various legal forms of overseas marketing can be grouped as follows :

1. The exporter may conclude a sole distribution or a licensing or franchising agreement with an importer abroad; or
2. The exporter may entrust his representation to an exclusive agent abroad or ask his overseas customers to use the services of a confirming house; or
3. The exporter may provide his own unincorporated or corporate marketing organization in the overseas country by establishing a branch office or subsidiary there, or by a foreign acquisition, i.e. by acquiring an enterprise already carrying on business in the target country and possibly having established market outlets there; or
4. The exporter may combine with an enterprise in the overseas country in a joint venture or adopt another form of joint export organization.

⊂용어⊃ licensing agreement : 외국기업에게 해외 현지에 있는 사업에

서 특허권, 상표, 기술 등의 사용을 허용하는 협정이다.

exclusive agent agreement : 독점 대리점 계약을 말한다.

confirming house : 아프리카 및 중남미 등에 있는 수입업자의 대리로서 런던 또는 뉴욕에서 은행관계의 업무를 대행하는 업자, 즉 확인업자를 말한다. 예를 들어 수입업자는 매매계약의 성립과 동시에 confirming house에 주문서 사본을 발송하며 confirming house는 이것을 확인하고 나서 수입업자를 대신하여 신용장의 발행 절차를 밟아 수출업자에게 주문서 및 신용장을 발송한다. 수출업자는 이에 의거하여 선적을 하고 어음도 confirming house 앞으로 발행한다. confirming house는 어음의 대금 및 수수료를 수입업자로부터 받는다.

subsidiary : 모회사에 대한 말로 자회사를 의미한다.

joint venture (합작회사) : 복수인이 공동 출자하여 특정한 사업을 수행할 목적으로 설립된 회사를 말한다.

⊂해설⊃ 수출업자가 해외에서 마케팅을 수행하는 데 사용하는 방법에는 sole distribution, licensing, franchising, exclusive agent, branch office, subsidiary, joint venture 등 다양한 방법이 있다.

[14] Sole Agreement and Exclusive Agreement

In modern commercial usage the following meaning is often attributed to the terms sole and exclusive :

1. Both terms imply that the principal shall not be entitled to appoint another distributor or agent for the territory of the representative.
2. If the representation is sole, the principal himself may undertake sales in the territory of the representative on his own account without any liability to the representative.
3. If the representation is exclusive, the principal is not allowed himself to compete with the representative in the allotted territory.

⊂해설⊃ 협약서에 분명히 명시되어 있지 않다면 sole representative를 임명한 경우 해당 지역에 또 다른 판매상이나 대리점을 지명할 수 없다. 또한 일반적으로 sole agreement의 경우 principal(본인)은 해당 지역에서 자신이 판매를 할 수 있지만 exclusive agreement의 경우 principal은 해당 지역에서 자신이 판매를 할 수 없다.

[15] Distribution Contract

An agreement between an exporter and an intermediary. (축약문)

It can take the form of either an agency or a distributorship agreement.

⊂해설⊃ 수출업체와 수입국의 중개업체 사이에 체결되는 협정을 말한다.

[16] Agent

In a general sense, a person who acts on behalf of another person. (축약문)

This may include selling agents or buying agents. Sales agents are sometimes called sales representatives or manufacturer's representatives. Their role is to perform services for their principal, such as obtaining orders, and they are usually paid a commission for their services.

⊂용어⊃ agent : 외국 또는 국내에 있는 타인의 위탁을 받아 상행위를 대리 또는 매개함으로써 그에 대한 보수로서 일정한 commission을 취득하는 자를 말한다.

selling agent : 판매를 대리하는 대리인을 말한다. (exclusive selling agent 또는 sole selling agent : 독점 판매 대리상).

buying agent : 매입을 대리하는 대리인을 말한다.

commission agent : 위탁판매인, 중개상, 수수료를 받는 중개업자를 의미한다.
broker : agent와 기능이 유사하지만 이는 판매나 구매를 위해 제공된 서비스에 대해 그때마다 중개 commission을 받는 자이다.

[17] Principal

The party represented by an agent in an international agency agreement.
(축약문)

⊂용어⊃ principal (본인) : 자신의 계정을 통해 책임을 지고 거래하는 자를 말하며 agent에 대응하는 말이다.

[18] Exclusive Representative

An agent or a distributor that has been granted the right of being the sole representative of the exporter in a given territory. (축약문)

⊂용어⊃ distributor (판매인) : 외국의 제조업자나 수출업자로부터 특정 상품의 판매 권한을 부여받은 판매상을 말한다.
⊂해설⊃ 일정한 판매 영역에서 독점적 권한이 주어진 독점 대리인 또는 판매인을 말한다.

[19] Commission Agent

The commission agent is the most common agent arrangement. It is also the simplest because the agent gets paid a percentage of the sale only when they make the sale. The main advantage in this arrangement is that the agent has a very big incentive to sell as much as possible. The more they sell, the more they make. The disadvantage is that if they find your products are harder to sell than some of their other lines, they may not bother with them.

⊂해설⊃ 판매액의 일정 비율만큼 commission을 받는 agent로 보다 많은 commission을 받기 위해서는 판매를 보다 많이 하여야 한다.

[20] Retainer Agent

Retainer agents are paid a fixed amount to work for your company for a defined period of time. They normally do not get any commission, and in fact are really only paid salespersons. They are usually contracted on a yearly renewable basis to work a stated number of days per month on your behalf for a fixed amount of money.

There is a growing trend for agents to work on a combination of fixed payments and commission.

⊂단어⊃ retainer : an employee
⊂해설⊃ 일정기간, 예를 들면 연간 단위로 계약을 체결하여 일정 금액을 받는 agent를 말한다.

[21] Binding Agent

An agent that can make decisions that are binding on the principal. (축약문)

The principal must abide by whatever statements the representative has made.

⊂단어⊃ binding : having the power to impose an agreement or commitment

[22] Del Credere Agent

One who guarantees payments. (축약문)

A sales agent who will guarantee payment by the purchasers of goods. (축약문)

⊂용어⊃ del credere agent : 지불 보증 대리인으로 지불 보증에 대한 대가로 지급되는 수수료인 del credere commission을 받는 자이다.
⊂해설⊃ 물품 구매자에 의한 대금결제를 보증해 주는 agent를 말한다. 위탁거래에서 중개인은 화주의 수탁자로서 역할을 할 뿐이지 구매자에 의한 대금지급까지 보증할 의무는 없다. 따라서 화주, 즉 위탁자가 구매자의 대금지불을 보증하도록 할 경우 sales commission 이외에 del credere commission을 주게 된다.

[23] Indent Merchant

One who assembles a number of orders from merchants in his locality, such orders being placed with foreign manufacturers by the indent merchant for his own account. (축약문)

He assumes the full credit risk and obtains his commission from those for whom he orders.

⊂용어⊃ indent: 수입상이 수출국에 소재한 상사에게 상품의 매입 및 적출을 위탁하고 그 보수로서 buying commission을 지급하는 거래 방법을 말한다.
⊂해설⊃ 지역에 소재하는 업체로부터 주문을 받아서 외국의 제조업자에게 매입주문을 하는 당사자로서 이에 따른 신용위험을 모두 부담하고 commis-

sion을 받는다.

[24] Buying Commission

A commission paid by a purchaser to an agent or person under the purchaser's control who identifies suppliers, assists with shipments and provides other services for the purchaser. (축약문)

⊂용어⊃ buying commission (매입수수료): buying agent는 indentee(매입수탁자)로서 indentor(매입위탁자), 즉 수입업자로부터 받은 indent(매입위탁)에 의거하여 외국에서 매입을 하고 선적한 후에 매입 금액의 일정 비율에 대해 buying commission을 받는다.
⊂해설⊃ 매입자, 즉 수입업자를 위하여 해당 물품을 구입하여 선적하고 이에 대해 commission을 받는 당사자를 말한다.

[25] Selling Commission

Money or compensation paid by the seller of goods to the seller's agent for services performed by that agent, such as identifying prospective purchasers and assisting with export of the goods. (축약문)

⊂용어⊃ selling commission (판매수수료): 매도인, 즉 수출업자가 selling agent에게 지급하는 commission을 말한다.
⊂해설⊃ 매도인의 agent가 매도인에게 제공한 서비스의 대가로 받는 commission을 말한다.

agent 계약의 예를 들면 다음과 같다.

[26a]

This Agreement made this ___ day of ______ , 20__ between MKB Manufacturing Inc., 7583 Main Street, Galaxy, Illinois, USA (hereinafter referred to as "MKB"), and BEST Agent Limited, 258 Somoon Dong, Dong Gu, Daejon, Korea (hereinafter referred to as "AGENT").

⊂단어⊃ hereinafter : in a following part of this document, statement, or book

[26b]

1. Appointment

MKB appoints AGENT as its exclusive sales representative to promote the sale of the products set in the Appendix A (hereinafter referred to as "the Products"), within the territory described in Appendix B (hereinafter referred to as "the Territory").

⊂단어⊃ territory : the area for which a person is responsible as representative or agent

[26c]

2. Services and Responsibilities of Agent

The services to be provided by AGENT to MKB shall include, but are not limited to, the following :

a. Analyzing the market and developing marketing plans;
b. Promoting MKB products within the territory;
c. Identifying, contacting, meeting with and briefing potential customers,

and further qualifying their requirements;
d. Assisting in preparing and delivering bids and proposals;
e. Communicating with customers for follow-up business;
f. Assisting in collecting payment for sales made;
g. Assisting MKB personnel visiting the territory; and
h. carrying out other related activities as agreed upon by both parties.

[26d]

3. Responsibilities of MKB

MKB shall be responsible to the AGENT for the following :

a. Providing suitable product information and promotional literature;
b. Responding as soon as possible to inquiries and requests for bids or proposals received from AGENT; and
c. Assisting AGENT in promoting the products and the territory.

[26e]

4. Agent Compensation

AGENT will receive from MKB a commission amounting to five percent (5%) of the dollar value of any sales made by MKB to buyers in the territory introduced by AGENT. The commission will be paid to AGENT by MKB each time payment in whole or in part is received by MKB.

[26f]

5. Agent Compensation

For its marketing service to MKB, AGENT will be compensated with a combination of commission and hourly consulting rates as follows :

a. AGENT will receive from MKB a commission amounting to six percent (6%) of the dollar value of any sales made by MKB to buyers introduced through AGENT. The commission will be paid to AGENT by MKB each time payment in whole or in part is received by MKB, and will be paid on any sale or exchange from any source whatsoever effected by MKB to the buyer introduced through AGENT. The amount of the commission payments will be reduced by the amount of hourly rate payments made in accordance with sub-paragraph 5.b below.

b. AGENT will be compensated for the marketing activities on an hourly rate basis at rates stated in schedule A of this agreement, and MKB will pay AGENT for all expenses associated with these activities. The compensation will be paid to AGENT by MKB at the end of each month that the activities took place, unless otherwise agreed to by both parties, and the sales commission payments referred to in sub-paragraph 5.a above will be reduced by the amount of the hourly rate payments paid to AGENT by MKB.

[26g]

6. Duration of Agreement

This agreement will be in effect for a period of two years from the date first above written, and will automatically renew annually thereafter on the anniversary of the date first above written, unless terminated by either party.

[26h]

7. Termination

This agreement may be terminated by either party at any time by informing the other party in writing at least 90 days prior to termination date.

⊂단어⊃ termination : the act of terminating

[26i]

8. Governing Law

This agreement shall be interpreted in accordance with the laws of the State of _____, and all disputes arising from this agreement shall be settled under the same laws.

[27] Competing Lines

In a contract between a principal and an agent or distributor, competing lines are products manufactured by a company other than the principal that compete with the products manufactured by the principal.

⊂단어⊃ line : business, activity, field, area, specialization

[28] Good Faith

The assumption that both parties signing an agreement want to enter that agreement and have no ulterior motives. (축약문)

Almost all contracts have a clause specifying that the parties are entering the contract in good faith.

⊂단어⊃ ulterior : concealed intentionally so as to deceive
⊂해설⊃ 거의 모든 계약에 포함되는 조항으로 계약을 체결한 당사자들은 이면에 숨겨진 의도 없이 해당 계약을 체결한다는 가정을 말한다.

[29] Distributor

A person who purchases goods for the purpose of reselling such goods.
(축약문)

The distributor is distinguished from an agent because it takes title to the goods, assumes the risk of loss or damage to the goods, and is compensated by marking up the goods on resale.

⊂용어⊃ distributor : agent의 경우는 본사, 즉 principal에 종속된 지위를 유지하며 위험 부담이나 계산의 책임은 본사에게 있지만 distributor는 본사와 대등한 관계에서 자기의 위험 부담과 계산으로 거래를 하는 판매상이다.

[30] Different kinds of Distributor

The distributor purchases products and resells them. The distributor is usually granted exclusive rights to sell the designated products in a designated territory for a designated time period. Distributors vary from little more than a commission agent to those who stock products and parts as well as provide complete installation and repair service.

⊂해설⊃ distributor는 그 종류가 다양하여 commission을 받는 agent와 거의 차이가 없는 형태에서부터 설치 및 수리는 물론 부품까지도 공급하는 형태까지 존재한다.

[31] Registration

A process whereby an agent or a distributor has to notify the government of the importing country that it has entered into an agency agreement or a distributorship agreement with a foreign manufacturer. (축약문)

⊂해설⊃ 외국기업과 대리점 또는 판매점 계약을 체결하였다는 사실을 자국 정부에 통지하는 과정을 의미한다.

[32] Gray Market

A process by which entrepreneurs buy the products of a company in country A, export them to country B, and resell them to retailers and other intermediaries in country B. (축약문)

Because the entrepreneurs are operating outside of the normal distribution channels for these products, and because they are not authorized distributors, the products themselves are dubbed parallel imports as well.

⊂단어⊃ dub : to make a new recording from the original of a tape
⊂해설⊃ 예를 들면 권한이 주어지지 않은 업체가 A국에서 물품을 수입하여 이를 다시 B국에 재판매하는 것을 말한다. 이 경우 B국의 권한이 주어진 정식 허가업체가 수입한 물품보다 가격이 저렴하여 문제가 발생한다.

[33] Counterfeit Goods

Goods that appear to have been produced by the legitimate manufacturer, but were actually produced by another company intent on deceiving customers and imitating the genuine goods. (축약문)

Counterfeit goods are generally sold for a much lower price than the authentic goods.

⊂단어⊃ counterfeit : to make imitation
⊂해설⊃ 정품을 모방하여 만든 위조 물품은 품질은 열등하지만 가격은 훨

씬 더 저렴하다.

[34] Dumping

The strategy followed by some exporters to sell the products they are exporting at a price that is considered too low by the importing country's customs office. (축약문)

Depending on the importing country, the products' price is considered too low when it is either below their manufacturing costs or below their normal wholesale price.

⊂해설⊃ 제조비용 또는 정상가격 이하로 판매될 경우 덤핑이 발생한다.

[35] Confidentiality

In a contract between two parties, the promise by each of the parties not to divulge what it has learned about the other party's customers, manufacturing processes, and business practices. (축약문)

⊂단어⊃ divulge : to disclose or reveal
⊂해설⊃ 계약을 체결한 당사자들이 상대방의 고객, 제조과정, 거래방법 등에 관한 사실을 공개하지 않겠다는 약속을 말한다.

[36] Ownership of the Customers' List

The list of the customers of a particular company is considered a business asset. A contract between a principal and a distributor spells out which of the two parties owns that asset.

⊂해설⊃ 특정 회사의 고객 명단은 기업의 자산으로 간주되며 계약서에 이에 관한 권한을 누가 소유할지를 규정한다.

[37] Royalty

The amount of money paid by the licensee to the licensor for the right to use the licensor's intellectual property. (축약문)

Royalty fees are generally determined as a function of the number of times that the licensee or franchisee used the intellectual property.

⊂단어⊃ licensee : one to whom a license is granted
⊂용어⊃ **royalty** : 특허권 및 저작권과 같은 지적재산권의 사용료를 말한다.

[38] Licensing

A process by which a firm processing some intellectual property item (a patent, a copyright, a trademark, a trade sector) grants another company the right to use the intellectual property item in exchange for a payment called royalty. (축약문)

⊂해설⊃ royalty를 받고 지적재산권의 사용을 허가하는 과정을 말한다.

[39] Licensor

The owner of an intellectual property item that grants another firm (the licensee) the right to use that intellectual property in exchange for the payment of a royalty. (축약문)

⊂해설⊃ licensor란 licensing 계약에서 royalty를 받고 licensee에게 지적재산권의 사용을 허가하는 당사자를 말한다.

[40] Licensee

The party that is granted the right to use an intellectual property item owned by another party, the licensor, in exchange for payment of a royalty. (축약문)

⊂해설⊃ licensee란 licensing 계약에서 royalty를 주고 licensor로부터 지적재산권의 사용을 허가받은 당사자를 말한다.

[41] Franchising

A process by which a firm processing an array of several intellectual property items (patents, copyrights, trademarks, trade secrets) grants another company the right to use these intellectual property items in exchange for royalties. (축약문)

In general, the firm that is granted the rights to use the items(called the franchisee) and the firm that is granting the rights to use the items(called the franchisor) are, in the eyes of their customers, indistinguishable.

⊂단어⊃ array : an orderly arrangement
⊂해설⊃ 특허권, 저작권, 상표, 영업비밀 등 일련의 모든 지적재산권을 royalty를 받고 사용을 허가하는 과정을 말한다. 지적재산권의 사용을 허가받는 당사자를 franchisee라 하고 허가하는 당사자를 franchisor라 한다.

[42] Franchisor

The owner of an array of several intellectual property items that grants another firm (the licensee or franchisee) the rights to use that group of intellectual property items in exchange for the payment of royalties. (축약문)

⊂해설⊃ franchisor란 franchising 계약에서 royalty를 받고 지적재산권의 사용을 허가하는 지적재산권의 소유주를 말한다.

[43] Franchisee

The party granted the right to use an array of intellectual property items owned by another party in exchange for the payment of royalties. (축약문)

⊂해설⊃ franchisee란 franchising 계약에서 royalty를 지불하고 지적재산권의 사용을 허가받는 자이다.

[44] Joint Venture Companies

A joint venture company is a form of business organization set up by two or more companies to carry out a business venture in which each of the founding companies has an interest. The founding companies jointly own the joint venture company and share in its profits and losses. A major advantage of this arrangement is that the joint venture company is looked upon as a local company in the country.

⊂용어⊃ joint venture : 합작회사를 말하며 2 이상이 공동 출자하여 특정한 사업을 수행할 목적으로 설립된 기업이다.
⊂해설⊃ joint venture는 둘 이상의 기업이 공동으로 출자하여 설립되며 이

합작기업은 설립된 국가에서 내국기업으로 간주되는 이점이 있다.

[45] Harmonized Tariff System(Codes)

The system adopted by most of the commercial countries of the world in 1989, classifying products manufactured and sold in world commerce according to an agreed-upon numerical system. (축약문)

Common international classification facilitates balance of trade statistics collection, customs classification and country of origin determination.

⊂용어⊃ harmonized commodity description and coding system (HS): 조화제도라고 하는 상품 분류 방법을 말한다.
⊂해설⊃ 세계에서 제조되고 거래되는 물품을 합의된 방법에 따라 분류하고 각각의 독특한 번호를 부여하는 제도를 말하며 이를 통해 무역통계, 관세부과, 원산지 결정을 용이하게 할 수 있다.

[46] Trademark

A brand name, word or symbol placed on a product to distinguish that product from other similar types of products. (축약문)

The right to sell products under a trade mark is regulated by the laws and regulations applicable in each country of sale.

⊂해설⊃ 다른 상품과 구별하기 위한 특정 상품의 등록상표를 말하며 각국은 법에 의해 이를 보호하고 있다.

[47] Sales Agreement or Contract

The agreement, oral or written, between the exporter(seller) and the importer(purchaser) describing the terms and conditions upon which the seller and purchaser will execute the sale and describing the rights and responsibilities of each party. (축약문)

⊂해설⊃ 매도인과 매수인 사이의 판매조건 및 각자의 의무를 규정한 계약서를 말한다.

[48] Pro Forma Invoice

An abbreviated invoice sent at the beginning of a sale transaction, usually to enable the buyer to obtain an import permit or a foreign exchange permit or both. (축약문)

A pro forma invoice is a provisional invoice sent to the prospective buyer, usually in response to the latter's request for a price quotation. A quotation usually describes the product, states the price at a specific delivery point, time of shipment, and the terms of payment. It is used by the foreign buyer as a quotation from the exporter, and also to assist in applying for a letter of credit from his bank. It is needed by the buyer to obtain a foreign exchange or import permit. Quotations on such invoices are subject to change without notice partly because there is a lag between the time when the quotation is prepared and when the shipment is made to the overseas customer. The pro forma invoice serves as the basis for the subsequent commercial invoice. It gives a close approximation of the weights and values of a shipment that is to be made.

⊂용어⊃ pro forma invoice (견적송장) : 외국의 매수인에 대해서 해당 물품의 채산 내용을 알리기 위하여 거래를 가상하고 작성된 송장을 말한다.
⊂해설⊃ 통상적으로 견적송장은 기대되는 매수인으로부터 해당 상품의 가격에 대한 견적을 요청받고 이에 대해 제공하는 잠정적인 송장이다. 여기에는 상품, 가격, 선적, 결제방법 등에 관한 사항이 포함된다. 이 송장은 또한 신용장을 개설하거나 수입허가를 얻는 데도 사용될 수 있다.

[49] Consignment Sale

This is a method in which the exporter sends the product to an importer on a deferred payment basis; that is, the importer does not pay for the merchandise until it is sold to a third party. Title to the merchandise passes to the importer only when payment is made to the exporter. Consignment is rarely used between unrelated parties, for example, independent exporters and importers. It is best used in cases involving an increasing demand for a product for which a proportioned stock is required to meet such need. It is also used when a seller wants to test-market new products or test the market in a new country.

Consignment sales should be used with overseas customers that have extremely good credit ratings and are well known to the exporter. They would also be satisfactory when the sale involves an affiliated firm or the seller's own sales representative or dealer. This method is frequently used by multinational companies to sell goods to the subsidiaries.

⊂용어⊃ consignment sale : 위탁판매를 의미한다. 매매계약에 의하지 아니하고 위탁자가 외국의 수탁자에게 물품을 보내어 판매를 위탁하고 수탁자는 이를 판매하고 나서 위탁 판매 수수료를 받는 방법이다. 이때 화물의 소유권은 위탁자가 보유하며 최저 가격을 제한하는 방법과 판매에 관한 모든

권한을 위임하는 방법이 있다. 위탁자는 선적과 동시에 판매 희망 금액을 기재한 consignment invoice를 수탁자에게 보낸다.

deferred payment (연지급) : 매도인이 매수인을 신용하여 물품 대금의 지급을 물품 인도 후 일정기간 유예하는 지급방법을 말한다.

⊂해설⊃ 물품의 대금을 물품인도 후 일정기간이 지난 후에 지급하도록 하는 방법이다. 이 방법은 통상적으로 매수인의 신용도가 높거나 다국적 기업이 자신의 자회사와 거래할 때 자주 사용된다. 또한 신상품을 시험적으로 판매하거나 신시장에 진입하고자 할 때도 이용된다.

무역거래를 하는 데 고려하여야 하는 위험은 다음과 같다.

[50a] Risks in Foreign Trade

Business conducting export-import trade faces a number of risks that may adversely impact their operations, such as the following :

1) Political Risk : Actions of legitimate government authorities to confiscate cargo, war, revolution, terrorism, and strikes that impede the conduct of international business

Political risks are usually post-shipment risks. They result from a foreign political action. Examples of political risks are listed as follows :

- cancellation of import licenses/authorities
- the imposition of a law or regulation preventing import by the buyer
- war, rebellion, or revolution in buyer's country
- expropriation or confiscation of buyer's business
- increase in transport or other charges due to political causes that may not be recoverable from buyer

⊂해설⊃ 정치적 위험은 외국의 정치적 행위로 인해 발생하는 위험으로 예를 들면 화물의 몰수, 무역거래를 저해하는 파업, 전쟁, 국유화 등을 들 수 있다.

[50b]

2) Foreign Credit Risk : Nonpayment or delays in payment for imports

Credit risk is the risk that the buyer will not pay, or fail to pay, on the agreed terms. You need to make your terms-of-payment decision based on your analysis of the creditworthiness of a particular buyer.

⊂용어⊃ credit risk (신용위험) : 계약서상의 결제조건에 의한 지급이 이루어지 않아서 발생되는 위험을 의미한다.
⊂해설⊃ 신용위험은 매수인이 합의한 조건대로 대금을 결제하지 못할 위험을 말한다.

[50c]

3) Transportation Risk : Loss (partial/ total) or damage to shipment during transit

⊂용어⊃ transportation risk (운송위험)
⊂해설⊃ 운송위험은 운송도중에 화물에 발생하는 위험을 말한다.

[50d]

4) Foreign Exchange Risk : Depreciation of overseas customer's currency against the exporter's currency before payment

The buyer's currency may devalue/depreciate in terms of the seller's currency before the seller's currency is delivered for payment.

⊂해설⊃ 외환위험은 관련 통화의 급격한 평가절하에 따른 위험을 말한다.

정치적 위험을 다시 설명하면 다음과 같다.

[51] Political Risk

The probability of not getting paid by a certain creditor, because the creditor's country does not have the funds to pay the debt (insufficient foreign exchange reserves) or because the creditor is not legally allowed to pay the debt (political embargo). (축약문)

Political risk can also mean the probability of nationalization of a firm's subsidiary by the host country. Political risk is also known as country risk.

⊂해설⊃ 정치적 위험은 국가위험이라고도 한다.

T·R·A·D·E·E·N·G·L·I·S·H

제3절 국제 매매계약과 국제협약

[52] A proposal for concluding a contract addressed to one or more specific persons constitutes an offer if it is sufficiently definite and indicates the intention of the offeror to be bound in case of acceptance. A proposal is sufficiently definite if it indicates the goods and expressly or implicitly fixes or makes provision for determining the quantity and the price.

⊂해설⊃ 한 사람 또는 그 이상의 특정인에게 제시된 계약을 체결하려는 제안은 충분히 확정적이고 승낙하면 구속된다는 청약인의 의도가 표기되어 있다면 청약이 된다. 제안이 물품을 표기하고 수량 및 가격을 명시적 또는 묵시적으로 명기하거나 결정하는 데 필요한 조항을 둔다면 충분히 확정적이라고 본다.

[53] An offer becomes effective when it reaches the offeree. An offer, even if it is irrevocable, may be withdrawn if the withdrawal reaches the offeree before or at the same time as the offer.

⊂해설⊃ 청약은 피청약인에게 도달되었을 때 효력을 발생한다. 청약은 취소 불가능한 경우라도 철회를 알리는 통지가 청약이 도달하기 전이나 혹은 동시에 도달하면 철회될 수 있다.

[54] An offer cannot be revoked :
(a) if it indicates, whether by stating a fixed time for acceptance or otherwise, that it is irrevocable; or (b) if it was reasonable for the offeree to rely on the offer as being irrevocable and the offeree has acted in reliance on the offer.

⊂해설⊃ 청약은 다음과 같은 경우 취소될 수 없다. (a) 청약이 확정된 승낙기간을 언급하거나 기타의 방법으로 취소불능을 표시하는 경우, (b) 피청약인이 청약을 취소 불가능한 것으로 믿는 것이 합리적이고 그렇게 믿고 행동한 경우.

[55] An offer, even if it is irrevocable, is terminated when a rejection reaches the offeror.

⊂해설⊃ 청약은 취소 불가능한 경우라도 거절하는 통지가 청약인에게 도달할 때 종료된다.

[56] A statement made by or other conduct of the offeree indicating assent to an offer is an acceptance. Silence or inactivity does not in itself amount to acceptance. An acceptance of an offer becomes effective at the moment the indication of assent reaches the offeror.

⊂해설⊃ 청약에 대한 동의를 나타내는 피청약인의 진술 또는 기타 행위는 승낙이 된다. 침묵 또는 비활동만으로는 승낙이 되지 않는다. 청약에 대한 승낙은 동의를 나타내는 표시가 청약인에게 도달한 순간부터 효력이 발생한다.

[57] A reply to an offer which purports to be an acceptance but contains additions, limitation or other modifications is a rejection of the offer and

constitutes a counter-offer.

⊂해설⊃ 승낙하고자 의도는 하였지만 추가, 제한, 기타 수정 사항이 포함된 회답은 청약에 대한 거절이 되며 반대청약이 된다.

[58] A reply to an offer which to purports to be an acceptance but contains additional or different terms which do not materially alter the terms of the offer constitutes an acceptance, unless the offeror, without undue delay, objects orally to the discrepance or dispatches a notice to that effect. Additional or different terms relating, among other things, to the price, payment, quality and quantity of the goods, place and time of delivery, extent of one party's liability to the other or the settlement of disputes are considered to alter the terms of the offer materially.

⊂해설⊃ 승낙하기로 의도하고 청약의 조건을 실질적으로 변화시키지 않는 추가적이거나 상이한 조건을 포함하는 회답은 청약인이 지체하지 않고 그 차이점에 대해 구두로 반대하거나 그런 취지로 통지하지 않는다면 승낙이 된다. 여러 가지 조건 중에서 가격, 대금, 지급, 물품의 품질 및 수량, 인도장소 및 인도시기, 상대방에 대한 당사자의 책임 범위 또는 분쟁해결과 관련된 추가적이거나 상이한 조건은 청약의 조건을 실질적으로 변화시킨다고 본다.

[59] If the price is fixed according to the weight of the goods, in case of doubt it is to be determined by the net weight.

⊂해설⊃ 가격이 물품의 중량에 따라 결정되는 경우 이에 대해 의혹이 있다면 이는 순중량에 의해 결정되어야 한다.

[60] If the contract of sale involves carriage of the goods and the seller is not bound to hand them over at a particular place, the risk passes to the

buyer when the goods are handed over to the first carrier for transition to the buyer in accordance with the contract of sale.

⊂해설⊃ 매매계약이 물품의 운송을 포함하고 매도인이 특정한 장소에서 이를 인도하여야 하는 의무가 없는 경우 해당 물품이 매매계약에 따라 매수인에게 전달되도록 첫 번째 운송인에게 인도될 때 위험은 매수인에게 이전된다.

[61] The risk in respect of goods sold in transit passes to the buyer from the time of the conclusion of the contract.

⊂해설⊃ 운송 중에 매각된 물품에 대한 위험은 해당 계약이 체결된 시점부터 매수인에게 이전된다.

[62] The risk passes to the buyer when he takes over the goods or, if he does not do so in due time, from the time when the goods are placed at his disposal and he commits a breach of the contract by failing to take delivery.

⊂해설⊃ 매수인이 물품을 인수할 때 위험은 매수인에게로 이전된다. 매수인이 제때에 물품을 인수하지 않는 경우 해당 물품이 매수인의 임의처분아래 놓이고 이를 인수하지 않아서 계약을 위반하게 된 시점부터 위험이 매수인에게 이전된다.

[63] Damages for breach of contract by one party consist of a sum equal to the loss, including loss of profit, suffered by the other party as a consequence of the breach.

⊂해설⊃ 당사자 일방의 계약위반으로 인한 손해 배상액은 이익의 손실을 포함하여 계약위반의 결과 상대방이 입은 손실 금액으로 구성된다.

[64] A party is not liable for a failure to perform any of his obligations if he proves that the failure was due to impediment beyond his control and that he could not reasonably be expected to have taken the impediment into account at the time of the conclusion of the contract or to have avoided or overcome it or its consequences.

⊂단어⊃ impediment : hindrance or obstruction

⊂해설⊃ 계약의 불이행이 자신의 통제를 벗어난 장애로 인해 발생하였고 계약을 체결할 때 이런 장애를 고려할 수 있거나 장애 또는 장애의 결과를 피하거나 극복할 것으로 기대하는 것이 합리적이지 못하다는 점을 입증한다면 의무 불이행에 대해 책임을 부담하지 않는다.

제 2 장

인코텀즈

T R A D E E N G L I S H

T·R·A·D·E·E·N·G·L·I·S·H

제1절 개 론

2011년 1월 1일부터 발효되는 Incoterms 2010은 크게 두 가지 면에서 Incoterms 2000과 차이가 난다. 첫째, Incoterms 2000의 거래조건은 4개의 다른 범주, 즉 E 그룹, F 그룹, C 그룹, D 그룹으로 분류되었던 반면에 Incoterms 2010은 운송수단에 따라 2개의 범주, 즉 모든 운송수단(복합운송 포함)을 이용하는 방법과 해상 운송수단(내수로 운송 포함)을 이용하는 방법으로 분류된다. 둘째, Incoterms 2000에는 13가지 거래조건이 포함되었지만 이것이 Incoterms 2010에서는 11가지 규칙으로 축소되었다.

Incoterms 2000의 E 그룹은 매도인이 자신의 작업장에서 매수인에게 물품을 인도하면 되는 조건의 그룹이며 F 그룹은 매도인이 매수인이 지명한 운송인에게 물품을 전달하는 조건들의 그룹이다. C 그룹은 매도인이 운송계약을 체결해야 하지만 선적 및 발송 이후에 발생하는 사고로 인해 물품에 발생하는 멸실 또는 손상의 위험이나 추가적인 비용을 부담하지 않는 조건들의 그룹이다. 끝으로 D 그룹은 매도인이 물품을 목적지까지 운송하는 데 필요한 모든 비용과 위험을 부담하는 조건들의 그룹이다. Incoterms 2000의 거래조건들을 정리하면 다음과 같다.

Group E (Departure) : E 그룹 (출발지 인도조건)
EXW (Ex Works) : 작업장 인도조건

Group F (Main Carriage Unpaid) : F 그룹 (주운송비 미지급 인도조건)

FCA (Free Carrier) : 운송인 인도조건

FAS (Free Alongside Ship) : 선측 인도조건

FOB (Free On Board) : 본선 인도조건

Group C (Main Carriage Paid) : C 그룹 (주운송비 지급 인도조건)

CFR (Cost and Freight) : 운임 포함 인도조건

CIF (Cost, Insurance and Freight) : 운임, 보험료 포함 인도조건

CPT (Carriage Paid To) : 운송비 지불 인도조건

CIP (Carriage and Insurance Paid To) : 운송비, 보험료 지불 인도조건

Group D (Arrival) : D 그룹 (도착지 인도조건)

DAF (Delivered At Frontier) : 국경 인도조건

DES (Delivered Ex Ship) : 착선 인도조건

DEQ (Delivered Ex Quay) : 부두 인도조건

DDU (Delivered Duty Unpaid) : 관세 미지급 인도조건

DDP (Delivered Duty Paid) : 관세 지급 인도조건

Incoterms 2010에서는 Incoterms 2000의 거래조건 중에서 DAF, DES, DEQ, DDU 조건들이 제외되고 이것들을 대체하는 DAT 및 DAP 규칙이 포함되었다. Incoterms 2010의 DAT 규칙 하에서는 Incoterms 2000의 DEQ 조건과 마찬가지로 도착한 운송수단으로부터 해당 물품을 양화하여 매수인의 임의처분 아래에 놓이게 될 때 인도가 이루어진다. 반면에 Incoterms 2010의 DAP 규칙 하에서는 Incoterms 2000의 DAF, DES, DDU 조건과 마찬가지로 도착한 운송수단으로부터 해당 물품을 양화하지 않은 상태로 매수인의 임의처분 아래에 놓이게 될 때 인도가 이루어진다. Incoterms 2010의 규칙들을 정리하면 다음과 같다.

Rules for Any Mode or Modes of Transport
(복합운송을 포함한 모든 운송에 대한 규칙)

EXW (Ex Works) : 작업장 인도조건

FCA (Free Carrier) : 운송인 인도조건

CPT (Carriage Paid To) : 운송비 지불 인도조건
CIP (Carriage and Insurance Paid To) : 운송비, 보험료 지불 인도조건

DAT (Delivered At Terminal) : 터미널 인도조건
DAP (Delivered At Place) : 목적지 인도조건
DDP (Delivered Duty Paid) : 관세 지급 인도조건

Rules for Sea and Inland Waterway Transport
(해상 및 내수로 운송에 대한 규칙)

FAS (Free Alongside Ship) : 선측 인도조건
FOB (Free On Board) : 본선 인도조건

CFR (Cost and Freight) : 운임 포함 인도조건
CIF (Cost Insurance and Freight) : 운임, 보험료 포함 인도조건

Incoterms 2010의 11가지 규칙을 간략히 설명하면 다음과 같다.

EXW (Ex Works) : 매도인이 자신의 작업장 구내나 다른 장소(즉, 제작소, 공장, 창고 등)에서 해당 물품을 매수인의 임의 처분 상태에 놓이게 하면 인도가 이루어지는 조건이다. EXW 조건에서 매도인은 최소한의 의무를 부담하게 된다.

FCA (Free Carrier) : 매도인이 자신의 작업장 구내 또는 다른 지정된 장소에서 매수인이 지명한 운송인이나 그 밖의 당사자에게 물품을 인도하는 조건이다.

CPT (Carriage Paid To) : 매도인이 합의된 장소에서 자신이 지명한 운송인 또는 기타 당사자에게 물품을 인도하는 조건이며 매도인은 지정된 목적지까지 해당 물품을 운송하는 데 필요한 운송계약을 체결하고 운송비를 지불하여야 한다.

CIP (Carriage and Insurance Paid To) : 매도인이 합의된 장소에서 자신이 지명한 운송인 또는 기타 당사자에게 물품을 인도하는 조건이며 매도인은 지정된 목적지까지 해당 물품을 운송하는 데 필요한 운송계약을 체결하고 운송비를 지불하여야 한다. 매도인은 또한 운송 중 발생하는 해당 물품의 멸실 또는 손상에 대한 매수인의 위험에 대해 보험계약을 체결하여야 한다.

DAT (Delivered At Terminal) : 도착한 운송수단으로부터 양화된 물품이 지정된 목적항 또는 목적지에 있는 지정된 터미널에서 매수인의 임의 처분 상태에 놓이게 될 때 매도인의 인도가 이루어지는 조건이다.

DAP (Delivered At Place) : 지정된 목적지에서 물품이 도착한 운송수단으로부터 양화되지 않은 채로 매수인의 임의 처분 상태에서 인도가 이루어지는 조건이다.

DDP (Delivered Duty Paid) : 매도인이 지정된 목적지에서 수입통관을 거친 물품을 도착한 운송수단으로부터 양화하지 않은 채로 매수인의 임의 처분 상태에서 인도가 이루어지는 조건이다. 매도인은 목적지까지 물품을 운송하는 데 따른 모든 비용과 위험을 부담하고 수출통관뿐만 아니라 수입통관을 하여야 하며 수출 및 수입관세를 납부하여야 한다. DDP 조건에서 매도인은 최대한의 의무를 부담하게 된다.

FAS (Free Alongside Ship) : 지정된 선적항에서 매수인이 지명한 본선의 선측(예를 들면, 부두 또는 부선 위)에 물품이 위치할 때 인도되는 조건이다. 물품이 선측에 위치할 때 해당 물품에 대한 멸실 또는 손상 위험은 이전되며 이때부터 모든 비용을 매수인이 부담한다.

FOB (Free On Board) : 지정된 선적항에 있는 매수인이 지명한 본선 상에서 매도인이 매수인에게 물품을 인도하거나 이미 인도된 물품을 매수인이 조달하는 조건이다. 물품에 대한 멸실 또는 손상 위험은 해당 물품이 본선 상에 위치할 때 매도인으로부터 매수인에게 이전된다.

CFR (Cost and Freight) : 매도인이 물품을 본선 상에서 인도하거나 이미 인도된 물품을 매수인이 조달하는 조건이다. 물품에 대한 멸실 또는 손상 위험은 해당 물품이 본선 상에 위치할 때 이전되지만 매도인은 지정된 목적항까지 물품을 운송하는 계약을 체결하고 이에 따른 비용 및 운임을 부담한다.

CIF (Cost Insurance and Freight) : 매도인이 물품을 본선 상에서 인도하거나 이미 인도된 물품을 매수인이 조달하는 조건이다. 물품에 대한 멸실 또는 손상 위험은 해당 물품이 본선 상에 위치할 때 이전되지만 매도인은 지정된 목적항까지 물품을 운송하는 계약을 체결하고 이에 따른 비용 및 운임을 부담한다. 매도인은 또한 운송 중 발생하는 해당 물품의 멸실 또는 손상에 대한 매수인의 위험에 대해 보험계약을 체결하여야 한다.

T·R·A·D·E·E·N·G·L·I·S·H

제2절 인코텀즈(Incoterms 2010)에 관한 주요 논의사항

[65a] Ex Works(EXW)

This rule may be used irrespective of the mode of transports selected and may also be used where more than one mode of transport is employed. It is suitable for domestic trade, while FCA is usually more appropriate for international trade.

"Ex Works" means that the seller delivers when it places the goods at the disposal of the buyer at the seller's premises or at another named place (i.e., works, factory, warehouse, etc.). The seller does not need to load the goods on any collecting vehicle, nor does it need to clear the goods for exports, where such clearance is applicable.

⊂해설⊃ EXW(작업장 인도조건)는 복합운송을 포함하여 운송수단에 관계없이 사용될 수 있다. EXW는 국내 거래에 더 적합한 조건인 반면에 FCA는 국제 무역거래에 더 적합한 조건이다. EXW는 매도인이 자신의 작업장 구내나 다른 장소(즉, 제작소, 공장, 창고 등)에서 물품을 매수인의 임의 처분 상태에 놓이게 하면 인도가 이루어지는 조건이다. 매도인은 인수차량에 물품을 적재하거나 수출통관을 할 필요가 없다.

[65b]

The parties are well advised to specify as clearly as possible the point within the named place of delivery, as the costs and risks to that point are for the account of the seller. The buyer bears all costs and risks involved in taking the goods from the agreed point, if any, at the named place of delivery.

⊂해설⊃ EXW의 경우 당사자들은 지정된 인도 장소에서의 인도 지점을 가능한 명확히 해두는 것이 바람직하다. 매도인은 인도 지점까지의 비용 및 위험을 부담하고 매수인은 인도 지점에서 물품을 인수하는 데 따른 비용 및 위험을 부담한다.

[65c]

EXW represents the minimum obligation for the seller. The rule should be used with care as :

a) The seller has no obligation to the buyer to load the goods, even though in practice the seller may be in a better position to do so. If the seller does load the goods, it does so at the buyer's risk and expense. In cases where the seller is in a better position to load the goods, FCA, which obliges the seller to do so at its own risk and expense, is usually more appropriate.

b) A buyer who buys from a seller on an EXW basis for export needs to be aware that the seller has an obligation to provide only such assistance as the buyer may require to effect that export : the seller is not bound to organize the export clearance. Buyers are therefore well advised not to use EXW if they cannot directly or indirectly obtain export clearance.

c) The buyer has limited obligations to provide to the seller any information regarding the export of the goods. However, the seller may need this information for, e.g., taxation or reporting purposes.

⊂해설⊃ EXW는 매도인에게 최소 의무를 부담지우며 다음과 같은 점에 유의하여 적용되어야 한다. a) 매도인이 실제로 물품을 적재하는 데 더 적합한 위치에 있다고 해도 해당 물품을 적재할 의무가 없다. 매도인이 물품을 적재한 경우 이는 매수인이 부담하는 위험 및 비용으로 이루어진 것이다. 매도인이 물품을 적재하는 데 더 적합한 위치에 있는 경우 통상적으로 FCA가 더 적절한 조건이다. b) 수출을 하기 위해 EXW 조건으로 매도인으로부터 물품을 구입한 매수인은 매도인이 수출통관을 이행할 의무가 없다는 점에 유의하여야 한다. 따라서 매수인이 수출통관을 직접적으로나 간접적으로 할 수 없는 경우 EXW 조건을 사용하지 않는 것이 바람직하다. c) 매수인이 해당 물품의 수출에 관한 정보를 매도인에게 제공해야 하는 의무는 제한되어 있지만 매도인은 과세나 보고를 하기 위해 이런 정보가 필요할 수도 있다.

[66a] Free Carrier(FCA)

This rule may be used irrespective of the mode of transport selected and may also be used where more than one mode of transport is employed.

"Free Carrier" means that the seller delivers the goods to the carrier or another person nominated by the buyer at the seller's premises or another named place. The parties are well advised to specify as clearly as possible the point within the named place of delivery, as the risk passes to the buyer at that point.

⊂해설⊃ FCA(운송인 인도조건)는 복합운송을 포함하여 운송수단에 관계없이 사용될 수 있다. 매도인이 자신의 작업장 구내 또는 다른 지정된 장소에

서 매수인이 지명한 운송인이나 그 밖의 당사자에게 물품을 인도하는 조건이다. 당사자들은 지정된 인도 장소에서의 인도 지점을 가능한 명확히 해두는 것이 바람직하다.

[66b]

If the parties intend to deliver the goods at the seller's premises, they should identify the address of those premises as the named place of delivery. If, on the other hand, the parties intend the goods to be delivered at another place, they must identify a different specific place of delivery.

FCA requires the seller to clear the goods for export, where applicable. However, the seller has no obligation to clear the goods for imports, pay any import duty or carry out any import customs formalities.

⊂해설⊃ FCA 조건에서 당사자들이 물품을 매도인의 작업장 구내에서 인도하려는 경우 지정된 인도 장소로서 해당 작업장 구내의 주소를 특정하여야 한다. 반면에 그 밖의 다른 장소에서 물품을 인도하려는 경우 해당 장소를 특정하여야 한다. 매도인은 수출통관을 이행하여야 하지만 수입통관을 이행하거나 수입관세를 납부할 의무는 없다.

[67a] Carriage Paid To(CPT)

This rule may be used irrespective of the mode of transport selected and may also be used where more than one mode of transport is employed.

"Carriage Paid To" means that the seller delivers the goods to the carrier or another person nominated by the seller at an agreed place (if any such place is agreed between the parties) and that the seller must contract for and pay the costs of carriage necessary to bring the goods to the named place of destination.

When CPT, CIP, CFR or CIF are used, the seller fulfills its obligation to deliver when it hands the goods over to the carrier and not when the goods reach the place of destination.

⊂해설⊃ CPT(운송비 지불 인도조건)는 복합운송을 포함하여 운송수단에 관계없이 사용될 수 있다. (당사자 사이에 합의된 장소가 있는 경우) 매도인이 해당 장소에서 자신이 지명한 운송인 또는 기타 당사자에게 물품을 인도하는 조건이다. 이 경우 매도인은 지정된 목적지까지 해당 물품을 운송하는데 필요한 운송계약을 체결하고 운송비를 지불하여야 한다. CPT, CIP, CFR 또는 CIF 조건이 사용될 경우 매도인의 인도의무는 해당 물품이 운송인에게 인도될 때 완료되는 것이지 해당 물품이 목적지에 도착할 때 완료되는 것이 아니다.

[67b]

This rule has two critical points, because risk passes and costs are transferred at different places. The parties are well advised to identify as precisely as possible in the contract both the place of delivery, where the risk passes to the buyer, and the named place of destination to which the seller must contract for the carriage. If several carriers are used for the carriage to the agreed destination and the parties do not agree on a specific point of delivery, the default position is that the risk passes when the goods have been delivered to the first carrier at a point entirely of the seller's choosing and over which the buyer has no control. Should the parties wish the risk to pass at a later stage (e.g., at an ocean port or airport), they need to specify this in their contract of sale.

⊂해설⊃ CPT 조건에서는 위험 이전 및 비용 부담의 분기점이 서로 다르기 때문에 두 가지 점을 명확히 해두어야 한다. 즉, 위험이 매도인에게서 매수인에게로 이전되는 인도 장소와 매도인이 운송계약을 체결하여야 하는 지정된 목적지를 가능한 명확히 해두는 것이 바람직하다. 합의된 목적지까지 운송하는데 여러 명의 운송인이 개입되고 당사자 사이에 인도 지점이 특정되지 못한 경우 첫 번째 운송인에게 해당 물품이 인도될 때 위험이 이전된다. 당사자들이 (예를 들면, 항구 또는 공항처럼) 그 이후의 단계에서 위험을 이전하고자 하는 경우 이를 매매계약서 상에 명확히 해둘 필요가 있다.

[67c]

The parties are also well advised to identify as precisely as possible the point within the agreed place of destination, as the costs to that point are for the account of the seller. The seller is advised to **procure contracts of carriage** that match this choice precisely. If the seller incurs costs under its contract of carriage related to unloading at the named place of destination, the seller is not entitled to recover such costs from the buyer unless otherwise agreed between the parties.

CPT requires the seller to clear the goods for export. where applicable. However, the seller has no obligation to clear the goods for import, pay any import duty or carry out any import customs formalities.

⊂해설⊃ CPT 조건에서 당사자들은 매도인이 비용을 부담하여야 하는 합의된 목적지 내의 지점을 가능한 분명히 해두는 것이 바람직하며 매도인은 이에 부합되게 운송계약을 체결하여야 한다. 매도인이 지정된 목적지에서 양화와 관련된 비용을 운송계약 하에서 부담한 경우 당사자 사이에 특별한 합의가 없는 경우 이 비용을 매수인으로부터 회수할 권리가 매도인에게 없다. 매도인은 수출통관을 이행하여야 하지만 수입통관을 이행하거나 수입관세

를 납부할 의무는 없다.

[68a] Carriage and Insurance Paid To(CIP)

This rule may be used irrespective of the mode of transport selected and may also be used where more than one mode of transport is employed.

"Carriage and Insurance Paid To" means that the seller delivers the goods to the carrier or another person nominated by the seller at an agreed place (if any such place is agreed between the parties) and that the seller must contract for and pay the costs of carriage necessary to bring the goods to the named place of destination.

⊂해설⊃ CIP(운송비, 보험료 지불 인도조건)은 복합운송을 포함하여 운송수단에 관계없이 사용될 수 있다. (당사자 사이에 합의된 장소가 있는 경우) 매도인이 해당 장소에서 자신이 지명한 운송인 또는 기타 당사자에게 물품을 인도하는 조건이다. 이 경우 매도인은 지정된 목적지까지 해당 물품을 운송하는 데 필요한 운송계약을 체결하고 운송비를 지불하여야 한다.

[68b]

The seller also contracts for insurance cover against the buyer's risk of loss of or damage to the goods during the carriage. The buyer should note that under CIP the seller is required to obtain insurance only on minimum cover. Should the buyer wish to have more insurance protection, it will need either to agree as much expressly with the seller or to make its own extra insurance arrangements.

When CPT, CIP, CFR or CIF are used, the seller fulfills its obligation to deliver when it hands the goods over to the carrier and not when the goods reach the place of destination.

⊂해설⊃ CIP 조건에서 매도인은 또한 운송 중 발생하는 해당 물품의 멸실 또는 손상에 대한 매수인의 위험에 대해 보험계약을 체결하여야 한다. 이 경우 매도인은 최소 부보 범위에 대해 보험계약을 체결하면 된다. 매수인이 부보 범위를 확대하고자 하는 경우 이에 대해 매도인과 명시적으로 합의하거나 자신이 추가적으로 보험계약을 체결하여야 한다. CPT, CIP, CFR 또는 CIF 조건이 사용될 경우 매도인의 인도의무는 해당 물품이 운송인에게 인도될 때 완료되는 것이지 해당 물품이 목적지에 도착할 때 완료되는 것이 아니다.

[68c]

This rule has two critical points, because risk passes and costs are transferred at different places. The parties are well advised to identify as precisely as possible in the contract both the place of delivery, where the risk passes to the buyer, and the named place of destination to which the seller must contract for carriage. If several carriers are used for the carriage to the agreed destination and the parties do not agree on a specific point of delivery, the default position is that risk passes when the goods have been delivered to the first carrier at a point entirely of the seller's choosing and over which the buyer has no control. Should the parties wish the risk to pass at a later stage (e.g., at an ocean port or an airport), they need to specify this in their contract of sale.

⊂해설⊃ CIP 조건에서는 위험 이전 및 비용 부담의 분기점이 서로 다르기 때문에 두 가지 점을 명확히 해두어야 한다. 즉, 위험이 매도인에게서 매수인에게로 이전되는 인도 장소와 매도인이 운송계약을 체결하여야 하는 지정

된 목적지를 가능한 명확히 해두는 것이 바람직하다. 합의된 목적지까지 운송하는데 여러 명의 운송인이 개입되고 당사자 사이에 인도 지점이 특정되지 못한 경우 첫 번째 운송인에게 해당 물품이 인도될 때 위험이 이전된다. 당사자들이 (예를 들면, 항구 또는 공항처럼) 그 이후의 단계에서 위험을 이전하고자 하는 경우 이를 매매계약서 상에 명확히 해둘 필요가 있다.

[68d]

The parties are also well advised to identify as precisely as possible the point within the agreed place of destination, as the costs to that point are for the account of the seller. The seller is advised to procure contracts of carriage that match this choice precisely. If the seller incurs costs under its contract of carriage related to unloading at the named place of destination, the seller is not entitled to recover such costs from the buyer unless otherwise agreed between parties.

CIP requires the seller to clear the goods for export, where applicable. However, the seller has no obligation to clear the goods for import, pay any import duty or carry out any import customs formalities.

⊂해설⊃ CIP 조건에서 당사자들은 매도인이 비용을 부담하여야 하는 합의된 목적지 내의 지점을 가능한 분명히 해두는 것이 바람직하며 매도인은 이에 부합되게 운송계약을 체결하여야 한다. 매도인이 지정된 목적지에서 양화와 관련된 비용을 운송계약 하에서 부담한 경우 당사자 사이에 특별한 합의가 없는 경우 이 비용을 매수인으로부터 회수할 권리가 매도인에게 없다. 매도인은 수출통관을 이행하여야 하지만 수입통관을 이행하거나 수입관세를 납부할 의무는 없다.

[69a] Delivered At Terminal(DAT)

This rule may be used irrespective of the mode of transport selected and may also be used where more than one mode of transport is employed.

"Delivered At Terminal" means that the seller delivers when the goods, once unloaded from the arriving means of transport, are placed at the disposal of the buyer at a named terminal at the named port or place of destination. "Terminal" includes any place, whether covered or not, such as a quay, warehouse, container yard or road, rail or air cargo terminal. The seller bears all risks involved in bringing the goods to and unloading them at the terminal at the named port or place of destination.

⊂해설⊃ DAT(터미널 인도조건)는 복합운송을 포함하여 운송수단에 관계없이 사용될 수 있다. 도착한 운송수단으로부터 양화된 물품이 지정된 목적항 또는 목적지에 있는 지정된 터미널에서 매수인의 임의 처분 상태에 놓이게 될 때 매도인의 인도가 이루어지는 조건이다. 여기서 터미널에는 덮개 유무에 관계없이 예를 들면 부두, 창고, 컨테이너 야드, 도로, 철도, 항공화물 터미널 등과 같은 장소가 포함된다. 매도인은 지정된 항구 또는 목적지에 있는 터미널까지 물품을 운송하고 양화하는 데 따른 모든 위험을 부담한다.

[69b]

The parties are well advised to specify as clearly as possible the terminal and if possible, a specific point within the terminal at the agreed port or place of destination, as the risks to that point are for the account of the seller. The seller is advised to procure a contract of carriage that matches this choice precisely.

Moreover, if the parties intend the seller to bear the risks and costs involved in transporting and handling the goods from the terminal to another place, then the DAP or DDP rules should be used.

DAT requires the seller to clear the goods for export, where applicable. However, the seller has no obligation to clear the goods for import, pay any import duty or carry out any import customs formalities.

⊂해설⊃ 당사자들은 합의된 목적항 또는 목적지에 있는 터미널과 가능하면 터미널 내의 특정 지점을 가능한 명확히 해두는 것이 바람직하다. 매도인은 이에 부합되는 운송계약을 체결하는 것이 또한 바람직하다. 터미널에서 다른 장소로 물품을 운송하고 처리하는 데 따른 위험과 비용을 매도인이 부담하기로 당사자 사이에 합의한 경우에는 DAP 또는 DDP 규칙을 사용하는 것이 타당하다. 매도인은 수출통관을 이행하여야 하지만 수입통관을 이행하거나 수입관세를 납부할 의무는 없다.

[70a] Delivered At Place(DAP)

This rule may be used irrespective of the mode of transports selected and may also be used where more than one mode of transport is employed.

"Delivered At Place" means that the seller delivers when the goods are placed at the disposal of the buyer on the arriving means of transport ready for unloading at the named place of destination. The seller bears all risks involved in bringing the goods to the named place.

⊂해설⊃ DAP(목적지 인도조건)는 복합운송을 포함하여 운송수단에 관계없이 사용될 수 있다. 지정된 목적지에서 물품이 도착한 운송수단으로부터 양화되지 않은 채로 매수인의 임의 처분 상태에서 인도가 이루어지는 조건이다.

매도인은 지정된 장소까지 물품을 운송하는 데 따른 모든 위험을 부담한다.

[70b]

The parties are well advised to specify as clearly as possible the point within the agreed place of destination, as the risks to that point are for the account of the seller. The seller is advised to procure contracts of carriage that match this choice precisely. If the seller incurs costs under its contract of carriage related to unloading at the place of destination, the seller is not entitled to recover such costs from the buyer unless otherwise agreed between the parties.

DAP requires the seller to clear the goods for export, where applicable. However, the seller has no obligation to clear the goods for import, pay any import duty or carry out any import customs formalities. If the parties wish the seller to clear the goods for import, pay any import duty and carry out any import customs formalities, the DDP term should be used.

⊂해설⊃ DAP 조건에서 당사자들은 매도인이 위험을 부담하여야 하는 합의된 목적지 내의 지점을 가능한 분명히 해두는 것이 바람직하며 매도인은 이에 부합되게 운송계약을 체결하여야 한다. 매도인이 지정된 목적지에서 양화와 관련된 비용을 운송계약 하에서 부담한 경우 당사자들 사이에 특별한 합의가 없는 한 이 비용을 매수인으로부터 회수할 권리가 매도인에게 없다. 매도인은 수출통관을 이행하여야 하지만 수입통관을 이행하거나 수입관세를 납부할 의무는 없다. 매도인이 물품의 수입통관을 하고 수입관세를 납부하길 원하는 경우 DDP조건이 사용되어야 한다.

[71a] Delivered Duty Paid(DDP)

This rule may be used irrespective of the mode of transport selected and may also be used where more than one mode of transport is employed.

"Delivered Duty Paid" means that the seller delivers the goods when the goods are placed at the disposal of the buyer, cleared for import on the arriving means of transport ready for unloading at the named place of destination. The seller bears all the costs and risks involved in bringing the goods to the place of destination and has an obligation to clear the goods not only for export but also for import, to pay any duty for both export and import and to carry out all customs formalities.

DDP represents the maximum obligation for the seller.

⊂해설⊃ DDP(관세 지급 인도조건)는 복합운송을 포함하여 운송수단에 관계없이 사용될 수 있다. 매도인이 지정된 목적지에서 수입통관을 거친 물품을 도착한 운송수단으로부터 양화하지 않은 채로 매수인의 임의 처분 상태에서 인도가 이루어지는 조건이다. 매도인은 목적지까지 물품을 운송하는데 따른 모든 비용과 위험을 부담하고 수출통관뿐만 아니라 수입통관을 하여야 하며 수출 및 수입관세를 납부하여야 한다. DDP 조건에서 매도인은 최대한의 의무를 부담하게 된다.

[71b]

The parties are well advised to specify as clearly as possible the point within the agreed place of destination, as the costs and risks to that point are for the account of the seller. The seller is advised to procure contracts of carriage that match this choice precisely. If the seller incurs costs under its contract of carriage related to unloading at the place of destination, the seller is not entitled to recover such costs from the buyer unless otherwise agreed between the parties.

The parties are well advised not to use DDP if the seller is unable directly or indirectly to obtain import clearance.

⊂해설⊃ DDP 조건에서 당사자들은 매도인이 비용을 부담하여야 하는 합의된 목적지 내의 지점을 가능한 분명히 해두는 것이 바람직하며 매도인은 이에 부합되게 운송계약을 체결하여야 한다. 매도인이 지정된 목적지에서 양화와 관련된 비용을 운송계약 하에서 부담한 경우 당사자들 사이에 특별한 합의가 없는 경우 이 비용을 매수인으로부터 회수할 권리가 매도인에게 없다. 매도인이 직접적으로나 간접적으로 수입통관을 이행할 수 없는 경우 DDP 조건을 사용하지 않는 것이 바람직하다.

[71c]

If the parties wish the buyer to bear all risks and costs of import clearance, the DAP rule should be used.

Any VAT or other taxes payable upon import are for the seller's account unless expressly agreed otherwise in the sale contract.

⊂해설⊃ 수입통관에 따른 모든 위험과 비용을 매수인이 부담하길 원하는 경우 DAP 조건이 사용되어야 한다. 수입할 때 지불하여야 하는 부가가치세나 기타 조세는 매매계약상에 명시적으로 특별한 합의가 없는 경우 매도인이 부담하여야 한다.

[71d] Value-Added Tax(VAT)

A tax perceived by many countries that is very similar to a sales tax, but that is collected whenever the producer's value is increased. Only the final consumer eventually pays the tax, but every company involved in the production or supply chain is required to collect the value-added tax that its customers pay. The difference between what a firm collects and what it pays must be sent to the government. The value-added tax on imports is collected at the point of entry in the country. The basis for the tax is the sum of the value of the goods and of the duty paid.

⊂해설⊃ 부가가치세에 대한 설명으로 이 세금은 물품의 가치가 증가할 때마다 부과된다. 수입품에 대한 부가가치세는 통관이 이루어질 때 징수된다.

[72a] Free Alongside Ship(FAS)

This rule is to be used only for sea or inland waterway transport.

"Free Alongside Ship" means that the seller delivers when the goods are placed alongside the vessel(e.g., on a quay or a barge) nominated by the buyer at the named port of shipment. The risk of loss of or damage to the goods passes when the goods are alongside the ship, and the buyer bears all costs from that moment onwards.

⊂해설⊃ FAS(선측 인도조건)는 해상 및 내수로 운송에만 사용된다. 이는 지정된 선적항에서 매수인이 지명한 본선의 선측(예를 들면, 부두 또는 부선 위)에 물품이 위치할 때 인도되는 조건이다. 물품이 선측에 위치할 때 해당 물품에 대한 멸실 또는 손상 위험은 이전되며 이때부터 모든 비용을 매수인이 부담한다.

[72b]

The parties are well advised to specify as clearly as possible the loading point at the named port of shipment, as the costs and risks to that point are for the account of the seller and these costs and associated handling charges may vary according to the practice of the port.

The seller is required either to deliver the goods alongside the ship or to procure goods already so delivered for shipment. The reference to "procure" here caters for multiple sales down a chain ('**string sales**'), particularly common in the commodity trades.

⊂해설⊃ FAS 조건에서는 지정된 선적항의 선적 지점을 가능한 명확히 특정하는 것이 바람직하고 그 지점까지의 비용 및 위험은 매도인이 부담하며 이런 비용 및 관련 취급요금은 항구의 관습에 따라 다를 수 있다. 매도인은 선측에서 물품을 인도하거나 선적을 위해 이미 인도된 물품을 조달하여야 한다. 특히 상품 거래에서 자주 이루어지는 전매('연속 매매')의 경우 중간에 판매하는 매도인은 첫 번째 매도인에 의해 이미 선적이 이루어졌으므로 물품을 선적하지 않고 선적된 물품을 조달함으로써 자신의 의무를 이행한다.

[72c]

Where the goods are in containers, it is typical for the seller to hand the goods over to the carrier at a terminal and not alongside the vessel. In such situations, the FAS rule would be inappropriate, and the FCA rule should be used.

FAS requires the seller to clear the goods for export, where applicable. However, the seller has no obligation to clear the goods for import, pay any import duty or carry out any import customs formalities.

⊂해설⊃ 물품이 컨테이너에 있는 경우 매도인은 본선의 선측이 아니라 터미널에서 해당 물품을 운송인에게 인도하는 것이 일반적이다. 이런 경우 FAS는 적절하지 않으며 FCA가 사용되어야 한다. FAS에서 매도인은 수출통관을 이행하여야 하지만 수입통관을 이행하거나 수입관세를 납부할 의무는 없다.

[73a] Free On Board(FOB)

This rule is to be used only for sea or inland waterway transport.

"Free On Board" means that the seller delivers the goods on board the vessel nominated by the buyer at the named port of shipment or procures the goods already so delivered. The risk of loss of or damage to the goods passes when the goods are on board the vessel, and the buyer bears all costs from that moment onwards.

⊂해설⊃ FOB(본선 인도조건)는 해상 및 내수로 운송에만 사용된다. 이는 지정된 선적항에 있는 매수인이 지명한 본선 상에서 매도인이 물품을 인도하거나 이미 인도된 물품을 조달하는 조건이다. 물품에 대한 멸실 또는 손상 위험은 해당 물품이 본선 상에 위치할 때 이전되며 이 시점부터 매수인이 모든 비용을 부담한다.

[73b]

The seller is required either to deliver the goods on board the vessel or to procure goods already so delivered for shipment. The reference to "procure" here caters for multiple sales down a chain ('string sales'), particularly common in the commodity trades.

⊂해설⊃ 매도인은 본선 상에서 물품을 인도하거나 선적을 위해 이미 인도된 물품을 조달하여야 한다. 특히 상품 거래에서 자주 이루어지는 전매('연속 매매')의 경우 중간에 판매하는 매도인은 첫 번째 매도인에 의해 이미 선적이 이루어졌으므로 물품을 선적하지 않고 선적된 물품을 조달함으로써 자신의 의무를 이행한다.

[73c]

FOB may not be appropriate where goods are handed over to the carrier before they are on board the vessel, for example goods in containers, which are typically delivered at a terminal. In such situations, the FCA rule should be used.

FOB requires the seller to clear the goods for export, where applicable. However, the seller has no obligation to clear the goods for import, pay any import duty or carry out any import customs formalities.

⊂해설⊃ 예를 들면 통상적으로 터미널에서 인도되는 컨테이너 화물의 경우처럼 해당 화물이 본선 상에 위치하기 전에 운송인에게 인도되는 경우 FOB 조건이 적절하지 않을 수 있다. 이런 경우 FCA 조건이 사용되어야 한다. FOB 조건에서 매도인은 수출통관을 이행하여야 하지만 수입통관을 이행하거나 수입관세를 납부할 의무는 없다.

[74a] Cost and Freight(CFR)

This rule is to be used only for sea or inland waterway transport.

"Cost and Freight" means that the seller delivers the goods on board the vessel or procures the goods already so delivered. The risk of loss of or damage to the goods passes when the goods are on board the vessel. The seller must contract for and pay the costs and freight necessary to bring the goods to the named port of destination.

⊂해설⊃ CFR(운임 포함 인도조건)은 해상 및 내수로 운송에만 사용된다. 이는 매도인이 물품을 본선 상에서 인도하거나 이미 인도된 물품을 조달하는 조건이다. 물품에 대한 멸실 또는 손상 위험은 해당 물품이 본선 상에 위치할 때 이전된다. 매도인은 지정된 목적항까지 물품을 운송하는 계약을 체결하고 이에 따른 비용 및 운임을 부담한다.

[74b]

When CPT, CIP, CFR or CIF are used, the seller fulfills its obligation to deliver when it hands the goods over to the carrier in the manner specified in the chosen rule and not when the goods reach the place of destination.

⊂해설⊃ CPT, CIP, CFR 또는 CIF 조건이 사용될 경우 매도인의 인도의무는 해당 물품이 선택한 조건에 특정된 방법으로 운송인에게 인도될 때 완료되는 것이지 해당 물품이 목적지에 도착할 때 완료되는 것이 아니다.

[74c]

This rule has two critical points, because risk passes and costs are transferred at different places. While the contract will always specify a destination port, it might not specify the port of shipment, which is where risk passes to the buyer. If the shipment port is of particular interest to the buyer, the parties are well advised to identify it as precisely as possible in the contract.

The parties are well advised to identify as precisely as possible the point at the agreed port of destination, as the costs to that point are for the account of the seller. The seller is advised to procure contracts of carriage that match this choice precisely. If the seller incurs costs under its contract of carriage related to unloading at the specified point at the port of destination, the seller is not entitled to recover such costs from the buyer unless otherwise agreed between the parties.

⊂해설⊃ CFR 조건에서는 위험 이전 및 비용 부담의 분기점이 서로 다르기 때문에 두 가지 점을 명확히 해두어야 한다. 매매 계약에서 목적항은 언제나 특정되지만 위험이 매수인에게 이전되는 선적항은 특정되지 않을 수 있다. 매수인이 선적항에 대해 특히 관심을 갖는 경우 계약상에 이를 가능한 명확히 밝히는 것이 바람직하다. CFR 조건에서 당사자들은 매도인이 비용을 부담하여야 하는 합의된 목적항 내의 지점을 가능한 분명히 해두는 것이 바람직하며 매도인은 이에 부합되게 운송계약을 체결하여야 한다. 매도인이 목적항의 특정 지점에서 양화와 관련된 비용을 운송계약 하에서 부담한 경우 당사자들 사이에 특별한 합의가 없는 한 이 비용을 매수인으로부터 회수할 권리가 매도인에게 없다.

[74d]

CFR may not be appropriate where goods are handed over to the carrier before they are on board the vessel, for example goods in containers, which are typically delivered at a terminal. In such circumstances, the CPT rule should be used.

CFR requires the seller to clear the goods for export, where applicable.

However, the seller has no obligation to clear the goods for imports, pay any import duty or carry out any import customs formalities.

⊂해설⊃ 예를 들면 통상적으로 터미널에서 인도되는 컨테이너 화물의 경우처럼 해당 화물이 본선 상에 위치하기 전에 운송인에게 인도되는 경우 CFR 조건이 적절하지 않을 수 있다. 이런 경우 CPT 조건이 사용되어야 한다. CFR 조건에서 매도인은 수출통관을 이행하여야 하지만 수입통관을 이행하거나 수입관세를 납부할 의무는 없다.

[75a] Cost Insurance and Freight(CIF)

This rule is to be used only for sea or inland waterway transport.

"Cost, Insurance and Freight" means that the seller delivers the goods on board the vessel or procures the goods already so delivered. The risk of loss of or damage to the goods passes when the goods are on board the vessel. The seller must contract for and pay the costs and freight necessary to bring the goods to the named port of destination.

The seller also contracts for insurance cover against the buyer's risk of loss of or damage to the goods during the carriage. The buyer should note that under CIF the seller is required to obtain insurance only on minimum cover. Should the buyer wish to have more insurance protection, it will need either to agree as much expressly with the seller or to make its own extra insurance arrangements.

⊂해설⊃ CIF(운임, 보험료 포함 인도조건)는 해상 및 내수로 운송에만 사용된다. 이는 매도인이 물품을 본선 상에서 인도하거나 이미 인도된 물품을 조달하는 조건이다. 물품에 대한 멸실 또는 손상 위험은 해당 물품이 본선 상

에 위치할 때 이전된다. 매도인은 지정된 목적항까지 물품을 운송하는 계약을 체결하고 이에 따른 비용 및 운임을 부담한다. CIF 조건에서 매도인은 또한 운송 중 발생하는 해당 물품의 멸실 또는 손상에 대한 매수인의 위험에 대해 보험계약을 체결하여야 한다. 이 경우 매도인은 최소 부보 범위에 대해 보험 계약을 체결하면 된다. 매수인이 부보 범위를 확대하고자 하는 경우 이에 대해 매도인과 명시적으로 합의하거나 자신이 추가적으로 보험계약을 체결하여야 한다.

[75b]

When CPT, CIP, CFR or CIF are used, the seller fulfills its obligation to deliver when it hands the goods over to the carrier in the manner specified in the chosen rule and not when the goods reach the place of destination.

This rule has two critical points, because risk passes and costs are transferred at different places. While the contract will always specify a destination port, it might not specify the port of shipment, which is where risk passes to the buyer. If the shipment port is of particular interest to the buyer, the parties are well advised to identify it as precisely as possible in the contract.

⊂해설⊃ CPT, CIP, CFR 또는 CIF 조건이 사용될 경우 매도인의 인도의무는 선택한 조건에 특정된 방법으로 해당 물품이 운송인에게 인도될 때 완료되는 것이지 해당 물품이 목적지에 도착할 때 완료되는 것이 아니다. CIF 조건에서는 위험 이전 및 비용 부담의 분기점이 서로 다르기 때문에 두 가지 점을 명확히 해두어야 한다. 매매 계약에서 목적항은 언제나 특정되지만 위험이 매수인에게 이전되는 선적항은 특정되지 않을 수 있다. 매수인이 선적항에 대해 특히 관심을 갖는 경우 계약상에 이를 가능한 명확히 밝히는 것이 바람직하다.

[75c]

The parties are well advised to identify as precisely as possible the point at the agreed port of destination, as the costs to that point are for the account of the seller. The seller is advised to procure contracts of carriage that match this choice precisely. If the seller incurs costs under its contract of carriage related to unloading at the specified point at the port of destination, the seller is not entitled to recover such costs from the buyer unless otherwise agreed between the parties.

The seller is required either to deliver the goods on board the vessel or to procure goods already so delivered for shipment to the destination. In addition the seller is required either to make a contract of carriage or to procure such a contract. The reference to "procure" here caters for multiple sales down a chain ('string sales'), particularly common in the commodity trades.

⊂해설⊃ CIF 조건에서 당사자들은 매도인이 비용을 부담하여야 하는 합의된 목적항 내의 지점을 가능한 분명히 해두는 것이 바람직하며 매도인은 이에 부합되게 운송계약을 체결하여야 한다. 매도인이 목적항의 특정 지점에서 양화와 관련된 비용을 운송계약 하에서 부담한 경우 당사자들 사이에 특별한 합의가 없는 한 이 비용을 매수인으로부터 회수할 권리가 매도인에게 없다. 매도인은 본선 상에서 물품을 인도하거나 선적을 위해 이미 인도된 물품을 조달하여야 한다. 매도인은 또한 운송계약을 체결하거나 이런 계약을 조달하여야 한다. 특히 상품 거래에서 자주 이루어지는 전매('연속 매매')의 경우 중간에 판매하는 매도인은 첫 번째 매도인에 의해 이미 선적이 이루어졌으므로 물품을 선적하지 않고 선적된 물품을 조달함으로써 자신의 의무를 이행한다.

[75d]

CIF may not be appropriate where goods are handed over to the carrier before they are on board the vessel, for example goods in containers, which are typically delivered at a terminal. In such circumstances, the CIP rule should be used.

CIF requires the seller to clear the goods for export, where applicable. However, the seller has no obligation to clear the goods for imports, pay any import duty or carry out any import customs formalities.

⊂해설⊃ 예를 들면 통상적으로 터미널에서 인도되는 컨테이너 화물의 경우처럼 해당 화물이 본선 상에 위치하기 전에 운송인에게 인도되는 경우 CIF 조건이 적절하지 않을 수 있다. 이런 경우 CIP 조건이 사용되어야 한다. CIF 조건에서 매도인은 수출통관을 이행하여야 하지만 수입통관을 이행하거나 수입관세를 납부할 의무는 없다.

Incoterms 2000에는 포함되었지만 Incoterms 2010에서 제외된 조건들을 Incoterms 2000에 기초하여 정리하면 다음과 같다.

[76a] Delivered At Frontier(DAF)

Delivered at frontier means that the seller delivers when the goods are placed at the disposal of the buyer on arriving means of transport not unloaded at the named point and place at the frontier. The term frontier may be used for any frontier including that of the country of export.

This term may be used irrespective of the mode of transport when goods are to be delivered at a land frontier.

⊂해설⊃ Delivered At Frontier, 즉 국경 인도조건은 해당 물품이 국경의 지정된 지점 및 장소에서 도착한 운송수단에서 내려지지 않은 상태로 매수인의 임의처분 아래에 놓이게 될 때 매도인이 물품을 인도한다는 의미이다. 국경이란 용어는 수출국의 국경을 포함해 어떤 국경에도 사용될 수 있다. 이 조건은 물품이 육지 상의 국경에서 인도될 경우 운송방법에 관계없이 사용될 수 없다.

[76b] The seller's responsibility is to deliver goods to a named frontier, which usually means a border crossing point, and to clear the transaction for export. The buyer's responsibility is to arrange for the pickup of the goods after they are cleared for export, carry them across the border, clear them for importation and effect delivery.

⊂해설⊃ 매도인이 지정된 국경에서 물품을 인도하는 조건이다.

[77a] Delivered Ex Ship(DES)

Delivered ex ship means that the seller delivers when the goods are placed at the disposal of the buyer on board the ship at the named port of destination.

This term can be used only when the goods are to be delivered by sea or inland waterway or multimodal transport on a vessel in the port of destination.

⊂해설⊃ Delivered Ex Ship, 즉 착선인도조건은 지정된 도착항에서 수입통관을 거치지 않은 물품이 본선 상에서 매수인의 임의처분 아래에 놓이게 될 때 매도인이 인도한다는 의미이다. 이 조건은 물품이 해상, 내수로 또는 도착항에서 선박을 이용한 복합운송으로 인도되는 경우에만 이용할 수 있다.

[77b] In this type of transaction, the seller must pay all the costs and bear all the risk of transport up to the foreign port of unloading, but not including the cost or risk of unloading the cargo from the ship. In the case of large pieces of equipment or bulk cargoes, the costs of unloading can exceed the cost of the main freight.

⊂해설⊃ DES 조건하에서 매도인이 양륙항까지의 운송에 따른 모든 비용과 위험은 부담하지만 양륙항, 즉 목적항에 도착한 선박으로부터 물품을 양화하는 비용이나 위험은 부담하지 않는다. bulk cargo의 경우 양화 비용이 주운송비보다 큰 경우도 있다.

[78a] Delivered Ex Quay(DEQ)

Delivered ex quay means that the seller delivers when the goods are placed at the disposal of the buyer on the quay(wharf) at the named port of destination.

This term can be used only when the goods are to be delivered by sea or inland waterway or multimodal transport on discharging from a vessel onto the quay(wharf) in the port of destination.

⊂해설⊃ Delivered Ex Quay, 즉 부두 인도조건은 지정된 도착항 부두에서 수입통관을 거치지 않은 물품이 매수인의 임의처분 아래에 놓이게 될 때 매도인이 인도한다는 의미이다. 이 조건은 물품이 해상, 내수로 또는 목적항의 부두에서 선박으로부터 하역되는 복합운송으로 인도되는 경우에만 사용할 수 있다.

[78b] This is the same as DES except that the term provides for the seller to pay the costs of unloading the cargo from the vessel.

⊂해설⊃ 매도인이 목적항에 도착한 선박으로부터 화물을 양화하는 비용을 부담한다는 점을 제외하고는 DES와 동일한 조건이다.

[79a] Delivered Duty Unpaid(DDU)

Delivered duty unpaid means that the seller delivers the goods to the buyer, not cleared for import, and not unloaded from any arriving means of transport at the named port of destination.

The seller has to bear the costs and risks involved in bringing the goods thereto, other than any duty (which term includes the responsibility for and the risks of carrying out customs formalities, and the payment of formalities, customs duties, taxes and other charges) for import in country of destination.

This term may be used irrespective of the mode of transport.

⊂해설⊃ Delivered Duty Unpaid, 즉 관세 미지급 인도조건은 매도인이 수입 통관을 하지 않고 지정된 목적지에서 도착한 운송수단으로부터 해당 물품을 내리지 않은 상태로 매수인에게 인도한다는 의미이다. 매도인은 적절한 경우 목적한 국가에서 수입하기 위해 요구되는 관세(이에는 통관 이행과 통관 절차 비용, 관세, 조세, 기타 요금의 지불에 대한 의무 및 위험이 포함된다) 이외에 그때까지 해당 물품을 운송하는 데 수반되는 비용 및 위험을 부담해야 한다. 이 조건은 운송 방법에 관계없이 사용될 수 있다.

[79b] This is the same as DDP except that duty is not paid. Since the importer is generally better informed on local customs, a DDU transaction makes a great deal of sense even when the buyer does not want to deal with transportation and insurance issues.

⊂해설⊃ 매도인이 관세를 납부하지 않는다는 점을 제외하고는 DDP와 동일한 조건이다.

T·R·A·D·E·E·N·G·L·I·S·H

제3절 국제상업회의소(ICC) 규칙

[80] The number of Incoterms 2010 rules has been reduced from 13 to 11. This has been achieved by substituting two rules that may be used irrespective of the agreed mode of transport – **DAT, Delivered At Terminal,** and **DAP, Delivered At Place** – for the Incoterms 2000 rules DAF, DES, DEQ and DDU.

⊂해설⊃ Incoterms 2010에서는 거래조건이 13개에서 11개로 감소하였다. 즉, 운송방식에 관계없이 사용할 수 있는 두 가지 규칙(DAT 및 DAP)이 새로이 도입되고 Incoterms 2000에 있던 네 가지 거래조건(DAF, DES, DEQ, DDU)이 삭제되었다.

[81] Under both new rules, delivery occurs at a named destination : in DAT, at the buyer's disposal unloaded from the arriving vehicle (as under the former DEQ rule); in DAP, likewise at the buyer's disposal, but ready for unloading (as under the former DAF, DES and DDU rules).

⊂해설⊃ Incoterms 2010에서 새로이 도입된 두 가지 규칙, 즉 DAT 및 DAP는 목적지에서 인도가 이루어지는 조건이다. 하지만 DAT 조건에서는 (이전의 DEQ 조건과 마찬가지로) 도착한 차량으로부터 양화하여 매수인의 처분에 맡긴 때에 인도가 이루어지는 반면에 DAP 조건에서는 (이전의 DAF, DES, DDU 조건과 마찬가지로) 양화는 이루어지지 않고 단지 양화할 준비

만 이루어진 상태에서 매수인의 처분에 맡긴 때에 인도가 이루어진다.

[82] Under the three Incoterms 2010 rules(FOB, CFR and CIF), all mention of the ship's rail as the point of delivery has been omitted in preference for the goods being delivered when they are on board the vessel. This more closely reflects modern commercial reality and avoids the rather dated image of the risk swinging to and fro across an imaginary perpendicular line.

⊂해설⊃ 이전의 Incoterms에서는 FOB, CFR, CIF 조건에서 인도지점을 본선의 난간을 통과할 때라고 규정하였다. 하지만 Incoterms 2010에서는 해당 물품이 본선 상에 적재된 때에 인도되는 것으로 규정하고 있다. 이는 현대 상거래의 현실을 반영한 것이며 이를 통해 가상적인 수직선을 통과할 때 위험이 이전된다는 다소 시대에 뒤떨어진 개념을 피하게 되었다.

[83] The seven Incoterms 2010 rules(EXW, FCA, CPT, CIP, DAT, DAP and DDP) can be used irrespective of the mode of transport selected and irrespective of whether one or more than one mode of transport is employed. They can be used even when there is no maritime transport at all. It is important to remember, however, that these rules can be used in cases where a ship is used for part of the carriage.

⊂해설⊃ Incoterms 2010의 일곱 가지 규칙(EXW, FCA, CPT, CIP, DAT, DAP, DDP)은 운송방식에 관계없이 그리고 한 개 또는 그 이상의 운송방식이 사용되느냐에 관계없이 사용될 수 있다. 이 규칙들은 해상운송이 전혀 이용되지 않는 경우에도 사용될 수 있다. 하지만 선박이 운송의 일부구간에서 이용되는 경우에도 사용될 수 있다.

[84] In the sale of commodities, as opposed to the sale of manufactured goods, cargo is frequently sold several times during transit down a

string. When this happens, a seller in the middle of the string does not ship the goods because these have already been shipped by the first seller in the string. The seller in the middle of the string therefore performs its obligations towards its buyer not by shipping the goods, but by procuring goods that have been shipped. For clarification purposes, Incoterms 2010 rules include the obligation to procure goods shipped as an alternative to the obligation to ship goods in the relevant Incoterms rules.

⊂해설⊃ 제조된 물품의 매매와 달리 상품 매매의 경우 선적된 화물이 빈번하게 운송도중에 몇 번씩 전매가 이루어진다. 이런 경우 해당 물품은 첫 번째 매도인에 의해 이미 선적이 이루어졌으므로 중간에 판매하는 매도인은 선적을 하지 않는다. 따라서 연속적으로 매매가 이루어지는 경우 매도인은 물품을 선적하는 것이 아니라 이미 선적된 물품을 조달함으로써 매수인에 대한 의무를 이행한다. 이를 명확히 하기 위해 Incoterms 2010은 관련 규칙에 물품을 선적하여야 하는 의무에 대한 대안으로서 선적된 물품을 조달하는 의무도 포함하였다.

제 3 장

무역대금의 결제

T·R·A·D·E·E·N·G·L·I·S·H

제1절 개 론

무역거래에서 매도인과 매수인 사이에 해결하여야 하는 문제들 중 하나는 대금결제에 관한 것이다. 대표적인 대금결제 방법을 정리하면 다음과 같다.

Letter of Credit 방식 : 이 방식을 간단히 설명하면 다음과 같다. 매도인, 즉 수출업자는 해당 물품이 수입국의 목적지에 도착하면 이를 찾을 수 있는 서류를 은행에 제출하고 은행은 이를 다시 매수인, 즉 수입업자에게 전달해 주면서 수출 대금을 받아 수출업자에게 이 대금을 지불하여 대금을 결제하는 방식이다.

Letter of Credit 방식과 관련된 당사자들을 정리하면 다음과 같다.

Applicant : 매도인과의 매매계약에 의거하여 자신의 거래은행에게 신용장의 개설을 요청하는 당사자, 즉 매수인을 의미한다.

Beneficiary : 매매계약상의 매도인을 의미한다.

Issuing Bank : 매수인의 요청에 따라 매도인 앞으로 신용장을 개설해 주는 매수인의 거래은행으로 letter of credit 방식은 L/C에 기초하여 모든 거래가 이루어지므로 개설은행의 신용이 매우 중요하다.

Advising Bank : issuing bank가 개설한 신용장을 단순히 매도인, 즉 beneficiary에게 통지해 주는 은행이다.

Confirming Bank : 신용장을 개설한 issuing bank 이외에 대금결제 의무를 추가적으로 보증한 제3의 은행을 말한다. 이런 신용장의 확인은 issuing bank에 대한 confirming bank의 일종의 여신행위라고 할 수 있다.

Negotiating Bank : 매도인이 선적을 완료한 후에 관련된 운송서류와 함께 환어음을 발행해 이의 매입을 의뢰받는 은행이다. negotiating bank는 issuing bank로부터 해당 대금을 상환받을 때까지의 이자에 해당하는 환가료를 공제하고 지급하기 때문에 일종의 할인은행 역할을 수행한다.

Paying Bank : 매도인이 선적을 완료한 후에 관련 운송서류와 함께 환어음을 발행하여 이의 지급을 요청하는 경우 지급하도록 수권 받은 은행을 말한다.

Accepting Bank : 매도인이 선적을 한 후 관련된 운송서류와 함께 발행한 환어음이 일정 기간이 지나 만료일에 지급이 이루어지는 기한부 환어음인 경우 지급에 앞서 인수를 하여야 하는데 이렇게 인수하도록 수권된 은행을 말한다.

Collection 방식 : 신용장이 수반되지 않는 무신용장 방식의 대표적인 경우로 매매계약에 의거하여 매도인이 해당 물품을 선적한 후에 관련 서류를 환어음과 함께 매수인에게 제시하여 대금이 결제되는 방식이다. 이는 크게 두 가지, 즉 Documents Against Payment(D/P) 방식과 Documents Against Acceptance(D/A) 방식으로 분류된다. D/P 방식은 수출업자가 물품을 선적한 후 수입업자를 지급인으로 하는 환어음을 발행하고 자신의 거래은행을 통해 collection을 의뢰해 대금을 지급받는 방식이다. D/A 방식은 D/P 방식과 마찬가지로 수출업자가 물품을 선적한 후 수입업자를 지급인으로 환어음을 발행하고 자신의 거래은행을 통해 collection을 의뢰해 대금을 지급받는 방식이다. 그러나 D/P 방식에서 수출업자가 발행하는 환어음은 sight bill이라 지급인인 수입업자가 대금을 지급해야 관련 선적서류를 인도받을 수 있지만 D/A 방식에서는 수출업자가 발행하는 환어음이 usance bill이기 때문에 수입업자가 환어음을 인수하면 관련 선적서류를 인도받을 수 있으며 만기일에 대금을 지급하면 된다.

Collection 방식과 관련된 당사자들을 정리하면 다음과 같다.

Principal : 추심의뢰인으로 매매계약에 따라 물품을 선적한 후 선적서류와 함께 수입업자를 지급인으로 발행한 환어음의 collection을 의뢰하는 수출업자이다.

Remitting Bank : 추심의뢰은행으로 principal로부터 collection을 의뢰받는 수출업자 소재지에 있는 은행이다.

Collecting Bank : 추심은행으로 수입업자 소재지에 위치하며 remitting bank의 의뢰에 따라 지급인에게 대금을 추심해 remitting bank에게 송금하는 은행이다.

Presenting Bank : 제시은행으로 collecting bank가 수입업자의 거래은행이 아닌 경우 수입업자의 거래은행으로 관련 서류를 다시 송부해서 수입업자에게 서류를 제시하도록 요청하게 되는데 이 은행을 말한다.

Drawee : 지불인으로 collection을 위해 송부된 환어음에 대해 지급을 하거나 인수를 하는 수입업자이다.

이 밖에 다른 대금결제 방식을 살펴보면 다음과 같다.

Remittance 방식 : 수입업자가 물품을 인도하기 이전 또는 이후에 해당 금액을 수출업자에게 송금하여 결제하는 방식이다. advance remittance는 수출업자가 계약한 물품을 선적하기 이전에 수입업자가 미리 해당 금액을 송금하는 방식이며 later remittance는 수출업자가 해당 금액을 수령하기 이전에 수입업자에게 미리 계약한 물품을 선적하고 수입업자는 물품을 수령한 후에 대금을 송금하는 방식이다.

Cash Against Documents(CAD) 방식 : 수출업자가 물품을 선적하고 나서 이를 증명하는 선적서류를 수출국에 소재하는 수입업자의 대리인에게 인도하면 이와 상환으로 대금을 결제하는 방식이다.

Cash On Delivery(COD) 방식 : 수출업자가 물품을 선적하고 나서 선적서류를 수입국에 소재하는 자신의 대리인에게 송부해 그 대리인이 해당 물품을 수입국에서 수취했다가 수입업자가 이를 검사한 후 인수하면서 대금을 결제하는 방식이다.

Factoring 방식 : 팩토링 회사가 수출업자와 수입업자 사이에서 수입대금의 지불을 보증해 주는 방식으로 자금력이 부족한 중소기업들의 무역거래에 많이 사용되는 방식이다.

Forfaiting 방식: 연불조건이 요구되는 중장기 거래에서 주로 사용되며 수출거래에 따른 환어음 또는 약속어음 등을 상환소구권 없이 forfaiting을 취급하는 금융회사가 매입하는 방식이다.

무역거래에서 대금을 결제하기 위해 발행되는 bill of exchange에 대해 정리하면 다음과 같다.
Bill of Exchange: 환어음으로 채권자인 발행인이 채무자인 지급인에 대해 수취인(또는 지시인 또는 소지인)에게 일정한 금액을 일정한 기일 내에 일정한 장소에서 무조건 지급할 것을 위탁하는 요식 유가증권이다. bill of exchange는 다음과 같은 특징을 갖고 있다. 첫째, 채권자가 채무자 앞으로 발행하며 서면으로 작성되어야 한다. 둘째, 필요한 사항이 기재되어야 하는 요식 유가증권으로 발행인이 서명을 해야 한다. 셋째, 지급조건을 부기할 수 없는 무조건적인 지급 지시서이다. 넷째, sight bill 또는 usance bill로 발행될 수 있다.

bill of exchange와 관련된 당사자들을 정리하면 다음과 같다.
Drawer: 발행인을 의미하며 bill of exchange를 발행하고 서명한 채권자인 수출업자를 말한다.
Drawee: 지불인을 의미하며 환어음의 지급을 위탁받은 채무자인 은행 또는 수입업자를 말한다.
Acceptor: 인수인을 의미하며 usance bill인 경우 bill of exchange를 인수한 자를 말한다.
Payee: 수취인을 의미하며 bill of exchange의 지급을 받는 자로 drawer가 지정한 제3자(예를 들면, 매입은행) 또는 drawer를 말한다.

bill of exchange의 종류를 설명하면 다음과 같다.

Documentary Bill of Exchange : 화한어음으로 선적서류가 첨부된 bill of exchange를 말한다. 이는 letter of credit의 개설 여부에 따라 L/C가 개설된 경우의 documentary bill of exchange with letter of credit과 L/C가 개설되지 않은 경우의 bill of documentary collection으로 분류된다.

Sight Bill : drawee에게 제시되었을 때 대금이 즉시 지급되는 bill of exchange이다.

Usance Bill : drawee에게 제시되었을 때 대금이 일정기간이 경과한 후에 지급되는 bill of exchange이다.

Bank Bill : drawee가 개설은행을 포함한 은행인 경우의 bill of exchange이다.

Private Bill : drawee가 수입업자를 비롯한 개인인 경우의 bill of exchange이다.

With Recourse Bill : 지급거절이 발생한 경우 bill of exchange를 매입한 선의의 소지인이 drawer에게 대금의 상환을 청구할 수 있는 경우이다.

Without Recourse Bill : 지급거절이 발생한 경우 drawer에게 대금의 상환을 청구할 수 없는 bill of exchange이다.

T·R·A·D·E·E·N·G·L·I·S·H

제2절 대금결제에 관한 주요 논의사항

[85] Artificial Currency

A currency that is not in circulation. (축약문)

After the euro was changed into a circulating currency on January 1, 2002, the only artificial currency left was the Special Drawing Rights of the International Monetary Fund. Its value is determined by the value of a basket of four currencies : the euro (approximately 34 percent of the SDR's value), the Japanese yen (approximately 11 percent), the U.S. dollar (approximately 44 percent), and the British pound (approximately 11 percent).

⊂용어⊃ special drawing rights(SDR) : 국제통화기금(International Monetary Fund, IMF)이 창설하였으며 IMF 규정에 의거하여 회원국들이 국제 유동성이 필요한 경우 이를 인출할 수 있는 권한을 의미한다.
⊂해설⊃ 실제로 통용되지 않는 인위적 통화의 예로는 IMF의 특별인출권, 즉 special drawing rights(SDR)를 들 수 있다.

[86] Convertible Currency

A currency that can be converted into another currency. (축약문)

A convertible currency can be a hard currency (easy to convert) or a soft currency (not so easy to convert), but it can be converted.

⊂용어⊃ **hard currency** (경화): 자유롭게 외화로 교환이 가능한 통화를 말한다.
soft currency (연화): 외화로 교환이 제한되어 있는 통화를 말한다.
⊂해설⊃ convertible currency, 즉 태환가능통화는 외화로 태환이 가능한 통화를 말하며 이에는 hard currency와 soft currency가 있다.

[87] Inconvertible Currency

A currency that cannot be converted into another currency. (축약문)

⊂해설⊃ inconvertible currency는 외화로 태환할 수 없는 통화를 의미한다.

[88] Currency Block

A group of currencies whose values fluctuate in parallel fashion. (축약문)

The currencies within the group have a fixed exchange rate, but their exchange rates with currencies outside of the group float.

⊂해설⊃ block 내에 있는 통화들은 환율이 고정된 비율로 변동하지만 외부 통화에 대해서는 각자의 환율에 따라 자유롭게 변동하는 방식을 말한다.

[89] Dollarization

A phenomenon where other countries decide to adopt the U.S. dollar as their circulating currency. (축약문)

Panama and Ecuador have gone through a dollarization of their respective economies.

⊂해설⊃ 외국(예를 들면, 파나마 등)이 미국 달러화를 자국의 통화로 통용하는 현상을 말한다.

[90] Cash Against Documents(C.A.D.)

A method of payment for goods in which documents transferring title - for example, a negotiable bill of lading and a draft - are transferred to the buyer upon payment of cash to an intermediary acting for the seller(usually a bank or freight forwarder). (축약문)

⊂용어⊃ negotiable bill of lading (유통선화증권) : 선화증권은 권리증권으로 누구를 화물의 수령인, 즉 수화인으로 하느냐가 중요하다. 수화인의 표시방법에 따라 negotiable bill of lading과 non-negotiable bill of lading으로 분류된다. 수화인 난에 특정인을 기명하지 않고 단지 'to order' 또는 'to order of shipper'라고 표기하는 경우 negotiable B/L이 되고 특정인을 명기하는 경우 non-negotiable B/L이 된다.
freight forwarder : 운송주선인을 말한다
cash on delivery (COD) : 매도인이 물품을 선적하고 선적서류를 매수인이 소재하는 국가에 위치한 매도인의 대리인에게 송부하여 이 대리인이 물품을 수취하였다가 매수인이 이를 인수하면서 대금을 결제하는 방식이다.
⊂해설⊃ 매도인을 대신하는 중개인에게 대금을 지불하면 권리증권인 유통선화증권 등을 매수인에게 제공하는 대금결제 방식이다.

[91] Cash In Advance(C.I.A.)

A method of payment for goods in which the buyer pays the seller in advance of the shipment of the goods. (축약문)

A C.I.A. is usually employed when the goods are built to order, such as specialized machinery.

⊂용어⊃ **cash in advance** : 계약 물품의 인도 전에 현금으로 대금을 결제하는 방법으로 매도인에게는 가장 유리한 결제방법이지만 매수인에게는 가장 불리한 방법이 될 수 있다.

⊂해설⊃ cash in advance는 물품을 선적하기 이전에 매수인이 매도인에게 대금을 지급하는 방식이다.

[92] Cash With Order(C.W.O.)

A method of payment for goods in which cash is paid at the time of the order. (축약문)

Cash with order is the natural and ultimate objective of any exporter. It is also the least attractive to any importer. It is rarely used by parties that do not share common ownership. An exporter may encourage its use by giving significant discounts for cash. Cash with order is sometimes used by related companies, between branch offices in different countries, or between the head office and branches in other countries, as this process reduces corporate exposure to foreign exchange problems and transaction costs.

⊂용어⊃ **cash with order** : 매도인이 매수인으로부터 주문을 받음과 동시에 해당 매수인으로 하여금 대금의 전부 또는 일부를 지급하게 하는 방법이다.

⊂해설⊃ cash with order는 물품 주문시에 대금이 지불되는 방법으로 매도인이 선호하는 대금결제 방법이다. 이런 방식은 동일한 업체의 해외지사들 사이나 본사와 해외지사 사이에 사용된다.

[93] Factoring

A procedure whereby an exporter (seller) that is selling on open account or time drafts may sell its amounts receivable or drafts to a **factoring** company which will make immediate payment of the face value of the accounts receivable less some discount amount and will then collect the amounts owing from the purchasers at due date for payment. (축약문)

The factoring firm can provide the funds with **recourse**, where the owner of the account receivable is still responsible for collecting it, or without recourse, where the collection responsibility shifts to the factoring house.

⊂용어⊃ **factoring**: 팩토링회사가 수입업자와 수출업자 사이에서 수입업자의 무역대금 지급을 보증해 주는 무역대금 결제방식을 말한다.
recourse (상환청구권): 어음에 부도가 발생할 경우 그 유통과정을 소급하여 후자에서 전자로 그 대금의 반환을 청구할 수 있는 권리를 말한다. 어음의 경우 최종 지급의무자가 해당 금액을 지불하지 못하는 경우 채권을 보호하기 위해 배서인으로부터 발행인에게까지 각각 자기 앞의 거래인에 대해서 지불되어야 할 금액을 청구하게 된다.
⊂단어⊃ face value: the value printed or written on the face
⊂해설⊃ 수출업자는 자신의 수출채권을 팩토링 회사에게 양도하고 해당 팩토링 회사는 해당 금액(액면금액)에서 일정액을 수수료 등으로 차감하여 지불하며 이후 매수인, 즉 수입업자로부터 만기일에 액면금액을 영수하는 방법이다. 상환청구권이 있는 경우(with recourse)와 상환청구권이 없는 경우(without recourse)에 따라 매수인으로부터 대금을 추심하는 의무의 주체가 상이하다.

[94] International Forfaiting

A means to finance an international transaction in which an exporter collects a series of drafts from the importer, all with fairly long-term due dates.
(축약문)

The exporter sells these receivables to a forfaiting firm that buys them without recourse, which means that the forfaiting firm is responsible for collecting the funds from the importer.

⊂용어⊃ **forfaiting :** 수출 장기 연불어음의 상환청구권 없는 할인 매수 금융을 말한다.

⊂해설⊃ 산업설비처럼 연불 조건이 요구되는 중기 또는 장기거래에서 사용되는 대금결제 방법으로 수출업자는 수출채권을 포훼이팅 회사에게 양도하고 이 회사는 만기일까지의 이자 등을 감하고 나서 수출업자에게 해당 금액을 지급한다. 이 경우 포훼이팅 회사는 수출업자에 대해 상환청구권을 갖지 않는다.

[95a] Open Account

If relations between the buyer and seller are good, they may agree to trade on **open account** terms. This means simply that the seller will dispatch the goods directly to the buyer, send him an invoice and await payment, as in domestic trading.

An open account is a contractual relationship between an exporter and importer in which a trade credit is extended by the former to the latter whereby payment is to be made to the exporter within an agreed period of time. The seller ships the merchandise to the buyer and separately mails the relevant shipping documents. Terms of payment range from 30 to 120 days after date of shipping invoice or receipt of merchandise, depending on the country.

⊂용어⊃ open account : 청산계정을 말한다.
⊂해설⊃ open account는 수출업자가 수입업자에게 물품을 발송하고 나서 송장을 보내면 합의된 일정기간 후에 대금을 결제받는 방법이다.

[95b] Open account is often used to increase sales by assisting foreign distributors to start new, or expand existing, product lines. It could also be used when a seller wants to test-market a new product or try a new market in a different country.

⊂해설⊃ 이 방법은 외국의 판매상과 신상품을 거래하거나 신 시장을 개척할 경우 자주 사용된다.

A major weakness of this method is that the importer could delay payment until merchandise is received, even when the importer is expected to pay within a specified period after shipment. There is also a greater risk of default or nonpayment by the buyer.

⊂해설⊃ 이 방법은 매수인이 대금을 지급하지 않을 위험이 있다.

[95c] Open account financing is often used for trade between parent and subsidiary companies. It is also used to well-established customers with good credit ratings. When open-account sales to third parties are contemplated, it is important to verify the integrity of the buyers through a credit investigation. This should also take into account the importing country's political and economic conditions. Sources range from commercial credit agen-

cies to chambers of commerce, trade associations, commercial banks, and public agencies. It is advisable to insure trade debts to protect the seller against default by the importing company. Another safeguard would be to secure collateral to cover a transaction.

⊂단어⊃ collateral : property acceptable as security for a loan or other obligation
⊂해설⊃ 이 방법은 또한 모회사와 자회사 사이의 거래에 사용되며 신용도가 높은 거래업체에 대해서도 채택된다.

[95d] In this method(open account) the debtor may use a number of means to pay his supplier as follows :

Personal Cheque : This is not very satisfactory from the creditor's point of view. There is usual risk that the cheque may be dishonoured. It has to be sent through banking channels to the buyer's country for collection, thus incurring additional expense.

Banker's Draft : This would be a draft drawn by the buyer's bank on its correspondent bank in the exporter's country. As such it is a good means of payment, but there is always the danger that the draft may be lost in the post; a new draft could be issued only against indemnity, as bank drafts cannot be 'stopped'.

Mail Transfer (MT) : This is the most common method of payment. The debtor instructs his bank to request its correspondent bank in the exporter's country to pay the specific amount to the exporter. The whole procedure is effected by accounting entries; the buyer's bank debits his account and credits the account of the correspondent bank which, on receipt of the payment instructions, passes a reciprocal entry over its account with the remitting bank and pays the money to the exporter. The instructions between the banks may be sent by ordinary mail or air mail.

Telegraphic Transfer (TT) : The procedure is essentially the same as for mail transfer, except that the instructions are sent by cable, thus ensuring that payment is effected more quickly.

⊂해설⊃ open account 방식에서 수입업자가 대금을 결제하는 방법은 다음과 같다. personal cheque : 개인수표인 경우 추심을 하여야 하므로 추가적인 비용이 소요된다. banker's draft : 수입업체의 거래은행에 의해 발행된다. mail transfer(M/T) : 우편환을 말한다. telegraphic transfer(T/T) : 전신환을 말한다.

[96a] Steps of Documentary Collection

A typical documentary collection procedure includes the following steps.

⊂용어⊃ documentary collection : 화환추심을 말한다.
⊂해설⊃ 일반적인 화환추심절차는 다음과 같다.

[96b]

step 1 : After the exporter (drawer) and overseas customer (drawee) agree on the terms of sale, the exporter arranges for shipment and prepares the necessary documents, such as invoice, bill of lading, certificate of origin, and draft.

⊂용어⊃ drawer : 어음 발행인

drawee : 어음지급인

⊂해설⊃ 제 1단계 : 수출업자와 수입업자는 매매계약을 체결하고 선적을 한 후에 수출업자는 송장, 선화증권, 원산지증명서 등과 같은 서류를 준비한다.

[96c]

step 2 : The exporter forwards the documents to its bank (remitting bank) with instructions.

⊂용어⊃ remitting bank : 추심 의뢰은행

⊂해설⊃ 제 2단계 : 수출업자는 자신의 거래은행, 즉 remitting bank에게 관련 서류를 제시하며 추심을 의뢰한다.

[96d]

step 3 : The remitting bank then forwards the documents to its overseas correspondent bank (collecting bank) in the importer's country, with the exporter's instruction letter that authorizes release of documents against-payment (D/P) or document against acceptance (D/A) or other terms.

⊂용어⊃ collecting bank : 추심은행

documents against payment (D/P) : 수입업자, 즉 drawee가 어음의 대금을 지급하는 조건으로 선적서류를 인도하는 방법을 말한다.

document against acceptance (D/A) : 수입업자, 즉 drawee가 어음의 대금을 인수하는 조건으로 선적서류를 인도하는 방법을 말한다.

[96e]

step 4 : The collecting bank contracts the importer to effect or accept payment. If the instruction is documents against payment (D/P), the importer pays the collecting bank in exchange for the documents. The collecting bank will then send proceeds to the remitting bank for payment to the seller. If the instructions are documents against acceptance (D/A), the collecting bank will release documents to the overseas customer only upon formal acceptance of the draft. Once accepted, the collecting bank will release the documents to the buyer. On or before maturity, the collecting bank will present the accepted draft for payment. When the buyer pays, the collecting bank will remit the funds in accordance with instructions.

⊂단어⊃ proceeds : the amount of money derived from a commercial venture; yield

⊂해설⊃ 제 4단계 : D/P인 경우 collecting bank는 수입업자로부터 받은 금액을 remitting bank로 보내어 매도인, 즉 수출업자에게 지급되도록 한다. D/A인 경우 만기일에 대금이 지급되면 collecting bank는 이를 remitting bank에게 보내어 수출업자가 이를 받도록 한다.

[97] Acceptance

A drawee's signed agreement to pay a draft as presented. (축약문)

It must be written on the draft and may consist of the drawee's signature alone. In documentary collections where the exporter(seller) draws a draft on the purchaser, the purchaser does not become liable legally to make payment until he receives the draft and accepts it. Then, at the maturity date of the draft, the drawee should pay. However, if the drawee fails to pay, there is no bank guarantee of payment even if the presentation of the draft was made to the purchaser through banking channels.

⊂용어⊃ acceptance (어음인수) : 화환어음의 지불인이 해당 금액의 지불을 승낙하는 의사표시를 말한다.
⊂해설⊃ 매수인, 즉 수입업자가 어음을 인수하는 경우 만기일에 대금을 지불하여야 한다. 만일 수입업자가 대금을 지불하지 못할 경우 collection 방법에서는 대금 지불을 보증하는 은행이 존재하지 않는다.

[98] Remitting Bank

In a documentary collection transaction, the bank that interacts with the exporter and with the collecting bank in the importing country. (축약문)

The remitting bank is the one that receives the documents from the exporter and then sends them to the collecting bank. It has no obligation to render judgement or advice on the quality of the packet of documents; it just transmits them to the collecting bank.

⊂용어⊃ remitting bank : 추심의뢰은행을 말한다.
⊂해설⊃ 화환추심거래에서 수출업자로부터 관련서류를 받아 추심은행에게 추심을 의뢰하는 은행을 remitting bank라고 한다.

[99] Collecting Bank

A bank requested by an exporter(seller) to obtain payment from the purchaser. (축약문)

Ordinarily the exporter(seller) will draw a draft on the purchaser and deliver to the remitting bank with a negotiable bill of lading. The bank will transmit it overseas to its correspondent bank (which is a collecting bank in the chain). If the draft drawn is a sight draft, the bank will deliver the negotiable bill of lading to the purchaser in return for payment. If it is a time draft, the bank will release the bill of lading, thereby permitting the purchaser to obtain the goods upon acceptance of the draft by the purchaser. At the time of maturity of the draft, the purchaser will make payment and the collecting banks will remit the proceeds to the exporter(seller).

⊂용어⊃ collecting bank : 추심은행을 말한다.

negotiable bill of lading (유통선화증권) : 선화증권의 수화인 난에 특정인을 명기하지 않고 'to order' 또는 'to order of shipper'라고 표시한 지시식 선화증권을 말한다.

correspondent bank : 국내 은행이 환거래를 하기 위하여 미리 거래조건을 정하여 계약을 체결한 외국에 소재하는 은행을 말한다.

sight draft : 지급기한이 표시되어 있지 않고 제시되면 즉시 지급되는 일람출급어음을 의미한다.

time draft : 어음의 금액을 지급해야 하는 일정 기간이 명시된 기한부 어음을 의미한다.

acceptance : 어음의 인수를 말한다.

⊂해설⊃ 매수인으로부터 대금을 지급받도록 요청받은 은행을 추심은행이라고 한다. 일반적으로 매도인은 매수인 앞으로 어음을 발행하고 유통선화증권과 함께 이를 추심의뢰은행에 제출한다. 추심의뢰은행은 자신의 환거래은행인 해외의 추심은행에 추심을 요구한다. sight draft인 경우 매수인이 대금을 결제하면 선화증권을 넘겨주며 time draft인 경우에는 어음을 인수하면 서류를 넘겨준다. time draft인 경우 매수인은 만기일에 대금을 지불하여야 한다.

[100] Presenting Bank

In a documentary collection transaction, the bank that interacts with the importer on behalf of the exporter. (축약문)

The presenting bank is the one receiving the documents from the exporter or from the remitting bank and holds them until the importer either signs a draft or pays the exporter.

⊂용어⊃ **presenting bank** (제시은행) : 넓은 의미에서 추심은행에 포함되며 매수인(즉, 지불인)에게 선화증권 등 추심서류를 제시하는 은행이다. 일반적으로 추심은행과 매수인 사이에 또 다른 은행이 개입할 경우 이를 제시은행이라 한다.

[101] Instruction Letter

A document sent by the exporter to the presenting bank where it spells out its instructions regarding how it expects the bank to handle the documents and how it expects the bank to handle an importer who does not accept the draft sent. (축약문)

⊂해설⊃ 매도인, 즉 수출업자가 추심에 관해 지시한 서류이다.

[102] Collection Letter

A collection is the procedure whereby the exporter entrusts the movement of his commercial documents to a remitting bank for further processing through a collection bank for settlement from the buyer. A collection letter is the document used by the remitting bank to relay complete and precise instructions to the collecting bank.

⊂해설⊃ 매도인이 추심을 의뢰하면서 추심에 관해 지시한 내용을 담고 있

는 서류이다.

[103] Protest

A term with more than one meaning: 1. In a documentary collection transaction, if the drawee (importer) does not pay a draft that it has signed, the presenting bank will file a protest, a legal document that notifies other parties the drawee is not honoring its debts. In many countries, the filing of protest effectively cuts the drawee's ability to have access to any credit. 2. In a customs transaction in the United States, the formal request by an importer to have Customs reconsider its classification, its valuation, or its determination of a country of origin. A protest is generally filed when an importer feels that the amount of duty paid is excessive, or when a good is not allowed in the United States because a quota has been met.

⊂용어⊃ protest: 거절증서를 말한다.
⊂단어⊃ honor: to accept or pay a check
⊂해설⊃ 1. 화환추심거래에서 지불인이 인수한 어음에 대해 대금을 지불하지 않는 경우를 말한다. 2. 수입업자가 통관을 하면서 상품분류, 금액산정, 원산지 등을 결정하는 데 동의를 하지 못하는 경우를 말한다.

[104a] Documents Against Acceptance(D/A)

Instructions given by an exporter to a bank or freight forwarder that the documents(usually a negotiable bill of lading) attached to a draft for collection are deliverable to the drawee(importer-purchaser) only against his acceptance of the draft. (축약문)

The actual payment will be made by the purchaser at some agreed-upon time or date specified in the draft after acceptance.

⊂용어⊃ documents against acceptance (D/A) : 인수 인도조건을 말한다.
⊂해설⊃ D/A 조건이란 지불인(수입업자 또는 매수인)이 어음을 인수한 경우에만 어음과 이에 첨부된 서류(예를 들면, 유통선화증권)를 매수인에게 인도하는 조건이다. 실제로 대금은 합의된 일자 또는 인수 후 특정 일자에 지급된다.

[104b] In this method(D/A), the exporter allows the overseas customer a certain period of time to effect payment for the shipment. The buyer receives the documents, and thus the title, to the goods in exchange for acceptance of the draft to pay at some determinable future date. A time draft is used to establish the time of payment; that is that the payment is due within a certain time after the buyer accepts the draft. A date draft, which specifies the date of payment, is sometimes used. When a time draft is used, the customer can potentially delay payment by delaying acceptance of the draft. An exporter can prevent such delays by either using a date draft or tying the payment date to the date on the bill of lading (e.,g., thirty days from the date of the bill of lading) or draft. The collecting bank holds the draft to present for payment on the maturity date.

⊂용어⊃ time draft : time bill, usance bill, 또는 term bill이라고도 한다.
term draft after sight (일람 후 정기출급 어음) : 어음을 제시받은 지불인은 이것을 일람하고 나서 일정 기일이 지난 후에 지불할 것을 조건으로 하는 어음을 말한다(예, 30 days after sight).
date draft : 대금 지급일이 명기된 어음을 말한다.

[104c] This method(D/A) offers less security than documents against pay-

ment because documents that certify ownership of merchandise are transferred to an overseas customer prior to payment. Even when the customer is willing and able to pay, payment can be prolonged by delaying acceptance of the time draft. This method is quite similar to open account sales in which the exporter extends a trade credit to an overseas customer in exchange for payment at some determinable future date. One major difference between the two methods is that in the case of documents against acceptance (for which a time or date draft is used), the draft is a negotiable instrument (unlike an account receivable in an open account) that can be sold and easily converted into cash by the exporter before maturity.

⊂해설⊃ D/A 방법은 대금결제가 이루어지기 전에 물품의 소유권을 의미하는 서류가 해외 매수인에게 인도됨으로 D/P 방법보다 안전하지 못하다. D/A 방법은 open account 판매 방식과 유사하지만 open account 방법과 달리 어음의 유통이 가능하다.

[105] Banker's Acceptance

A draft drawn on and accepted by a bank is called a banker's acceptance. Once accepted, the draft becomes a primary obligation of the accepting bank to pay a maturity. If the draft is accepted by nonbank entities such as importers, it is known as a trade acceptance. The greater the creditworthiness of the party accepting the draft, the greater the marketability of the banker's or trade acceptance.

⊂용어⊃ banker's acceptance (은행 인수어음) : 수출업자가 발행한 어음 중 수입국의 은행이 지불인이 되고 이 은행이 인수한 어음을 말하며 bank acceptance 또는 banker's acceptance bill 이라고도 한다.
accepting bank : 인수은행을 말한다.

trade acceptance (무역 인수어음) : 수입업자 앞으로 발행되고 수입업자가 인수한 어음을 말한다.

[106] Trade Acceptance

In a documentary collection transaction, the alternative where the exporter expects the importer to readily accept signing a draft after being notified by the presenting bank that the documents have arrived. (축약문)

⊂해설⊃ 화환 추심거래에서 수입업자가 인수한 어음을 말한다.

[107a] Documents Against Payment(D/P)

A type of payment for goods in which the documents transferring title to the goods(negotiable bill of lading) are not given to the purchaser until he has paid the value of a draft drawn on him. (축약문)

⊂용어⊃ documents against payment (D/P) : 지급 인도조건을 말한다.
⊂해설⊃ D/P 방법은 유통 선화증권과 같은 서류를 매수인이 어음의 대금을 지불한 경우에만 인도하는 대금결제 방식이다.

[107b] In a typical documents against payment (D/P) transaction, the exporter draws a draft on the foreign buyer (drawee) through a foreign bank (collecting bank) that received the collection documents from the exporter's remitting bank. In this instance, a sight draft is presented with other documents specified by the buyer and the collecting bank will provide these documents to the buyer upon payment. This means that the buyer does not receive the documents and thus will not obtain possession of the goods until payment is made to the collecting bank. This method is widely used in

foreign trade an often designated as "sight draft, documents against payment."

⊂용어⊃ sight draft : 일람출급어음을 말한다.
⊂해설⊃ D/P 방법에서 수출업자가 수입업자에게 발행하는 어음은 sight draft로 수입업자가 어음의 금액을 지불한 경우에만 물품을 찾을 수 있는 관련서류를 인도한다. (수출업자는 어음의 발행인, 즉 drawer가 되고 수입업자는 지불인, 즉 drawee가 된다.)

[107c] The original order bill of lading giving title to the goods is made out to the order of the shipper and is endorsed by the latter either in blank or the order of the collecting bank. This ensures that the seller retains title and control of the shipment until it reaches its destination and payment is made to the collecting bank. When the collecting bank is paid, it endorses the bill of lading and other documents to the buyer. The original bill of lading must be properly endorsed by the buyer and surrendered to the carrier before the buyer procures possession of the shipment.

⊂단어⊃ endorse : to write one's signature on the back of a check as evidence of the legal transfer of its ownership
⊂용어⊃ order bill of lading (지시식 선화증권) : 선화증권 면에 "to order"("지시인")라고 표기되어 있기 때문에 지시식 선화증권이라고 한다. 여기서 지시인은 송화인의 지시인으로 해석된다.
blank endorsement (백지배서) : 선화증권과 같은 유가증권의 권리를 양도하는 경우 피 배서인의 성명을 명기하지 않고 배서인의 서명만으로 하는 배서 방식을 말한다. 이를 "endorsement in blank"라고도 한다.
⊂해설⊃ 매수인이 선적품을 수령하기 위해서는 선화증권에 배서를 하고 운송인에게 이를 제출하여야 한다.

[108] Direct Collection

Exporters can bypass the remitting bank and send documents directly to the foreign collecting bank for payment or acceptance. This reduces bank charges and speeds up the collection process. In this case, the collecting bank acts as the exporter's agent for follow-up and collection without the involvement of the remitting bank.

⊂용어⊃ **collection**: 매도인, 즉 수출업자가 외상인 무역대금을 받기 위하여 수입업자 앞으로 발행한 환어음을 은행을 통해 대금의 수령을 위임하는 방법이다.
⊂해설⊃ direct collection 즉, 직접추심은 수출업자가 remitting bank를 거치지 않고 직접 collecting bank에 관련 서류를 보내어 추심을 하는 방법이다.

[109] Clean Collection and Documentary Collection

In the case of clean collections, a draft is presented to the overseas buyer for the purpose of obtaining payment or acceptance without being accompanied by **shipping documents**. Documentary collections involve the presentation of shipping (commercial) and financial documents (draft or promissory note) by the collecting bank to the buyer.

⊂용어⊃ **shipping documents** (선적서류): 무역거래에서 대금결제를 받기 위해 일반적으로 첨부되는 선화증권, 상업송장, 보험증권 등을 말한다.
⊂해설⊃ clean collection, 즉 무담보 추심은 선적서류를 첨부하지 않고 이루어지는 추심 방법을 의미하며 documentary collection(화환추심)은 선적서류가 첨부되는 추심 방법이다.

[110] The documentary collection or **documentary draft** is one of the

most customary methods of making payments in international trade. To facilitate the transaction, two banks are usually involved, one in the exporter's country and one in the buyer's country. The banks may be independent banks or branches of the same bank. This method of payment falls between the open account, which favors the buyer, and the letter of credit, which protects the exporter.

⊂용어⊃ documentary draft (화환어음) : 환어음에 선적서류가 첨부된 어음을 말한다.
⊂해설⊃ 화환추심은 무역거래에서 대금을 결제하기 위해 관례적으로 사용되는 방법으로 매수인에게 유리한 open account 방법과 매도인에게 유리한 letter of credit 방법의 중간에 위치하는 방식이다.

[111a] Letter of Credit

The letter of credit is a financial instrument issued by an importer's bank(opening bank) on behalf of the importer. The opening bank substitutes its own credit for that of the importer, and undertakes a commitment to a designated beneficiary (the exporter) to pay a stated amount within a stated time frame, provided that the exporter complies with all the terms and conditions of the letter of credit.

⊂용어⊃ opening bank : 수입업자의 거래은행, 즉 개설은행을 말한다.
beneficiary : 수익자, 즉 매도인을 의미한다.
⊂단어⊃ behalf : support or benefit
on behalf of : on the part of
⊂해설⊃ letter of credit은 opening bank가 매수인을 대신해서 매도인, 즉 beneficiary가 신용장과 일치하는 서류를 제시하면 대금을 지급하겠다는 약정을 말한다.

[111b]

A formal letter issued by a bank which authorizes the drawing of drafts on the bank to a fixed limit and under terms specified in the letter. (축약문)

Through the issuance of such letters, a bank guarantees payment on behalf of its customers(purchasers of goods) and thereby facilitates the transaction of business between parties who may not be otherwise acquainted with each other. The letter of credit may be sent directly by the issuing bank or its customer to the beneficiary (sellers of goods), or the terms of the credit may be transmitted through a correspondent bank. In the latter event the correspondent may add its guarantee (confirmation) to that of the issuing bank, depending on the arrangements made between the seller and the purchaser. Letters of credit may be revocable or irrevocable depending on whether the issuing bank reserves the right to cancel the credit prior to its expiration date.

⊂해설⊃ 신용장 개설을 통해 은행(개설은행)은 매수인을 대신하여 대금의 결제를 보장한다. 신용장은 통상적으로 개설은행의 환거래은행을 통해 매도인(수익자)에게 통지되며 계약조건에 따라 이 환거래은행이 다시 대금의 지급을 보증(확인)할 수 있다. 개설은행이 신용장 유효기한 내에 이를 취소할 수 있는 경우와 취소가 불가능한 경우가 있다.

[111c]

A letter of credit is a document whereby a bank promises that it will pay the beneficiary (the exporter) a predetermined amount of money, should the beneficiary present a certain set of documents (bill of lading, invoice, and miscellaneous certificates) to the bank. It substitutes the creditworthiness of the importer by that of the bank. A letter of credit is irrevocable when it cannot be altered without the express consent of all parties involved (exporter, importer, issuing bank, and advising bank). Virtually all letters of credit are irrevocable, as required by the International Chamber of Commerce.

⊂단어⊃ irrevocable : incapable of being revoked
⊂해설⊃ 신용장은 수출업자(수익자)가 일련의 관련 서류(선화증권, 송장, 기타 증명서 등)를 제시할 경우 대금을 결제해주겠다고 약속한 서류이다. 신용장 관계 당사자들(수출업자, 수입업자, 개설은행, 통지은행)의 명시적인 동의가 있어야만 취소가 가능한 신용장을 취소불능 신용장이라고 한다.

신용장에 관련 서류가 첨부된 화환신용장은 다음과 같다.

[112a] Documentary Letter of Credit

A letter of credit is a document in which a bank or other financial institution assumes liability for payment of the purchase price to the seller on behalf of the buyer. The bank could deal directly or through the intervention of a bank in the seller's country. In all types of letters of credit, the buyer arranges with a bank to provide finance for the exporter in exchange for certain documents. The bank makes credit available to its client, the buyer, in consideration of a security that often includes a pledge of the documents of title to the goods, placement of funds in advance, or a pledge to reimburse with a commission. The essential feature of this method is that it superimposes upon the credit of the buyer the credit of a bank, often one carrying on business in the seller's country. The letter of credit is a legally enforceable commitment by a bank to pay money upon the performance of certain conditions, stipulated therein, to the seller (exporter or beneficiary) for the account of the buyer (importer or applicant).

⊂단어⊃ pledge : something held as security to guarantee payment of a debt or fulfillment of an obligation

superimpose : to place over something

⊂해설⊃ 신용장 거래에서 대금결제는 통상적으로 매도인이 소재한 국가에 있는 은행을 통해 이루어지며 이때 물품의 소유권과 관련된 서류들이 일종의 담보로 제공된다.

[112b]

Documentary credit provides security of payment to the exporter and enables the buyer to ensure that he receives the goods as ordered and delivered in the way he requires. It is an arrangement whereby the buyer requests his bank to establish a credit in favour of the seller. The buyer's bank (the issuing bank) undertakes, or authorizes its correspondent bank in the exporter's country, to pay the exporter a sum of money (normally the invoice price of the goods) against presentation of specified shipping documents. It is a mandatory contract and completely independent of the sales contract. It is concerned only with documents and not with the goods to which the documents refer. Liability for payment now rests with the issuing bank and not with the buyer. Such credits are usually 'irrevocable', which means that they cannot be cancelled or amended without the agreement of the beneficiary (the exporter) and all other parties. The exporter can thus rely on payment being made as soon as he has shipped the goods and produced the necessary documents. The security provided by an irrevocable credit may be further enhanced if the bank in the exporter's country (the advising bank) is requested by the issuing bank to add its 'confirmation'. The exporter then has a '**confirmed irrevocable credit**'. If a credit is not 'confirmed', liability for payment rests with the issuing bank abroad, although the advising bank would usually be prepared to negotiate with recourse.

⊂용어⊃ documentary credit (화환신용장) : 신용장의 전형적인 예로서 대금 결제할 때 선적서류를 포함한 관련서류의 첨부를 요구하는 신용장을 말한다.

confirmed irrevocable credit (취소불능 확인 신용장) : 개설은행 이외의 은행, 주로 통지은행이 무역대금의 결제를 다시 확인한 취소불능 신용장을 말한다.

with recourse credit (상환청구 가능 신용장) : 무역거래에서 어음의 지급인이 지급불능 상태에 빠지거나 지급을 거절하였을 때 어음의 발행인에게 상환을 요구할 수 있는 신용장을 말한다.

⊂단어⊃ negotiate : to transfer ownership of notes to another person in return for value received

⊂해설⊃ 화환신용장은 매도인은 대금결제를 보장받고 매수인은 주문한 물품을 제대로 받을 수 있도록 고안된 방법이다. 매수인의 거래은행, 즉 개설은행은 수출국에 소재한 자신의 환거래은행에게 신용장에 명시된 선적서류를 매도인이 제시할 경우 무역대금을 결제할 수 있도록 하고 있다. 유의할 점은 이때 이루어지는 대금결제는 매매계약과 완전히 독립적으로 이루어지며, 즉 매매계약에 명시된 내용이 아니라 신용장에 명시된 조건에 따라 이루어지며 거래가 이루어진 물품이 아니라 이와 관련된 서류에 입각하여 대금결제가 이루어진다는 사실이다. 수출국에 소재하는 은행, 즉 통지은행이 대금의 결제를 추가적으로 다시 확인하는 경우 확인 신용장이 된다.

[113a] The Steps of L/C

The steps of L/C are the following.(매수인은 한국인이며 매도인은 미국인이라고 가정한다)

step 1 : The Korean buyer in Seoul contracts with the U.S. seller in New York. The agreement provides for the payment to be financed by means of an irrevocable documentary credit.

⊂해설⊃ 제 1단계 : 한국인 매수인과 미국인 매도인은 합의에 의해 취소불능신용장에 의한 방식으로 대금을 결제하기로 한다.

[113b]

step 2 : The Korean buyer applies to its bank (**issuing bank**), which issues the letter of credit with the U.S. seller as beneficiary.

⊂용어⊃ **issuing bank** (개설은행) : opening bank 또는 establishing bank라고도 하며 신용장을 개설해 주는 은행이다.
beneficiary (수익자) : 신용장 수령인으로 매도인을 말한다.
⊂해설⊃ 제 2단계 : 매수인은 자신의 거래은행, 즉 개설은행에 매도인을 수익자로 하여 신용장을 개설해주도록 요청한다.

[113c]

step 3 : Issuing bank sends the letter of credit to an **advising bank** in the U.S.

⊂용어⊃ **advising bank** (통지은행) : notifying bank라고도 하며 외국의 개설은행으로부터 신용장의 개설을 통보받아 이를 수익자인 매도인에게 통지하는 은행을 말한다.
⊂해설⊃ 개설은행은 미국에 소재하는 통지은행에 신용장의 개설을 통보한다.

[113d]

step 4 : The advising bank notifies the U.S. seller that a letter of credit has been issued on its behalf and is available on presentation of documents.

⊂해설⊃ 통지은행은 미국에 소재하는 매도인에게 신용장이 개설되었음을 통지한다.

[113e]

step 5 : The U.S. seller scrutinizes the credit. When this stipulation in the credit can be met, the U.S. seller will arrange for shipment and prepare the necessary documents, that is, commercial invoice, bill of lading, draft, insurance policy, and certificate of origin. Amendments may be neces-sary in cases in which the credit improperly describes the merchandise.

⊂용어⊃ commercial invoice (상업송장) : 직접 상거래용으로 작성되어서 상업용으로 사용되는 송장을 말한다.

bill of lading (B/L, 선화증권) : 송화인의 요청에 의해 선주나 이를 대신하는 자가 발행한 것으로 화물에 대한 청구권을 나타내는 유가증권이다.

draft (환어음) : 무역대금 결제에 사용되는 환어음은 분실될 위험을 고려하여 동일한 내용의 것을 2통 작성하여 set bill로 발행된다.

insurance policy (I/P, 보험증권) : 보험계약의 내용 및 조건 등을 기재한 증서이다.

certificate of origin (원산지 증명서) : 특정 상품에 대하여 유리한 세율을 적용받고자 하는 경우 그 특전을 받는 국가가 원산지라는 사실을 증명하는 서류이다. 이는 보통 수출국에 주재하는 수입국의 영사 또는 수출국의 상업회의소가 발행한다.

⊂단어⊃ scrutinize : to examine or observe with great care

amendment : a revision or change

⊂해설⊃ 제5단계 : 매도인은 신용장을 수령한 후 이를 면밀히 검토하여야 하며 계약 내용과 상이한 부분이 있으면 이의 수정을 요구하여야 한다. 매도인은 선적을 하고 상업송장, 선화증권, 보험증권, 원산지 증명서 등 신용장에서 요구하는 서류를 준비하여야 한다.

[113f]

step 6 : After shipment of merchandise, the U.S. seller submits relevant documents to the advising bank for payment. If the documents comply, the advising bank will pay the seller. (If the L/C provides for acceptance, the bank accepts the draft, signifying its commitment to pay the face value at maturity to the seller or **bona fide holder** of the draft - acceptance L/C. It is straight L/C if payment is made by the issuing bank or the bank designated in the credit at a determinable future date). If the credit provides for **negotiation** at any bank, it is negotiable L/C.

⊂용어⊃ **acceptance** (어음의 인수) : 신용장 조건에 따라 발행된 어음을 만기일에 대금을 지급하겠다고 승낙하는 행위를 말한다.
bona fide holder (선의의 소지인) : 어음의 정당한 소지인을 말한다.
negotiation (매입) : 신용장에 의거하여 발행된 어음을 매입하는 것을 말한다.

⊂단어⊃ comply : to act in accordance with request or rule
bona fide : done or made in good faith

⊂해설⊃ 선적을 한 후 매도인은 관련된 서류를 통지은행에 제시하고 대금을 수령하고자 하며 서류가 신용장 조건과 일치하는 경우 은행은 대금을 결제하게 된다. 신용장에 대금을 만기일에 지급하도록 규정하고 있는 경우 이를 인수하여 만기일에 액면 금액을 지급한다. 이 경우 통지은행은 인수은행이 된다. 신용장에 매입하도록 규정하고 있는 경우 통지은행은 이를 매입하

며 이때 통지은행은 매입은행이 된다.

[113g]

step 7 : The advising bank sends documents plus settlement instructions to the issuing bank.

⊂해설⊃ 통지은행은 개설은행에 관련 서류를 보내어 대금 상환을 요구하게 된다.

[113h]

step 8 : On inspecting documents for compliance with instructions, the issuing bank reimburses/remits proceeds to the advising bank.

⊂단어⊃ reimburse : to pay back or compensate (a person) for money spent

⊂해설⊃ 개설은행은 관련 서류가 신용장의 지시 내용과 일치하는지 여부를 검토한 후에 일치하는 경우 해당 금액을 상환하게 된다.

[113i]

step 9 : The issuing bank gives documents to the buyer and presents the term draft for acceptance. With a sight draft, the issuing bank will be paid by the buyer on presentation of documents.

⊂용어⊃ term draft (기한부 어음) : 대금을 지급하여야 하는 일정 기한이 명시되어 있는 어음을 말한다.

sight draft (일람출급어음) : 지급기한이 표시되어 있지 않으며 어음이 제시되면 바로 지급되는 어음을 말한다.

⊂해설⊃ 개설은행은 관련 서류를 매수인에게 제시하며 term draft인 경우 acceptance를 요구하고 sight draft인 경우 대금의 즉시 지급을 요구하게 된다.

[113j]

step 10 : The buyer arranges for clearance of the merchandise, that is, gives up the bill of lading and takes receipt of goods.

⊂해설⊃ 매수인은 개설은행을 통해서 받은 선화증권으로 물품을 수령한다.

[113k]

step 11 : The buyer pays the issuing bank on or before the draft maturity date.

⊂해설⊃ 매수인은 인수를 한 경우 어음 만기일 또는 그 이전에 대금을 결제한다.

신용장의 예를 들면 다음과 같다.

[114] Example of L/C

Form of Documentary Credit (신용장의 형태)
IRREVOCABLE (취소불능 신용장)

Documentary Credit Number (화환 신용장 번호)
1082 LJS 2576

Date of Issue (신용장 발행일)
MAY 27, 2011

Date of Expiry (신용장 만기일)
JULY 12, 2011

Advising Bank (통지은행)
INDUSTRIAL BANK OF KOREA
YOIDO BRANCH
107 YOIDO-DONG
YOUNGDUNGPO-GU
SEOUL, KOREA

Applicant (개설의뢰인)
EXCELLENT MARKETERS INTERNATIONAL LTD..
240 PARK AVENUE
RICHMOND, B.C. S7L1K7
CANADA

Beneficiary (수익자)
HAMSUN TRADE LTD.
5 FLOOR ILHONG BLDG.
YOIDO-DONG YOUNGDUNGPO-GU
SEOUL, KOREA

Currency Code, Amount (신용장 금액)
USD 27,000.00
Available with/by Name/Address (대금결제)
BY NEGOTIATION ANY BANK

Draft at (환어음)
SIGHT

Drawee (지불인)
LAURENTIAN BANK OF CANADA
LAURENTIAN BANK TOWER
SUITE 1975
1981 MCGILL COLLEGE AVENUE

Partial Shipments (분할선적)
NOT ALLOWED

Transshipment (환적)
NOT ALLOWED

Latest Date of Shipment (최종 선적일)
JUNE 27, 2011

Documents Required (대금결제 시 필요한 서류)
1. FULL SET CLEAN ON BOARD MARINE BILLS OF LADING CONSIGNED TO LAURENTIAN BANK OF CANADA MARKED FREIGHT PREPAID NOTIFY APPLICANT (선화증권)
2. SIGNED COMMERCIAL INVOICE IN QUINTUPLICATE (상업송장)
3. PACKING LIST IN TRIPLICATE (포장명세서)
4. CERTIFICATE OF ORIGIN IN 1 ORIGINAL AND 1 COPY (원산지 증명서)
5. MARINE INSURANCE POLICY IN DUPLICATE, ENDORSED IN BLANK FOR 110% OF THE INVOICE VALUE (보험증권)

Period for Presentation (서류 제시 기한)
DOCUMENTS TO BE PRESENTED WITHIN 15 DAYS AFTER ISSUANCE OF SHIPPING DOCUMENTS BUT WITHIN THE VALIDITY OF THE CREDIT

UNLESS OTHERWISE EXPRESSLY STATED, THIS CREDIT IS SUBJECT TO THE UNIFORM CUSTOMS AND PRACTICE FOR DOCUMENTARY CREDITS OF INTERNATIONAL CHAMBER OF COMMERCE, 2007 REVISION PUBLICATION NO. 600. (신용장 통일규칙에 따른다는 문구)

[115] Transmittal Letter

The transmittal letter, commonly prepared with a bank draft, is the document used to send shipping documents to a remitting bank for processing either a collection or payment/negotiation under a letter of credit. It contains the shipper's precise and complete instructions on how the documents are to be handled and the payments remitted.

⊂단어⊃ transmittal : the act or process of transmitting
⊂해설⊃ 추심 또는 신용장에 의거하여 대금을 결제받으려는 경우 선적서류를 보내는 데 사용되는 서류로서 선적서류의 전달 방법 및 대금의 송금 방법에 관해 언급하고 있다.

[116] Applicant

The firm asking the issuing bank for a letter of credit. (축약문)

Usually, the applicant is the importer. The person at whose request or for whose account a letter of credit is issued – for example, the purchaser in a sale transaction opening a letter of credit with the purchaser's bank to pay the exporter(seller).

⊂용어⊃ applicant (개설의뢰인) : 신용장의 발행을 자신의 거래은행, 즉 개설은행에 의뢰하는 수입상을 의미한다.
⊂해설⊃ applicant는 신용장 거래에서 개설은행에 신용장의 개설을 요청하는 당사자로서 보통 수입업자가 된다.

[117a] Beneficiary

The firm named in a letter of credit as the firm to whom the bank is insuring payment if the importer does not pay. (축약문)

Usually, the beneficiary of a letter of credit is the exporter.

⊂용어⊃ beneficiary (수익자) : 신용장의 경우 매도인(수출상)이 신용장에 의거하여 신용장 개설은행 앞으로 환어음을 발행하고 해당 금액을 받을 권리가 주어졌기 때문에 수익자, 즉 beneficiary란 명칭이 붙었다.
⊂해설⊃ 개설은행이 대금의 결제를 확약한 당사자로서 신용장에서 수익자는 수출업자이다.

[117b]

(1) Under a letter of credit, the person who is entitled to receive payment, usually the seller(exporter) of the goods. (축약문) (2) Under an insurance policy, the assured, or person who is to receive payment in case of loss or damage to the goods. (축약문)

⊂용어⊃ insurance policy : 보험 증권을 말한다.

the assured (피보험자) : the insured라고도 하며 보험계약에 의해 피보험이익을 갖는 자이다

⊂해설⊃ beneficiary는 (1) 신용장 거래에서 대금을 받을 권리가 있는 매도인(수출업자)을 의미하며, (2) 보험증권에서는 손실이 발생할 경우 보상을 받게 될 피보험자를 말한다.

[118] Issuing Bank

The bank providing the letter of credit. (축약문)

It is the bank that, should the importer be unable to pay, and should the exporter provide all the necessary documents, has the contractual obligation to pay the beneficiary (the exporter).

⊂해설⊃ 수입업자의 요청에 의하여 신용장을 개설하고 수익자에게 대금을 지급할 의무를 부담하는 은행을 의미한다.

[119] Advising Bank

A bank located in the exporter's(seller's) country notifying the exporter that the purchaser has opened a letter of credit in favor of the exporter through another(issuing) bank. (축약문)

⊂해설⊃ 통지은행은 수출국에 소재하며 수출업자에게 신용장이 개설되었음을 통지하는 은행을 말한다.

다음은 통지은행이 신용장의 개설을 통지하면서 첨부하는 편지의 한 예이다.

[120]

We advise you that we have received a message dated May 27, 2008 from the above mentioned bank as shown on the attached sheet signed by us.

Please note that this letter is solely an advice and conveys no engagement on our part. And please further note that we assume no responsibility for any error and/or omissions in the transmission and/or translation of the cable, and we reserve the right to make such corrections as may be found necessary.

This letter must be presented at each drawing and the amount of any such drawing must be endorsed on the reverse hereof by the **paying/accepting/negotiating bank**.

This advice is subject to Uniform Customs and Practice for Documentary Credits (2007 Revision), International Chamber of Commerce Publication No. 600.

⊂용어⊃ **paying bank** : 지급은행을 말한다.
accepting bank : 인수은행을 말한다.
negotiating bank : 매입은행을 말한다.
⊂해설⊃ 통지은행은 어떤 책임도 부담하지 않으며 단지 이 편지를 통해 신용장의 개설을 통지할 뿐이라는 사실을 밝히고 있다. 또한 신용장의 전달이나 번역과정에서 발생하는 어떤 실수에 대해서도 책임을 부담하지 않는다고 기록하고 있다.

[121] Correspondent Bank

A foreign bank with which a domestic bank has a preferred business relationship. (축약문)

⊂용어⊃ correspondent bank : 환거래 은행을 말한다.
⊂해설⊃ 국내은행과 환거래계약이 체결된 외국에 소재한 은행을 말한다.

[122a] Confirming Bank

The bank providing an additional level of payment security to the beneficiary of a letter of credit. (축약문)

The confirming bank certifies that it will pay the letter of credit if the importer and the issuing bank do not pay.

⊂용어⊃ confirming bank : 확인은행을 말한다.
⊂해설⊃ 신용장의 수익자에 대해서 개설은행이 대금을 지급하지 못할 경우 대금 지급을 추가적으로 약속한 은행이다.

[122b] An issuing bank may also request a bank to confirm the letter of credit. A confirming bank promises to honor a letter of credit already issued by another bank and becomes directly obligated to the beneficiary (seller), as though it had issued the letter of credit itself. It will pay, accept, or negotiate a letter of credit upon presentation of specific documents that comply with the terms and conditions of the credit. A confirming bank is entitled to reimbursement by the issuing bank, assuming that the latter's instructions have been properly executed. It, however, faces the risk of nonpayment if the issuing bank or the buyer is unable or unwilling to pay the confirming bank,

in which case it will be left with title to the goods and obliged to liquidate them to offset its losses.

⊂해설⊃ 확인은행은 개설은행의 요청에 따라 개설은행이 개설한 신용장에 대해 대금의 지급을 약속하는 은행을 말한다. 확인은행은 신용장 조건과 일치하는 서류를 제시할 경우 신용장을 지급, 인수, 매입한다. 확인은행은 개설은행으로부터 해당 금액을 상환받게 되며 그렇지 못할 경우 해당 물품을 청산하여 손실을 보전하게 된다.

[123] Amendment

A change to a letter of credit to which all parties to a letter of credit agree : the exporter, the importer, the issuing bank, and the advising bank. (축약문)

⊂용어⊃ amendment : revocable credit의 경우 수익자에 대한 예고 없이 신용장의 조건 변경이나 취소가 가능하다. 하지만 이 경우에 조건의 변경이나 신용장의 취소에 관한 통지서 즉, amendment letter 또는 cancellation letter가 환어음의 매입이전에 관계 은행, 즉 통지은행에 도착하여야 한다. irrevocable credit의 경우 신용장의 조건 변경이나 취소는 신용장 관계 당사자 전원의 동의를 얻어야 한다. 예를 들어 수익자(수출상)가 신용장에 기재된 내용을 변경시킬 필요가 있는 경우 개설의뢰인(수입상)에게 이를 요구하여 변경에 필요한 절차를 밟아야 한다. 개설의뢰인이 조건의 변경에 동의하는 경우 개설은행에 신용장 조건 변경 신청서를 제출하고 개설은행이 이를 승낙하는 경우 통지은행에 이를 통지하며 통지은행은 이런 취지의 amendment letter를 수익자에게 통지하게 된다.

⊂해설⊃ 신용장의 당사자들, 즉 수출업자, 수입업자, 개설은행, 통지은행 모두가 합의한 내용에 의해 신용장을 변경시키는 것을 말한다.

[124] Negotiation

A transfer of possession, whether voluntary or involuntary, for value received of a negotiable instrument by a person to another person who thereby becomes its holder. (축약문)

⊂용어⊃ negotiation charges (매입 수수료) : 환어음을 매입하면서 은행이 청구하는 수수료를 말한다.
negotiating bank (매입은행) : 화환어음을 매입하는 은행이다.
negotiable instrument (유통증권) : 해당 증권을 교부하거나 배서함으로써 그 증권 및 증권이 갖고 있는 법률상의 권리를 이전할 수 있는 증권을 말한다.

[125a] Draft

A negotiable instrument wherein a drawer orders a drawee to pay a fixed amount of money (with or without interest or other charges) described in the draft, payable on demand or other definite time. (축약문)

It must be payable "to order" or bearer and it must not contain any other instructions, conditions, or orders except an order to pay money. A draft is commonly drawn by an exporter (seller) on the purchaser (drawee) and delivered to a collecting bank or freight forwarder for presentation to the purchaser.

⊂단어⊃ bearer : a person who presents a check or other redeemable note for payment
⊂용어⊃ draft : 무역결제에 사용되는 환어음, 즉 bill of exchange를 의미한다.

drawer : 어음의 발행인을 말한다.

drawee : 어음의 지불인을 말한다.

payee : 어음 금액의 수령인을 말한다.

bill of exchange : 채권을 갖고 있는 사람이 채무를 부담하는 사람에게 지급기일에 기재된 금액을 자신 또는 제 3자에게 지급하도록 위탁한 유가증권이다.

⊂해설⊃ 발행인(예, 수출업자)이 지불인(예, 수입업자)에게 증권 상의 금액을 지급하도록 지시하는 유통증권을 말한다.

[125b]

The draft is a negotiable instrument which contains an order to pay. It must be signed by the drawer(seller) and be payable at sight or by a certain time. The draft must contain an unconditional order to pay a certain sum of money to the drawee(buyer). Drafts are used in both collection and letter of credit methods of payment.

⊂용어⊃ draft : bill of exchange, 즉 환어음을 의미한다.

negotiable instrument : 유통이 가능한 증권을 말한다.

sight bill (일람출급 어음) : 해당 어음을 제시하면(at sight) 대금을 지급하여야 하는 어음으로 제시가 곧 대금 지급의 요구(on demand)가 되기 때문에 demand bill이라고도 한다.

⊂해설⊃ draft는 매수인, 즉 지불인에 대해 매도인, 즉 발행인이 해당 금액을 무조건적으로 지급할 것을 지시하는 서류로 추심 및 신용장 방식 모두에 사용된다.

[125c]

A check(bank draft), drawn by a bank on another bank, customarily used where it is necessary for the customer to provide funds which are payable at a bank in some distant location. (축약문)

⊂용어⊃ bank draft (bank bill) : 은행에 의해 발행되거나 은행이 인수한 어음을 말한다. 일류 은행이 인수한 어음은 우량 어음으로 취급되어 금융시장에서 최저율로 할인이 된다.

[126] Tenor

The term fixed for the payment of a draft. (축약문)

⊂용어⊃ tenor : at 90 days after sight 또는 at sight 등에서 볼 수 있는 어음의 기한을 말한다.

[127] Usance

The time period during which credit is being extended and which the purchaser of goods or borrower of monies must pay interest. (축약문)

⊂용어⊃ usance (환어음 기한) : 기한을 정하는 방법에는 i) 확정일 출급(미리 만기일을 정하여 대금을 지급하는 방법), ii) 일람 또는 인수 후 정기출급(일람 후 또는 환어음 인수 후 일정한 기간이 경과한 뒤에 대금을 지급하는 방법), iii) 일자 후 정기출급(환어음 발행 일자에서 일정 기간이 경과한 일자를 만기일로 한 대금 지급 방법), iv) 일람출급(환어음을 일람하였을 때 대금을 지급하는 방법) 등이 있다.
usance bill (기한부 환어음) : 어음 발행일 또는 인수일로부터 지급일까지 사이에 일정 기한(예, 30일, 60일, 90일 등)이 있는 환어음을 말한다.

[128] Commercial Risk

The probability of not getting paid by a certain creditor, because this creditor does not have the funds to pay the debt or because the creditor refuses to pay the debt. (축약문)

⊂용어⊃ commercial risk : 수입업자가 대금을 결제하지 않아서 수출업자가 대금을 결제받지 못할 위험을 말한다.

[129] Credit Insurance

An insurance policy under which commercial risk is covered. (축약문)

In exchange for a premium paid by the exporter, the insurance company will bear the risk of nonpayment by the importer, deducting a slight percentage of the receivable. Credit insurance does not cover political risks, unless the exporter has explicitly asked for additional political coverage that is obtained through the Ex-Im Bank.

⊂용어⊃ premium : insurance premium, 즉 보험료를 의미한다.
political risk : 전쟁, 혁명, 내란, 수출입 제한 등의 정치적인 원인으로 인해 무역계약의 이행이 불가능하게 될 위험을 말한다.
Ex-Im bank : Export-Import Bank, 즉 수출입 은행을 말한다.
⊂해설⊃ 수입업자가 대금을 결제하지 않아서 수출업자가 대금을 받지 못할 commercial risk에 대해서 보험회사에게 보험료를 납부하고 부보하는 위험을 말하며 이 경우 일반적으로 political risk는 부보되지 않는다.

[130] Banker's Acceptance Bill

A time draft where a bank is drawee. (축약문)

⊂용어⊃ banker's acceptance bill (banker's acceptance 또는 bank acceptance) : 국제 무역거래에서 수출업자가 발행한 외국에서 지급되는 어음 중 수입지에 있는 은행이 지불인이 되고 이 은행이 인수한 어음을 말한다.
trade acceptance bill : 무역거래에서 수출업자가 수입업자 앞으로 발행하고 수입업자에 의해 인수된 어음을 말한다.

[131] Time Draft

A draft maturing at a certain fixed time after presentation or acceptance. (축약문)

This may be a given number of days after sight (acceptance) or a given number of days after the date of the draft.

In a documentary collection transaction, a time draft is a promissory note that the importer has to pay a number of days (30, 60, 90, or 180 days) after it accepts the draft by signing it. A time draft is different from a date draft, because the importer controls the date at which it will sign the note, whereas in a date draft, the exporter controls the date of payment by controlling the date at which the goods are shipped. A time draft is used in the documentary collection called documents against acceptance.

⊂용어⊃ time draft : 어음 금액을 지급하여야 할 일정 기한이 명시되어 있는 기한부 어음을 말하며 time bill(usance bill 또는 term bill 또는 period bill)이라고도 한다.

promissory note : 약속어음을 말한다.

documents against acceptance : D/A 방식을 의미한다.

⊂해설⊃ 어음이 제시되거나 인수되고 나서 일정기일이 지나 만기일이 되면 대금이 지급되는 어음을 말한다. 화환추심거래에서 time draft는 수입업자가 draft에 서명을 하고 인수를 한 후 일정기간(예를 들면 30일, 60일, 90일, 180일)이 경과하고 나서 대금을 지불하는 어음이다. 수출업자가 선적일자를 조절함으로써 대금 결제일자를 통제할 수 있는 date draft와는 다르다. 이는 D/A 방식에서 자주 사용된다.

[132] Date Draft

A draft maturing a stipulated number of days after its date, regardless of the time of its acceptance. (축약문)

Unless otherwise agreed upon in the contract of sale, the date of the draft should not be prior to that of the ocean bill of lading or the corresponding document on shipment by other means.

In a documentary collection transactions, a date draft is a promissory note that the importer has to pay a number of days (30, 60, 90, or 180 days) after the exporter ships the goods. Because the exporter controls the date at which the goods are shipped, the draft is called a date draft because the date the payment is due is known ahead of time. This is in contrast to a time draft, where the importer controls the date of payment by controlling the date at which it signs the promissory note. A date draft is used in the documentary collection called documents against acceptance.

⊂용어⊃ bill of lading : 선화증권, 즉 B/L을 말한다.

time draft : 기한부 어음을 말한다.
documents against acceptance : D/A 방식을 의미한다.
⊂해설⊃ date draft는 수출업자가 물품을 선적한 후 일정기간(예를 들면 30일, 60일, 90일, 180일)이 경과하고 나서 대금을 지불하는 어음이다. 이 어음은 수출업자가 선적일자를 조절함으로써 대금결제 일을 조절한다는 의미에서 time draft와 다르다. time draft는 수입업자가 어음에 서명하고 인수하는 일자를 조정함으로써 대금결제 일을 수입업자가 통제할 수 있다. 이는 D/A 방식에서 보통 사용된다.

[133] Arrival Draft

A modified sight draft which does not require payment until arrival of the goods at the port of destination. Similar to "cash on delivery." (축약문)

⊂용어⊃ arrival draft : 화물이 도착한 후에 대금 지급이 이루어지는 환어음으로 물품이 도착한 후에 선적서류와 상환으로 지급된다. arrival bill이라고도 한다.
cash on delivery (C.O.D.) : 상품의 인도와 동시에 대금을 지급받는 결제 방식으로 소매거래에 자주 사용되며 판매 대금의 회수가 용이한 장점이 있다.
⊂해설⊃ sight draft의 변형된 형태로 물품이 목적 항에 도착하고 나서 대금의 결제가 이루어지는 방식이다.

[134] Sight Draft

A draft so drawn by the seller as to be payable on presentation to the drawee (importer). (축약문)

It must be paid at the time the draft is presented to the buyer(importer) by the seller's agent, such as a freight forwarder or bank.

Also referred to as a demand draft, a sight draft is used when the seller wishes to retain control of the shipment until payment.

⊂용어⊃ sight draft (일람출급 환어음) : 지급기한이 표시되어 있지 않아서 채권자로부터 제시되면 즉시 지급을 하여야 하는 환어음을 말하며 sight bill 이라고도 한다.
demand draft : sight draft를 달리 이렇게도 부른다.
⊂해설⊃ 어음이 매수인에게 제시될 때 대금을 지불하여야 하는 방식이며 demand draft라고도 한다.

[135] Remittance

A payment, usually from one collecting bank to another, for example, under a documentary collection. (축약문)

However, a remittance may also include payments directly by the purchaser to the seller.

⊂해설⊃ remittance에는 화환추심거래에서 추심은행이 대금을 송금하는 것과 매수인이 매도인에게 대금을 직접 송금하는 것이 모두 포함된다.

[136] Drawee

A person (usually the purchaser of goods) ordered in a draft to make payment. (축약문)

In a documentary collection transaction, another term for the importer who signs the draft. (축약문)

⊂해설⊃ 환어음의 지불인을 말하며 화환추심거래에서 매수인, 즉 수입업자를 말한다.

[137] Drawer

A person who makes, creates or issues a draft and instructs a drawee to make payment to the drawer or another person ("pay to the order of").

(축약문)

⊂해설⊃ 환어음을 발행하여 대금을 자신 또는 지시인에게 지급할 것을 요구하는 사람, 즉 발행인을 말한다.

[138a] Bill of Exchange

An unconditional order in writing addressed by one person to another, signed by the person issuing it and requiring the addressee to pay at a fixed or determinable future time a certain sum of money to the order of a specified party. (축약문)

A bill of exchange is an unconditional written order by one party (the drawer) that orders a second party (the debtor or drawee) to pay a certain sum of money to the drawer (creditor) or designated third party.

In export transactions, it is drawn by the seller(exporter) on the purchaser(importer) or bank specified in a letter of credit or specified by the purchaser.

⊂용어⊃ bill of exchange (환어음) : 채권자가 채무자에게 지급기일에 어음의 기재 금액을 자기 또는 제3자에게 지급하도록 위탁한 유가증권으로

일종의 지급지시서이다. 환어음의 당사자에는 drawer(발행인), drawee(지불인), payee(수령인)의 3인이 있다.
⊂해설⊃ 무역거래에서 환어음은 매도인(수출업자)이 매수인(수입업자) 또는 은행(신용장의 경우) 앞으로 발행한다.

[138b] In normal circumstances the exporter draws a bill of exchange, attaches the shipping documents to it and lodges the whole with his bank, giving very precise and complete instructions as to the action to be taken in certain circumstances : whether to forward the bill by air mail and ask for the proceeds to be remitted by cable or air mail; whether the documents are to be released against payment or acceptance of the bill; whether the bill is to 'protested' if dishonoured; whether the goods should be stored and insured if not taken up by the buyer; whether rebate may be given for early payment.

⊂해설⊃ 수출업자는 통상적으로 환어음을 발행하고 거기에 선적서류를 첨부하여 은행에 이를 제시하며 이때 여러 가지 상황 하에서 취하여야 할 조치에 대해 자세히 명시한 지시서를 동봉한다.

[138c] The exporter's bank will forward the bill and documents to its correspondent bank in the buyer's country, passing on exactly the instructions received from the exporter. Acting as collecting bank, the correspondent will present the bill to the buyer and release the document in accordance with the instructions received. If the arrangement called for payment to be made immediately, then the bill of exchange will be drawn at 'sight' and the instructions will be to release the documents against payment (D/P). If a period of credit has been agreed, then the bill will be drawn at, say, '90 days after sight' and the instructions will be for the documents to be released against acceptance of the bill by the buyer (D/A). In this case,

the buyer signs his acceptance across the face of the bill, which now becomes due for payment in 90 days, and he receives the documents of title to the goods. The collecting bank will advise the remitting bank of the date of acceptance and hold the bill until maturity, when it will present it to the buyer for payment.

⊂용어⊃ correspondent bank : 환거래 은행을 말한다.
collecting bank : 추심은행을 말한다.
remitting bank : 추심의뢰은행을 말한다.
⊂해설⊃ 수출업자의 거래은행은 수입국에 소재하는 자신의 환거래은행에게 환어음, 선적서류, 지시서 등을 제시하며 이 환거래은행은 추심은행으로서 행동한다. 서류를 제시한 후에 대금이 즉시 결제되도록 된 경우 일람출급 환어음이 발행되며(D/P의 경우), 일정 기간이 지난 후 대금이 결제되도록 된 경우 일람 후 출급(예, 90 days after sight) 환어음이 발행된다(D/A의 경우). 추심은행은 추심의뢰은행에게 환어음의 인수 일자를 통보하고 만기일까지 환어음을 보유한다.

[139] Documentary Bill of Exchange (Documentary Bill)

A draft(bill of exchange) accompanied by other documents required by the buyer for payment, for example, bill of lading, inspection certificate.

(축약문)

⊂용어⊃ documentary bill of exchange: 운송서류를 비롯하여 관련 서류가 첨부된 환어음을 말한다.
bill of lading : 선화증권, 즉 B/L을 말한다.
inspection certificate (검사증명서) : certificate of inspection이라고도 하며 선적 시 해당 물품의 품질, 법규 및 기준의 적합 여부 등을 검사하여 이를 증명한 서류를 말한다.

⊂해설⊃ 대금결제 시 요구되는 서류, 예를 들면 선화증권, 검사증명서 등이 첨부된 환어음을 말한다.

[140] Clean Bill of Exchange

The method of collecting payment is usually based on the documentary bill of exchange, but in certain circumstances use may be made of a 'clean' bill of exchange, that is, a bill to which no documents are attached. Such bills may be drawn for the collection of monies for services or for any debt which does not relate to goods. A clean bill of exchange may also be used to obtain payment for goods sent on 'open account', especially where payment is overdue.

⊂용어⊃ clean bill of exchange : 화물의 담보가 없는 환어음, 즉 무담보 환어음을 말한다.
documentary bill of exchange : 선적서류가 첨부되어서 환어음상의 권리가 담보되어 있는 화환어음을 말한다.
open account : 청산계정을 말한다.
⊂해설⊃ 무역거래에서 통상적으로 사용되는 화환어음과 달리 서류가 첨부되지 않은 환어음을 말하며 물품이 수반되지 않는 거래에 주로 사용된다. 이는 대금결제가 open account 방식으로 이루어지는 거래에도 사용된다.

[141] Blank Endorsement

The signature, usually on the reverse of a draft(bill of exchange), bill of lading, or insurance certificate, without any qualification, which then becomes payable or consigned to the person to whom the document is delivered.

(축약문)

⊂용어⊃ blank endorsement (백지배서) : 유가증권의 권리를 양도할 때 단지 증권의 배서인이 서명만 하는 배서방식이다. 피 배서인의 성명을 표시하지 않기 때문에 무기명배서 또는 약식배서라고도 한다. 지시식 선화증권의 경우 백지배서에 의한 증권의 인도에 의하여 소유권이 이전된다. 이를 endorsement in blank라고도 한다.
⊂단어⊃ consign : to deliver (for example, merchandise) for custody or sale
⊂해설⊃ 피 배서인이 명기되지 않은 상태로 배서가 이루어지는 경우를 말한다.

[142] Special Endorsement

A direction by the payee of a draft specifying the name of an alternative payee to whom the drawee is authorized to make payment after delivery of the draft to the alternative payee. (축약문)

⊂용어⊃ special endorsement (기명배서) : 피 배서인 또는 양수인을 지정하여 배서에 의해 어음 채권을 인도하는 경우를 말한다.
payee (수령인) : 환어음의 본문 중에 인쇄되어 있는 "Pay To" 다음에 쓰여 있는 자를 의미하여 보통 환어음의 negotiating bank, 즉 매입은행이 기재된다.

bill of exchange는 다음과 같은 형태를 갖는다.

BILL OF EXCHANGE

NO. (어음번호) DATE : KOREA (발행일 및 발행지)
FOR (숫자 금액)
AT (지급 만기일) SIGHT OF THIS **FIRST** BILL OF EXCHANGE (**SECOND** UNPAID)
PAY TO THE ORDER OF **INDUSTRIAL BANK OF KOREA** (수령인)
THE SUM OF (문자 금액)

VALUE RECEIVED AND CHARGE THE SAME TO ACCOUNT OF (개설 의뢰인)

DRAWN UNDER (신용장 개설은행)
L/C NO. (신용장 번호) DATED (신용장 개설일자)

TO (지불인) (발행인의 기명날인)

⊂해설⊃ 피 배서인이 명기된 배서를 말한다.

[143] Recourse

The right to claim a refund for amounts paid to a payee. (축약문)

For example, a factoring company may purchase accounts receivable from an exporter (seller), pay the exporter a discounted amount, and collect the accounts receivable as they become due from the purchasers of the goods. If the purchase of the accounts receivable by the factor is with recourse, if any of the purchasers fails to pay, the factor has the option of pursuing the purchaser or claiming a refund for that amount from the exporter (seller) from whom the accounts receivable were purchased.

⊂용어⊃ **recourse** (상환청구권) : 환어음에 부도가 발생하였을 때 그 유통

과정을 소급하여 후자에서 전자로 해당 금액의 반환을 청구할 수 있는 권리를 말한다.

⊂해설⊃ 수령인에게 지급한 금액을 상환받을 수 있는 권리를 말한다(예, 팩토링 회사의 경우).

[144] SWIFT

A letter of credit is considered an export or import L/C depending on the party. The same letter of credit is considered an export L/C by the seller and an import L/C by the buyer. Credits are opened and forwarded to the advising/confirming bank by mail, telex, or cable. Issuing banks can also open credits by using SWIFT system(Society for Worldwide Interbank Financial Telecommunications) which allows for faster transmission time. It also allows member banks to use automatic authentication(verification) of messages.

⊂용어⊃ SWIFT (전 세계 은행 간 금융 데이터 통신 협회) : 국제 대금결제 등에 관한 데이터 통신망을 기획하고 운영하기 위하여 1973년 설립된 협회이다.

⊂해설⊃ 국제 대금결제 등에 관한 데이터 통신망을 기획하고 운영하기 위해 설립된 SWIFT의 통신망을 이용하여 신용장을 전송하고 있다.

T·R·A·D·E·E·N·G·L·I·S·H

제3절 대금결제와 국제협약

[145] Collection means the handling by banks, on instructions received, of documents, in order to (a) obtain acceptance and/or, as the case may be, payment, or (b) deliver commercial documents against acceptance and/or, as the case may be, against payment, or (c) deliver documents on other terms and conditions.

⊂해설⊃ 추심이란 은행이 지시에 따라 다음과 같이 처리하는 것을 말한다. (a) 인수 및/또는 (경우에 따라) 지급, (b) 인수 및/또는 (경우에 따라) 지급에 대한 상환으로 상업서류의 인도, (c) 다른 조건에 따른 서류의 인도

Documents mean financial documents and/or commercial documents. (a) financial documents mean bills of exchange, promissory notes, cheques, payment receipts or other similar instruments used for obtaining the payment of money; (b) commercial documents mean invoices, shipping documents, documents of title or other similar documents, or any other documents whatsoever, not being financial documents.

⊂해설⊃ 서류란 금융서류 및/또는 상업서류를 말한다. (a) 금융서류는 환어음, 약속어음, 수표, 지급 영수증 또는 금전상의 지급을 취득하는 데 사용되는 기타 유사한 증서를 의미한다. (b) 상업서류는 송장, 선적서류, 권리증서 또는 기타 유사한 서류, 또는 금융서류가 아닌 그 밖의 모든 다른 서류를

의미한다.

[146] Clean collection means collection of financial documents not accompanied by commercial documents.

⊂해설⊃ 무담보 추심은 상업서류가 첨부되지 않은 금융서류의 추심을 말한다.

[147a] Documentary collection means collection of (a) financial documents accompanied by commercial documents; (b) commercial documents not accompanied by financial documents.

⊂해설⊃ 화환추심은 다음과 같은 추심을 말한다. (a) 상업서류가 첨부된 금융서류의 추심, (b) 금융서류가 첨부되지 않은 상업서류의 추심

[147b]

(a) The principal is the customer entrusting the operation of collection to his bank.
(b) The remitting bank is the bank to which the principal has entrusted the operation of collection.
(c) The collecting bank is any bank, other than the remitting bank, involved in processing the collection order.
(d) The presenting bank is the collecting bank making presentation to the drawee.
(e) The drawee is the one to whom presentation is to be made according to the collection order.

⊂해설⊃ (a) 추심 의뢰인은 자신의 거래 은행에 추심업무를 의뢰하는 은행

을 말한다.

(b) 추심 의뢰은행은 추심 의뢰인이 추심을 의뢰한 은행을 말한다.

(c) 추심은행은 추심 진행과정에 포함된 추심 의뢰은행 이외의 모든 은행을 말한다.

(d) 제시은행은 지급인에게 제시를 하는 추심은행이다.

(e) 지급인은 추심의뢰서에 따라 제시를 받는 자이다.

[148a] All documents sent for collection must be accompanied by a collection order giving complete and precise instructions. Banks are only permitted to act upon the instructions given in such collection order.

⊂해설⊃ 추심하기 위해 송부되는 모든 서류에는 완벽하고 정확한 지시가 기재된 추심의뢰서가 첨부되어야 한다. 은행은 이런 추심의뢰서에 기재된 지시에 따라서만 업무를 수행할 수 있을 뿐이다.

[148b] Banks must verify that the documents received appear to be as listed in the collection order and must immediately advise the party from whom the collection order was received of any documents missing. Banks have no further obligation to examine the documents.

⊂해설⊃ 은행은 접수된 서류가 추심의뢰서에 열거된 서류와 일치하는지를 확인하여야 하고 누락된 서류에 대해서는 추심의뢰서를 수령한 당사자에게 즉시 통보하여야 한다. 은행은 서류를 심사할 더 이상의 의무를 부담하지 않는다.

[149] In the case of documents payable at sight the presenting bank must make presentation for payment without delay. In the case of documents payable at a tenor other than sight the presenting bank must, where acceptance is called for, make presentation for acceptance without delay, and

where payment is called for, make presentation for payment not later than the appropriate maturity date.

⊂해설⊃ 일람출금인 서류의 경우 제시은행은 지급을 위해 지체 없이 서류를 제시하여야 한다. 일람출급이 아닌 기한부인 서류의 경우 제시은행은 인수가 요구되는 때에 지체 없이 인수를 위한 제시를 하여야 하며 지급이 요구되는 때에는 만기일 이전에 지급을 위한 제시를 하여야 한다.

[150] In respect of a documentary collection including a bill of exchange payable at a future date, the collection order should state whether the commercial documents are to be released to the drawee against acceptance(D/A) or against payment(D/P). In the absence of such statement, the commercial documents will be released only against payment.

⊂해설⊃ 장래 확정일 지급조건의 환어음이 첨부된 화환추심의 경우 추심의뢰서에는 인수인도조건(D/A) 또는 지급인도조건(D/P) 중 어느 조건으로 상업서류를 지급인에게 인도하여야 하는지를 명시하여야 한다. 이런 명시가 되어 있지 않은 경우 상업서류는 지급인도조건으로만 인도되어야 한다.

[151] The collection order should give specific instructions regarding protest (or other legal process in lieu thereof), in the event of non-acceptance or non-payment.

⊂해설⊃ 추심의뢰서에는 인수거절 또는 지급거절의 경우에 거절증서(또는 이를 대신하는 법적인 절차)에 대한 특정 지시를 명시하여야 한다.

[152] The collecting bank must send without delay advice of payment to the bank from which the collection order was received, detailing the amount or amounts collected, charges and/or disbursements and/or expenses de-

ducted, where appropriate, and method of disposal of the funds.

⊂단어⊃ disbursement : money paid out
⊂해설⊃ 추심은행은 추심금액, 적합하게 공제된 수수료, 및/또는 지출금, 및/또는 비용 그리고 자금의 처분 방법을 상술한 지급의 통지를 추심의뢰서를 송부한 은행에게 지체 없이 보내야 한다.

[153] The collecting bank must send without delay advice of acceptance to the bank from which the collection order was received.

⊂해설⊃ 추심은행은 인수의 통지를 추심의뢰서를 송부한 은행에게 지체 없이 보내야 한다.

[154] The collecting bank must send without delay advice of non-payment or advice of non-acceptance to the bank from which the collection order was received.

⊂해설⊃ 추심은행은 지급거절의 통지 또는 인수거절의 통지를 추심의뢰서를 송부한 은행에 지체 없이 보내야 한다.

[155] Letter of credit means an engagement by a bank or other person made at the request of a customer and a kind that the issuer will honor drafts or other demands for payment upon compliance with the conditions specified in the credit. The engagement may be either an agreement to honor or a statement that the bank or other person is authorized to honor.

⊂해설⊃ 신용장은 고객 및 이와 유사한 사람의 요청에 따라 신용장의 발행인이 신용장에 명시된 조건과 일치하는 환어음 또는 기타 지급청구서에 대해 지불을 하겠다는 약정을 말한다. 약정은 지급을 한다는 합의이거나 은행

또는 다른 사람에게 지급을 수권한다는 진술일 수 있다.

[156] A documentary draft or a documentary demand for payment is one honor of which is conditioned upon the presentation of a document or documents. Document means any paper including document of title, security, invoice, certificate, notice of default and the like.

⊂해설⊃ 화환어음 또는 화환지급청구서는 서류가 제시될 것을 조건으로 지급이 이루어진다. 이런 서류에는 권리증권, 보증서, 송장, 증명서, 불이행 통지서, 그리고 이와 유사한 서류들이 포함된 모든 문서를 의미한다.

[157] An issuer is a bank or other person issuing a credit. A beneficiary of a credit is a person who is entitled under its terms to draw or demand payment. An advising bank is a bank which gives notification of the issuance of a credit by another bank. A confirming bank is a bank which engages either that it will itself honor a credit already issued by another bank or that such a credit will be honored by the issuer or a third bank. An applicant is a buyer or other person who causes an issuer to issue a credit.

⊂해설⊃ 개설인은 신용장을 개설하는 은행 또는 기타의 사람을 말한다. 신용장의 수익자는 신용장 조건에 따라 환어음을 발행하거나 지급을 청구할 권리가 있는 사람을 말한다. 통지은행은 다른 은행에 의한 신용장의 개설을 통지하는 은행이다. 확인은행은 다른 은행에 의해 이미 개설된 신용장에 대해 자신이 지급하겠다는 약속을 하거나 개설된 신용장이 개설인 또는 제3의 은행에 의하여 지급될 것을 약속한 은행이다. 개설의뢰인은 개설인으로 하여금 신용장을 개설하도록 요청한 매수인 또는 기타의 사람을 말한다.

[158] Unless otherwise specified an advising bank by advising a credit issued by another bank does not assume any obligation to honor drafts

drawn or demands for payment made under the credit.

⊂해설⊃ 별도의 명시가 없는 한 다른 은행이 개설한 신용장을 통지하는 통지은행은 신용장에 의거하여 발행된 환어음 또는 지급청구서에 대해 지급하여야 할 어떤 의무도 부담하지 않는다.

[159] Confirming bank by confirming a credit becomes directly obligated on the credit to the extent of its confirmation as though it were its issuer and acquires the rights of an issuer.

⊂해설⊃ 신용장을 확인하는 확인은행은 개설인과 마찬가지로 자신이 확인한 범위 내에서 신용장에 대하여 직접적인 의무를 부담하고 개설인의 권리도 취득한다.

[160] Bearer means the person in possession of a bill or note which is payable to bearer. Holder means the payee or indorsee of a bill or note who is in possession of it, or the bearer thereof.

⊂해설⊃ 지참인은 지참인 앞으로 지급될 환어음 또는 약속어음을 소지한 사람이다. 소지인은 환어음 또는 약속어음을 점유하고 있는 수취인이나 피배서인 또는 이의 지참인을 말한다.

[161] A bill of exchange is an unconditional order in writing, addressed by one person to another, signed by the person giving it, requiring the person to whom it is addressed to pay on demand or at an fixed or determinable future time a sum certain in money or to the order of a specified person, or to bearer.

⊂해설⊃ 환어음이란 1인에 의해 다른 사람에게 제출되고 이를 제공한 사람

이 서명하며 요구시 또는 장래의 확정되거나 결정할 수 있는 시기에 특정인이나 그 지시인 또는 지참인에게 일정 금액을 지불하도록 제출받은 사람에게 요구하는 서면상의 무조건적인 지시이다.

[162] When a bill contains words prohibiting transfer, or indicating an intention that it should not be transferable, it is valid as between the parties thereto, but is not negotiable.

⊂해설⊃ 환어음이 양도를 금지하는 문언을 포함하거나 양도가 금지된다는 의사를 명기한 문언을 포함하고 있는 경우 해당 환어음이 당사자 사이에는 유효하지만 유통될 수는 없다.

[163] A bill is payable on demand : (a) which is expressed to be payable on demand, or at sight, or on presentation; or (b) in which no time for payment is expressed.

⊂해설⊃ 환어음은 다음과 같은 경우 요구불이 된다. (a) 환어음에 요구불 또는 일람불 또는 제시불을 명시하고 있는 경우; 또는 (b) 환어음에 지급을 위한 시기가 명시되어 있지 않은 경우

[164] A bill is payable at a determinable future time which is expressed to be payable : (1) at a fixed period after date or sight; (2) on or at a fixed period after the occurrence of a specified event which is certain to happen, though the time of happening may be uncertain.

⊂해설⊃ 환어음이 다음과 같이 지급될 수 있도록 명시되어 있는 경우 결정 가능한 장래 기간불이 된다. (1) 일부후 정기불 또는 일람후 정기불인 경우; (2) 발생 시기가 불확실하더라도 발생이 확실한 특정 사건의 발생일 불 또는 발생일 후 정기불인 경우

[165] The drawer of a bill and any indorser may insert therein the name of a person to whom the holder may resort in case of need, that is to say, in case the bill is dishonoured by non-acceptance or non-payment. Such person is called the referee in case of need. It is in the option of the holder to resort to the referee in case of need or not as he may think fit.

⊂해설⊃ 환어음의 발행인 및 배서인은 필요한 경우, 즉 환어음이 인수거절 또는 지급거절로 인하여 부도가 발생한 경우 소지인이 의지할 수 있는 사람의 성명을 환어음에 기재할 수 있다. 필요한 경우 이런 사람을 보증인이라고 한다. 보증인에 의지하고 아니하고는 소지인의 임의 선택 사항이다.

[166] The acceptance of a bill is the significance by the drawee of his assent to the order of the drawer.

⊂해설⊃ 환어음의 인수는 발행인의 지시에 대한 지급인의 동의 표명이다.

[167] An acceptance is either (a) general or (b) qualified. A general acceptance assents without qualification to the order of the drawer. A qualified acceptance in express terms varies the effect of the bill as drawn.

⊂해설⊃ 인수는 일반적이거나 제한적일 수 있다. 일반적 인수의 경우 발행인의 지시에 대하여 제한 없이 동의를 한다. 명시적인 문구로 이루어진 제한적 인수의 경우 발행된 환어음의 효력을 변경시킨다.

[168] Where a signature on a bill is forged or placed thereon without the authority of the person whose signature it purports to be, the forged or unauthorised signature is wholly inoperative.

⊂해설⊃ 환어음상의 서명이 위조되었거나 서명하기로 되어 있는 사람의 수권 없이 서명된 경우 위조된 서명 또는 수권 없이 이루어진 서명은 전적으로 무효이다.

[169] A signature by procuration operates as notice that the agent has but a limited authority to sign, and the principal is only bound by such signature if the agent in so signing was acting within the actual limits of his authority.

⊂해설⊃ 대리에 의한 서명은 해당 대리인이 제한적인 서명권만을 갖는다는 통지를 함으로써 효력이 발생하며 서명한 대리인이 자신의 실질적인 수권의 범위 내에서 행동한다면 본인은 이 서명에 의해 의무를 부담한다.

[170] A holder in due course is a holder who has taken a bill, complete and regular on the face of it, under the following conditions; namely, (a) that he became the holder of it before it was overdue, and without notice that it had been previously dishonoured, if such was the fact; (b) that he took the bill in good faith and for value, and that at the time the bill was negotiated to him he had no notice of any defect in the title of the person who negotiated it.

⊂해설⊃ 정당한 소지인은 문면상으로 볼 때 완전한 정식의 환어음을 다음 조건에 따라 취득한 소지인이다. 즉, (a) 환어음의 만기일 전에 그리고 이전에 환어음에 부도가 발생하였더라도 그런 사실을 인지하지 못하고 환어음의 소지인이 된 경우; (b) 선의로 그리고 대가를 지불하고 환어음을 취득하였으며 환어음이 자신에게 유통되었을 때 이를 유통시킨 사람의 권리에 어떤 하자가 있었음을 인지하지 못한 경우

[171] Negotiation of Bill

(1) A bill is negotiated when it is transferred from one person to another in such a manner as to constitute the transferee the holder of the bill.
(2) A bill payable to bearer is negotiated by delivery.
(3) A bill payable to order is negotiated by the indorsement of the holder completed by delivery.
(4) Where the holder of a bill payable to his order transfers it for value without indorsing it, the transfer gives the transferee such title as the transferor had in the bill, and the transferee in addition acquires the right to have the indorsement of the transferor.
(5) Where any person is under obligation to indorse a bill in a representative capacity, he may indorse the bill in such terms as to negative personal liability.

⊂해설⊃ 환어음의 유통은 다음과 같은 경우 발생한다.
(1) 양수인이 환어음의 소지인이 되도록 한 사람으로부터 다른 사람에게로 환어음이 양도될 때 환어음은 유통이 이루어진다.
(2) 지참인에게 지급되는 환어음은 인도에 의하여 유통이 이루어진다.
(3) 지시인에게 지급되는 환어음은 인도가 이루어진 소지인의 배서에 의해 유통이 이루어진다.
(4) 자신의 지시인에게 대금을 지급하는 환어음의 소지인이 배서 없이 대가를 받고 이를 양도한 경우에 이런 양도를 통해 양도인이 환어음에 대해 갖고 있던 권리를 양수인에게 부여하게 되며 또한 양수인은 양도인의 배서를 청구할 권리를 갖게 된다.
(5) 어떤 사람이 대표자로 환어음에 배서할 의무를 지는 경우 이 사람은 개인적인 의무를 부인하는 문구로 환어음에 배서할 수 있다.

[172a] Conditional Indorsement

Where a bill purports to be indorsed conditionally, the condition may be disregarded by the payer, and payment to the indorsee is valid whether the condition has been fulfilled or not.

⊂해설⊃ 조건부 배서 : 환어음이 조건부로 배서된 경우 이 조건은 지급인에 의해 무시될 수 있으며 피배서인에 대한 지급은 조건의 성취여부에 관계없이 효력을 갖는다.

[173b]

(1) An indorsement in blank specifies no indorsee, and a bill so indorsed becomes payable to bearer.
(2) A special indorsement specifies the person to whom, or to whose order, the bill is to be payable.

⊂해설⊃ (1) 백지식 배서는 피배서인을 명시하지 않은 경우이며 이렇게 배서된 환어음은 지참인 앞으로 지급된다.
(2) 기명식 배서는 환어음의 지급을 받는 사람 또는 그 지시인을 명시한 경우이다.

[174] Restrictive Indorsement

An indorsement is restrictive which prohibits the further negotiation of the bill or which expresses that it is a mere authority to deal with the bill as thereby directed and not a transfer of the ownership thereof, as, for example, if a bill be indorsed "Pay D Only," or "Pay D for the account of X," or "Pay D or order for collection."

⊂해설⊃ 추가적인 환어음의 유통을 금지하거나 지시한 대로 환어음을 처리하도록 수권할 뿐이며 소유권을 이전하는 것이 아님을 명시하는 배서의 경우 이는 제한적 배서가 된다. 환어음에 "D에게만 지급할 것" 또는 "X의 계산으로 D에게 지급할 것" 또는 "추심하기 위하여 D 또는 그 지시인에게 지급할 것"이라고 배서된 경우를 그 예로 들 수 있다.

[175] When a bill payable after sight is negotiated, the holder must either present it for acceptance or negotiate it within a reasonable time.

⊂해설⊃ 일람후불 환어음이 유통된 경우 소지인은 인수를 위해 제시를 하거나 적당한 기간 내에 이를 유통시켜야 한다.

[176] When a bill is duly presented for acceptance and is not accepted within the customary time, the person presenting it must treat it as dishonoured by non-acceptance. If he does not, the holder shall lose his right of recourse against the drawer and indorsers.

⊂해설⊃ 환어음이 인수를 위해 정당하게 제시되고 관습적인 기간 내에 인수되지 않은 경우 이를 제시한 사람은 인수 거절에 의한 대금결제의 거절로 처리하여야 한다. 만일 그렇게 하지 않는다면 소지인은 발행인 및 배서인에 대하여 상환청구권을 상실하게 된다.

[177] A bill is dishonoured by non-payment (a) when it is duly presented for payment and payment is refused or cannot be obtained, or (b) when presentment is excused and the bill is overdue and unpaid.

⊂해설⊃ (a) 환어음이 지급을 위해 정당하게 제시되고 지급이 거절되거나 이를 받지 못하게 된 경우 또는 (b) 제시가 면제되고 환어음이 만기를 경과하여 지급이 되지 않은 경우 해당 환어음은 지급 거절에 의한 대금결제의 거절로 처리하여야 한다.

[178] When a bill has been dishonoured by non-acceptance or non-payment, notice of dishonour must be given to the drawer and each indorser, and any drawer or indorser to whom such notice is not given is discharged.

⊂해설⊃ 인수 거절 또는 지급 거절로 인해 환어음의 대금이 결제되지 않은 경우 발행인 및 각 배서인에게 부도 통지를 하여야 하며 이런 통지를 받지 않은 발행인이나 배서인은 책임이 면제된다.

[179] Where the holder of a bill payable to bearer negotiates it by delivery without indorsing it, he is called a "transferor by delivery."

⊂해설⊃ 지참인 앞으로 지급되도록 된 환어음의 소지인이 배서 없이 인도에 의하여 유통시킨 경우 그를 인도에 의한 양도인이라고 한다.

[180] "Payment in due course" means payment made at or after the maturity of the bill to the holder thereof in good faith and without notice that his title to the bill is defective.

⊂해설⊃ "정당한 지급"이란 환어음의 선의의 소지자에게 환어음에 대한 권리에 하자가 있다는 통지 없이 만기 또는 그 이후에 이루어지는 지급을 말한다.

[181] Where a bill is drawn in a set, each part of the set being numbered, and containing a reference to the other parts, the whole of the parts constitute one bill.

⊂해설⊃ 환어음이 1조로 발행되고 그 조의 각 통에 번호가 매겨져 있으며 각 통에 대해 참조 사항이 기재되어 있는 경우 그 통 전체가 1개의 환어음을 구성한다.

제 4 장

신용장 및 무역관련 서류

T R A D E E N G L I S H

T·R·A·D·E·E·N·G·L·I·S·H

제1절 개 론

신용장 거래와 관련된 특성을 정리하면 다음과 같다.

Rule of Independence : 일단 letter of credit이 개설되고 나면 L/C는 그 기초가 되었던 매매계약이나 다른 계약과는 별도의 법률관계를 형성해 완전히 독립된다는 rule of independence from underlying contract를 의미한다.

Rule of Abstraction : letter of credit 거래는 물품이나 용역의 거래에 기초하지 않고 서류상의 거래에 기초한다는 rule of dealing document를 의미한다.

Rule of Strict Compliance : rule of abstraction을 적용하는 경우 beneficiary가 제시한 서류와 L/C 조건과의 일치성 여부에 관한 결정은 실질적인 심사를 인정하지 않고 L/C 조건에 엄밀히 일치하지 않는 서류를 거절할 수 있다는 원칙이다.

Rule of Substantial Compliance : beneficiary가 제시한 서류가 L/C 조건과 형식적으로 불일치하더라도 실질적인 의미에서 제시된 서류를 통해 L/C의 조건을 달성할 수 있는 경우 이런 불일치를 이유로 은행이 지급을 거절할 수 없다고 보는 견해이다. 하지만 제시된 서류와 신용장 조건의 불일치 정도가 중대한 사항이 아니어야 한다.

신용장의 종류를 정리하면 다음과 같다.

Revocable Credit : opening bank가 beneficiary에게 사전 통지 없이 신용장의 내용을 변경하거나 취소가 가능한 신용장이다.

Irrevocable Credit : 신용장과 관계된 당사자 전원의 합의 없이는 일방적인 취소나 변경이 불가능한 신용장이다.

With Recourse Credit : 개설은행이 파산하거나 신용장 조건과 일치하지 않는 서류로 인해 bill of exchange의 지급이나 인수가 거절된 경우 bill of exchange의 발행인에게 선의의 소지자(예를 들면, 매입은행)가 대금의 상환을 청구할 수 있는 신용장이다.

Without Recourse Credit : bill of exchange의 지급이나 인수가 거절된 경우 bill of exchange의 발행인에게 선의의 소지자가 상환을 청구할 수 없는 신용장이다.

Confirmed Credit : opening bank 이외에 제3의 은행, 즉 confirming bank가 bill of exchange의 매입, 지급 또는 인수를 확약한 신용장이다.

Unconfirmed Credit : opening bank 이외에 대금의 지급을 확약한 제3의 은행, 즉 confirming bank가 존재하지 않는 신용장이다.

Negotiation Credit : bill of exchange가 매입될 것을 전제로 해서 모든 선의의 소지인에게 지급을 확약하는 신용장이다.

Straight Credit : 수출국에 소재하는 은행을 지급은행으로 지정해서 beneficiary가 지정된 지급은행에 운송서류를 제시하면 대금을 지급하는 신용장이다.

Acceptance Credit : opening bank가 지정한 인수은행에 beneficiary가 자신이 발행한 bill of exchange의 인수를 요청하면 이를 인수하고 만기일에 해당 금액을 지급하는 신용장이다.

Deferred Payment Credit : 예를 들면 플랜트 수출의 경우 분할 결제를 하기 위해 자주 이용되는 신용장으로 수출업자가 수입업자의 신용을 믿고 일정 기간이 지난 후에 대금을 수취하기로 한 신용장이다.

Sight Credit : bill of exchange가 지급인에게 제시되면 즉시 대금이 지급

되는 sight bill인 경우의 신용장이다.

Usance Credit : bill of exchange가 지급인에게 제시된 후 일정 기간이 경과하고 나서 지급받는 usance bill인 경우의 신용장이다.

Open Credit : bill of exchange의 매입은행이 지정되지 않고 어느 은행에서나 매입될 수 있도록 된 신용장이다.

Restricted Credit : bill of exchange의 매입을 특정은행으로 한정시킨 신용장이다.

특수한 형태의 신용장을 정리하면 다음과 같다.

Transferable Credit : beneficiary가 신용장 금액의 전부 또는 일부를 제3자에게 양도할 수 있는 신용장이다.

Revolving Credit : 동일 거래선 사이에 동일한 물품을 계속적으로 거래할 경우 일정기간 동안 그리고 일정한 금액의 범위 내에서 자동적으로 갱신되는 신용장이다.

Advance Payment Credit : 수입업자가 수출업자에게 수출에 따른 필요한 자금을 미리 융통해 주기 위해 매입은행으로 하여금 일정한 조건하에서 신용장 금액의 일부를 수출업자에게 미리 빌려줄 것을 허용하고 이의 상환을 보증하는 신용장이다.

Cash Credit : 수입업자의 요청에 의해 수입업자의 거래은행이 수출국에 소재하는 은행에 결제자금을 미리 송금해 예치하고 그 은행이 해당 자금을 담보로 수출업자 앞으로 발행한 신용장이다.

Stand-By Credit : 수입한 상품의 대금을 결제하기 위해서가 아니라 지급보증을 위해 사용되는 신용장이다. 주로 국내에 소재하는 회사의 해외지사 등이 해외 현지에서 금융 또는 보증 등의 금융편의를 받을 수 있도록 국내

은행이 이의 지불을 보증하는 데 사용된다.

Extended Credit : 수입업자, 즉 applicant의 요청에 따라 수출업자, 즉 beneficiary가 물품의 선적 전에 opening bank 앞으로 bill of exchange를 발행하고 매입은행이 이를 매입한 후 beneficiary가 일정한 기간 내에 선적서류를 매입은행에 제공할 것을 조건으로 하는 신용장이다. 이는 수출업자의 자금 편의를 도모하기 위해서 주로 사용된다.

Back to Back Credit : 양국 사이에 무역의 균형을 유지하기 위해서 수출과 수입의 개개 거래를 결부시키는 신용장이다.

Escrow Credit : 양국간 무역의 쌍무적 균형을 유지하기 위해서 L/C에 의거해 발행된 bill of exchange의 매입대금을 beneficiary에게 직접 지급하지 않고 beneficiary 명의의 escrow 계정에 기탁해 두었다가 beneficiary가 신용장을 처음 개설한 국가로부터 수입하는 상품의 대금결제에만 사용하도록 조건이 규정되어 있는 신용장이다.

Authority to Purchase : 수입업자의 요청에 따라 수입업자의 거래은행이 수출국에 소재하는 은행에 대해 수출업자가 수입업자 앞으로 발행된 어음을 제시하면 매입할 것을 지시하는 통지서이다.
Authority to Pay : 수입업자의 요청에 따라 수입업자의 거래은행이 수출국에 소재하는 은행에게 수출업자가 수권된 은행 앞으로 발행한 어음에 대해서 대금을 지불할 것을 지시하는 통지서이다.

신용장에 첨부되는 운송서류를 정리하면 다음과 같다.
Bill of Lading : 대표적인 운송서류로서 해상운송을 하는 경우 해운회사가 운송계약에 의거해 발행하는 서류이며 수화인에게 이 증권과 상환으로 물품을 인도할 것을 약속하는 유가증권이다.
Non-Negotiable Sea Waybill : 비유통성 해상화물 운송장으로 채권증권이 아니며 단지 선적할 화물의 수령을 나타내는 물품 수취증이다. bill of lading은 유통성이 있는 데 반해 sea waybill은 이런 유통성이 없다.

Air Consignment Note : 항공운송의 경우 항공회사가 발행하는 운송서류로서 채권증권이 아니라 단순히 화물을 수령했다는 물품 수취증이다.

Multimodal Transport Document : 두 가지 이상의 운송수단을 이용하여 물품을 운송하는 경우 발행되는 운송서류이다.

invoice에 대해 정리하면 다음과 같다.

Commercial Invoice : 매도인이 매수인에게 발행하는 서류로 선적한 화물의 내용을 기록하고 있으며 대금 청구서로서의 기능을 수행한다. 이는 선적이 실제로 이루어진 물품에 대한 내용을 기재한 shipping invoice와 매수인의 요청에 의해 장차 구입할 물품에 대한 내용을 기록한 pro forma invoice로 구분된다.

Customs Invoice : commercial invoice는 상거래용으로 작성되는 데 반해 customs invoice는 공용송장의 하나로 수입국 세관에서 과세가격을 결정하거나 덤핑 여부를 확인하는 데 사용된다.

Consular Invoice : 공용송장의 한 종류로 수출국에 주재하는 수입국의 영사가 발행하거나 확인한 송장이다.

기타 서류들을 정리하면 다음과 같다.

Insurance Document : 운송중인 물품에 해난 또는 기타 사고로 인해 손해가 발생할 경우 보험회사가 이 손실을 보존해 줄 것을 약속한 서류로서 이에는 insurance policy, insurance certificate, insurance cover note 등이 있다.

Packing List : 매도인이 매수인 앞으로 작성한 서류로 포장 속에 있는 상품의 목록을 기록하고 있다.

Certificate of Origin : 물품이 해당 국가, 즉 원산지에서 제조, 생산 또는 가공되었음을 입증하는 서류이다.

Inspection Certificate : 매도인이 직접 작성하거나 또는 검사기관이 작성하는 서류로서 해당 물품의 품질 및 포장 등이 계약에 부합된다는 사실을 입증하는 서류이다.

이 밖에 위생증명서, 즉 Certificate of Health와 중량 및 용적 증명서, 즉 Certificate of Weight and Measurement 등이 있다.

T·R·A·D·E·E·N·G·L·I·S·H

제2절 신용장에 관한 주요 논의사항

[182] Advantage with an L/C

There are several advantages to using letters of credit. They accommodate the competing desires of the seller and overseas customer. The seller receives payment on presentation of documents to the bank after shipment of goods, unlike open account sales or documentary collection. In cases in which the advising bank accepts the L/C for payment at a determinable future date, the seller can discount the L/C before maturity. Buyers also avoid the need to make prepayment or to establish an escrow account. Letters of credit also ensure that payment is not made until the goods are placed in possession of a carrier and that specified documents are presented to that effect.

⊂용어⊃ escrow (에스크로우 또는 기탁) : 일정한 조건이 충족된 경우 상대방에게 지급을 한다는 약속 하에서 채권을 제 3자에게 예탁해두는 것을 말한다. 제 3자 기탁이라는 의미이다.

⊂해설⊃ 신용장 방식에 의할 경우 매도인은 청산계정, 즉 open account 방식이나 화환추심, 즉 documentary collection 방식과 달리 선적 후 은행에 선적서류를 제시하면 대금을 결제받을 수 있다. 매수인의 입장에서 보면 대금을 선불로 결제할 필요가 없으며 에스크로우 계정을 만들 필요도 없다.

[183] Disadvantage with an L/C

One major disadvantage with an L/C for the buyer is that issuing banks often require cash or other collateral before they open an L/C, unless the buyer has a satisfactory credit rating. This could tie up the available credit line. In certain countries, buyers are also required to make a prior deposit before establishing an L/C. Letters of credit are complex transactions between different parties, and the smallest discrepancy between documents could require an amendment of the terms or lead to the invalidation of the credit. This may expose the seller to a risk of delay in payment or nonpayment in certain cases.

⊂단어⊃ collateral : property acceptable as security for a loan or other obligation
discrepancy : divergence or disagreement
⊂해설⊃ 신용장 개설의뢰인, 즉 매수인의 경우 충분한 신용을 쌓지 못한 경우 신용장의 개설을 은행에 요청할 경우 담보를 요구하거나 사전에 예금을 예치하도록 요구할 수 있다. 또한 서류의 작은 불일치로 인해 대금을 결제받지 못할 수 있다.

[184] Avoidance of Breach of Contract

A letter of credit is a documentary payment obligation, and banks are required to pay or agree to pay on presentation of appropriate documents specified in the credit. This payment obligation applies even if a seller ships defective or nonexistent goods (empty crates/boxes). The buyer then has to sue for breach of contract. The interests of the buyer can be protected by structuring the L/C to require, as a condition of payment, the following : The presentation of a certificate of inspection executed by a third party certifying that the goods shipped conform to the terms of the contract of sale.

If the goods are defective or nonconforming to the terms of the contract, the third party will refuse to sign the certificate and seller will not receive payment.

⊂용어⊃ certificate of inspection : 검사증명서를 말한다.
⊂단어⊃ breach : violation or infraction
⊂해설⊃ 신용장 거래의 경우 신용장에 명기된 서류를 제시하면 개설은행은 대금 지급을 약속하고 있다. 하자가 있거나 상이한 물품을 선적하더라도 서류가 일치하면 대금을 지불하게 된다. 이에 따라 매수인의 이익을 보호하기 위해서 선적한 물품이 계약상의 물품과 일치한다는 서류, 즉 certificate of inspection을 제시하도록 요구할 수 있다.

[185] L/C and Four Contracts

The letter of credit consists of four separate and distinct bilateral contracts : (1) a sale contract between the buyer and the seller; (2) a credit and re-imbursement contract between the buyer and issuing bank, providing for the issuing bank to establish a letter of credit in favor of the seller and for re-imbursement by the buyer, (3) a letter of credit contract between the issuing bank and the beneficiary (exporter), in which the bank will pay the seller on presentation of specified documents; and (4) the confirmed advice also signifies a contract between the advising bank and the seller, in which the bank will pay the seller on presentation of specified documents.

⊂해설⊃ 신용장은 다음과 같은 네 개의 계약과 관련된다. (1) 매수인과 매도인 사이에 체결된 매매계약, (2) 매수인과 개설은행 사이에 체결된 신용장

개설 및 대금상환에 관한 계약, (3) 신용장에 명기된 서류를 제시하면 대금을 결제하겠다는 개설은행과 매도인(수익자) 사이의 계약, (4) 명시된 서류를 제시하면 대금을 지급해 주겠다는 통지은행(매입은행)과 매도인 사이의 계약

[186a] To Dishonor L/C

Issuing bank has an obligation toward the exporter (beneficiary) and the buyer to act in good faith and with reasonable care in examining the documents. The basic rule pertaining to a bank's liability to a beneficiary is that the bank should honor the L/C if the documents presented comply with the terms of the credit.

Bank may properly dishonor a letter of credit in case of fraud or forgery, even if the documents presented to the beneficiary appear to comply with the terms of the credit. This assumes that there are no innocent parties involved in the presentation of the letter of credit to the bank.

The following circumstances, however, cannot be used by banks as a basis to dishonor (refusal to pay or accept a draft) letters of credit.

⊂단어⊃ honor : to accept or pay (for example, check) as valid
dishonor : to fail to accept or pay
fraud : a deception deliberately practiced in order to secure unfair or unlawful gain
forgery : 1. the act of forging 2. something forged
⊂해설⊃ 개설은행은 제시된 서류가 신용장 조건과 일치할 경우 대금을 지급할 의무를 지고 있으나 서류가 사기 또는 위조된 경우 대금의 지급을 거절할 수 있다. 하지만 다음과 같은 경우는 대금 지급을 거절하는 사유가 될 수 없다.

[186b]

Dishonor to serve the buyer's interest : In this case, claims are made by a bank's customer (buyer) that the beneficiary has breached the sales contract or that the underlying agreement has been modified or amended in some way in the face of complying documents. This includes cases of dishonor based on the bank's knowledge or reasonable belief that the goods do not conform to the underlying contract of sale.

⊂단어⊃ breach : to break through

⊂해설⊃ 매수인의 이익을 보호하기 위한 주장에 기초한 경우, 즉 매도인(수익자)이 매매계약을 위반했다는 주장, 신용장 개설의 근거가 되는 협정이 수정되었다는 주장, 선적된 물품이 매매계약과 합치되지 않는다는 주장에 근거하여 대금지급을 거절하는 경우이다.

[186c]

Dishonor to serve the bank's own interests : This occurs when the sole reason for dishonor is the bank's belief that it would not obtain reimbursement from its insolvent customer. This involves situations in which the buyer becomes insolvent after the L/C is issued and before the beneficiary's draft is honored.

⊂해설⊃ 개설은행 자신의 이익을 보호하기 위한 주장에 기초한 경우, 즉 매수인(개설의뢰인)이 파산하여 대금상환을 받을 수 없는 상황에 기초하여 대금지급을 거절하는 경우이다.

[186d]

Dishonor without giving the beneficiary an opportunity to correct the discrepancy : If the issuing bank decides to refuse the documents, it must give notice to that effect, stating the discrepancy without delay, and must also state whether it is holding the documents at the disposal of and returning them to the remitting bank or beneficiary, as the case may be.

⊂해설⊃ 매도인(수익자)에게 서류의 불일치를 시정할 수 있는 기회를 주지 않고 대금지급을 거절하는 경우이다.

[187] The Independent Rule

The letter of credit is separate from, and independent of, other contracts relating to the transaction. Each of the four contracts in a letter of credit transaction are entirely independent. It is irrelevant to the bank whether the seller/buyer has fully carried out its part of the contract with the buyer/seller. The bank's duty is to establish whether the stipulated documents have been presented in order to pay (accept to pay) the exporter. It is not the bank's duty to ascertain whether the goods mentioned in the documents have been shipped or whether they conform to the terms of the contract.

The independent principle is subject to a fraud exception. A bank can refuse payment if it has been informed that there has been fraud or forgery in connection with the letter of credit transaction and the person presenting the documents is not a holder in due course (as third party who took the draft for value, in good faith, and without knowledge of the fraud).

⊂용어⊃ independent rule : rule of independence라고도 하며 신용장의

독립성 원칙을 말한다.

⊂해설⊃ 신용장은 무역거래와 관련된 다른 계약들과 별개이며 이와는 독립적으로 집행된다. 즉, 매도인과 매수인 사이의 계약이 만족스럽게 이행되었는지 여부와는 별개로 집행된다. 은행의 의무는 규정된 서류가 제대로 제시되었는지 여부를 판단하는 것이며 서류상의 물품이 선적되었는지 또는 매매계약에 부합되는지 여부를 확인할 필요는 없다. 하지만 이런 독립성의 원칙에 예외가 있다. 즉, 서류와 관련하여 사기 또는 위조가 있거나 선의의 소지자가 아닌 경우 은행은 대금의 지급을 거절할 수 있다.

[188] The Rule of Strict Compliance

The general rule is that an exporter cannot compel payment unless it strictly complies with the conditions specified in the credit. When conforming documents are presented, the issuing bank must pay and the buyer is obliged to pay the issuing bank. In certain cases, courts are refused to recognize the substantial compliance argument by banks to recover their payments from buyers. The reason behind the doctrine of strict compliance is that the advising bank is an agent of the issuing bank and the latter is a special agent of the buyer. This means that banks have limited authority and have to bear the commercial risk of the transaction if they act outside the scope of their mandate. In addition, in time of falling demand, the buyer may be tempted to reject documents that the bank accepted, alleging that they are not in strict compliance with the terms of the credit.

⊂단어⊃ mandate : an authoritative command or instruction

⊂용어⊃ substantial compliance argument : rule of substantial compliance를 의미하며 상당일치의 원칙을 말한다.

doctrine of strict compliance : rule of strict compliance를 의미하며 엄밀일치의 원칙을 말한다.

⊂해설⊃ 엄밀일치의 원칙은 제시된 서류가 신용장에 명시된 조건과 엄밀하게 일치하여야 한다는 일반 원칙을 말한다. 이 원칙 이면에 있는 주장은 다음과 같다. 통지은행(매입은행)은 개설은행의 대리인이며 개설은행은 매수인의 특수한 대리인이므로 위임의 범위를 벗어나서 행동할 수 없으며 그럴 경우 그에 수반되는 위험을 부담하여야 한다. 또한 법원은 종종 상당일치의 원칙에 따른 행위를 받아들이지 않고 있다.

[189] Discrepancy

A difference between the documents required by the letter of credit and the documents provided by the exporter. (축약문)

The failure of a beneficiary of a letter of credit to tender to the advising bank the exact documents required by the letter of credit to obtain payment. (축약문)

A discrepancy can be as simple as a misspelling and as significant as a change in the invoice amount. Because letters of credit are documentary, any discrepancy is, in theory, a violation of the terms of the letter of credit and therefore invalidates it. In practice, however, 50 percent of letters of credit have discrepancies, which are resolved through amendments.

Discrepancies occur when documents submitted contain language or terms different from the letter of creditor and/or some other apparent irregularity. Most discrepancies occur because the exporter does not present all the documents required under the letter of credit or because the documents do not strictly conform to the L/C requirements.

⊂단어⊃ discrepancy : 1. divergence or disagreement, as between facts or claims 2. inconsistency

⊂해설⊃ 수출업자(수익자)가 대금을 결제받기 위해서 제시한 서류가 신용장에서 요구하는 서류와 일치하지 않는 경우 발생한다. 이런 불일치는 오자와 같은 사소한 불일치일 수도 있고 송장금액이 상이한 심각한 차이일 수도 있다. 이런 차이들은 신용장 조건의 위반으로 이어져서 대금을 결제받을 수 없게 된다.

[190] Three Types of Discrepancies

Accidental discrepancy : These are discrepancies that can easily be corrected by the exporter (beneficiary) or the issuing bank. Such discrepancies include typographical errors, omission to state the L/C number, errors in arithmetic, and improper endorsement or signature on the draft.

Minor Discrepancy : These are minor errors in documents that contain the essential particulars required in the L/C and can be corrected by obtaining a written waiver from the buyer. Such errors include failure to legalize documents, non-presentation of all documents required under the L/C, and discrepancy between the wording on the invoice and the L/C.

Major Discrepancy : These are discrepancies that fundamentally affect the essential nature of the L/C. Certain discrepancies cannot be corrected under any circumstances : presentation of documents after the expiry date of the L/C, shipment of merchandise later than the specified date under the L/C, or expiration of the L/C. However, other major discrepancies can be corrected by an amendment of the L/C. Examples of discrepancies that can be amended include presentation of an incorrect bill of lading, a draft in excess to the amount specified in the credit, and making partial shipment not allowed under the credit.

When the issuing bank decides to refuse the document, it must notify the party from which it obtained the document (the remitting bank or the exporter) without delay, stating the reasons for the rejection and whether it holds the documents at the disposal of or is returning them to, the presenter.

⊂단어⊃ typography : the arrangement and appearance of printed matter, (adj.) typographical

⊂해설⊃ 신용장에 의한 대금결제와 관련된 불일치를 세 가지 종류로 분류할 수 있다. 첫째, 사소한 불일치로 이는 수익자 또는 개설은행이 쉽게 수정할 수 있다. 이런 예로 인쇄상의 실수, 단순한 계산상의 실수 등을 들 수 있다. 둘째, 부차적인 불일치로 신용장에서 요구하는 필수적인 사항과 관련된 실수를 들 수 있다. 예를 들면, 관련 서류의 인증을 받지 않았거나 또는 신용장에 규정된 모든 서류를 제시하지 않았거나 송장의 내용과 신용장이 불일치하는 경우이다. 셋째, 주요한 불일치로 이는 신용장의 내용에 심각한 영향을 미치는 경우이다. 예를 들면, 신용장의 유효기일을 위반하는 경우, 선적일자를 위반하는 경우를 들 수 있으며 이 밖에 분할선적의 위반 등을 꼽을 수 있다. 개설은행은 서류의 접수를 거절하기로 한 경우 지체 없이 서류의 제출자에게 거부 이유와 함께 이를 통보하여야 하며 이때 서류의 반환 여부에 대해서도 언급하여야 한다.

[191] Irrevocable Credit

A letter of credit issued by the purchaser's bank in favor of the seller which cannot be revoked without the consent of the seller. (축약문)

This protects the seller against the risk of non-payment due to revocation after release of the goods to the buyer or the buyer's agent.

⊂용어⊃ irrevocable credit (취소불능 신용장) : 개설은행이 신용장에 기재

된 조건과 상이하지 않는 한 이에 근거하여 발행된 환어음에 대한 대금 지급을 확정적으로 약속한 신용장이다. 개설은행, 수익자, 개설의뢰인 등 관계 당사자의 합의 없이는 조건을 변경하거나 취소가 불가능한 신용장이다.
⊂해설⊃ 매도인의 동의 없이는 취소가 불가능한 취소불능 신용장은 매도인이 물품을 선적하고 나서 신용장이 취소되어 대금이 결제되지 못하는 위험으로부터 매도인을 보호할 수 있다.

[192] Revocable Credit

A letter of credit issued by a bank which is subject to revocation by the applicant (purchaser of the goods) at any time. (축약문)

⊂용어⊃ **revocable credit** (취소가능 신용장) : 개설은행이 필요하다고 판단되면 해당 신용장의 조건을 변경하거나 취소가 가능한 신용장이다.
⊂해설⊃ 취소가능 신용장은 어느 때나 취소가 가능한 신용장이다.

[193] Revolving Letter of Credit

An agreement of a bank issuing a letter of credit with the applicant (purchaser of goods) that as soon as the purchaser makes payment for a particular shipment or amount of goods to the seller the bank will automatically issue a new letter of credit covering the next shipment or amount agreed upon between the applicant and the bank. (축약문)

This avoids the need to open credits for each shipment. The value of the credit allowed can be reinstated automatically or by amendment. If credits designated for use during one period can be carried over to the next period, they are termed as cumulative. They are noncumulative if any unused amount is no longer available.

Revolving credits are used where a series of shipments are made at intervals and the parties wish the programme to proceed without interruption. A credit is established for a certain sum and quantity of goods with a provision that, when a shipment has been made and documents presented and paid, the credit is automatically renewed in its original form so that another shipment can be made.

⊂용어⊃ revolving credit (회전 신용장) : 동일한 상품을 장기간에 걸쳐 계속적으로 거래할 경우 거래할 때마다 신용장을 새로이 개설하는 것은 번거로울 뿐만 아니라 비용이 소요되므로 일정 기간 동안 신용장이 자동적으로 갱신되어 유효한 신용장을 말한다. 신용장이 갱신되는 방법은 다음과 같다. i) 발행된 어음이 지급되고 이것이 통지된 경우 신용장이 갱신되는 방법, ii) 발행된 어음에 대해 일정기간 동안 지급거절 통지만 없으면 신용장이 갱신되는 방법, iii) 일정기간(예, 1개월)이 경과하면 자동적으로 갱신되는 방법. 또한, 신용장 금액이 갱신되는 방법에 따라 다음과 같이 분류된다. 즉, i) 미 사용된 금액이 있는 경우 해당 금액이 이월되어 가산되는 cumulative revolving credit, ii) 미 사용금액이 이월되지 않는 non-cumulative revolving credit으로 분류된다.

⊂단어⊃ reinstate : to restore to a previous condition or position

⊂해설⊃ 동일한 물품을 거래하면서 선적을 할 때마다 신용장이 개설되어야 하는 문제를 피하기 위해 자동적으로 갱신이 되도록 한 신용장이다. 미 사용된 신용장 금액이 이월되는 경우 cumulative 방법이라 하며 이월되지 않는 경우 noncumulative 방법이라 한다.

[194] Confirmed Letter of Credit

A payment alternative in which the exporter asks a bank to provide an additional level of payment security to a letter of credit. (축약문)

Should the importer not pay and should the issuing bank not pay, the con-firmingbank will pay.

⊂용어⊃ confirming bank (확인은행) : confirmed letter of credit에서 신용장 개설은행과 중복하여 연대적으로 대금의 결제를 확인한 은행을 말한다.
⊂해설⊃ 확인 신용장은 개설은행 이외에 다른 은행(확인은행)이 대금의 결제를 추가적으로 보증하도록 한 신용장이다. 개설은행이 대금을 결제하지 못하는 경우 확인은행이 이를 지불하여야 한다.

[195] Back-to-Back L/C

This is a letter of credit that is issued on the strength of another letter of credit. Such credits are issued when suppliers or subcontractors demand payment from the exporter before collections are received from the customer. The back-to-back L/C is separate from the original L/C, and the bank that issued the former is obligated to make payment to suppliers regardless of the outcome of the latter. If there is default on the original L/C, the bank is left with worthless collateral.

⊂용어⊃ back-to-back credit (동시 개설신용장) : 두 국가간 무역의 쌍무적 균형을 유지하기 위해 수출과 수입의 개개 거래를 결부시키는 신용장을 말한다.
⊂단어⊃ subcontractor : one that enters into a subcontract and assumes some of the obligations of the primary contractor
collateral : property acceptable as security for a loan or other obligation

[196] Red Clause Credit

Such credits provide for advance payment to an exporter before presentation of shipping documents. It is intended to provide pre-export financing to an agent or distributor for purchase of the merchandise from a supplier. When financing is conditional on presentation of negotiable warehouse receipts issued in favor of the advising bank, it is termed green clause credit.

Red clauses credits are sometimes called packing credits. These are mainly encountered in connection with shipments of wool from Australia, New Zealand or South Africa. A clause (in red) inserted into the credit authorizes the negotiating bank to make an advance by way of loan or overdraft to the beneficiary to enable him to persuade the wool, collect and warehouse it and prepare it for shipment. The loan is repaid out of the amount due upon presentation of the shipping documents.

⊂용어⊃ red clause credit (적색 약관 신용장) : 개설은행이 통지은행으로 하여금 수출업자에게 수출 상품의 제조자금 또는 매입자금을 前貸하도록 허용하고 그 원리금을 보증하는 신용장이다. 이런 취지의 문구가 적색으로 인쇄되어 이를 red clause credit이라고 한다.

green clause credit : 수출품의 제조 또는 매입자금으로 사전에 자금이 제공될 때 통지은행 앞으로 발행된 유통 가능한 창고 수령증을 제시하도록 요구하는 신용장을 말한다.

packing credit : red clause credit을 말한다.

⊂단어⊃ overdraft : 1. the act of overdrawing an account 2. the amount overdrawn

⊂해설⊃ 선적서류를 제시하기 전에 공급업자로부터 해당 물품을 매입할 수 있도록 사전에 수출업자(예, 대리인 또는 판매상)에게 자금을 제공해 주는 신용장이다. 주로 호주, 뉴질랜드, 남아프리카 공화국으로부터 양모를 선적할 때 사용된다. 미리 제공된 자금은 선적서류가 제시되고 해당 신용장 금액이 결제될 때 거기서 상환된다.

[197] Transferable Credit

A letter of credit in which the applicant (purchaser of goods) has authorized the beneficiary of the letter of credit (exporting seller of the goods) to transfer its right to payment to a third party, for example, the manufacturer of the goods being sold by the exporter to the purchaser. (축약문)

Under a transferable L/C, the exporter (beneficiary) transfers the rights and certain duties, such as shipment, under the credit to another person, usually its supplier **(transferee)**, who receives payment, provided that the conditions of the original credit are met. The bank requested by the beneficiary to effect the transfer is under no obligation to do so, unless it has expressly consented to it.

It is important to note the following with respect to a transferable letter of credit : A credit is transferred only if it is expressly designated as "transferable" by the issuing bank.

It can be transferred only once. The credit is automatically divisible and can be transferred in fractions, provided that partial shipments are not excluded.

The name and address of the **first beneficiary** may be substituted for that of the buyer. This would mask the identity of the true suppliers of the merchandise from the buyer.

⊂용어⊃ **transferable credit** (양도가능 신용장) : 신용장상의 권리를 제3자에게 양도할 수 있도록 허용된 신용장을 말하며 신용장상에 "transferable" 이란 문구가 명기되어야만 한다. 양도는 1회만을 원칙으로 하기 때문에 재차 양도하는 것은 허용되지 않지만 분할양도는 허용된다. 예를 들면 자기가

3분의 1을 사용하고 나머지는 "갑"과 "을"에게 양도할 수 있다.

transferee : transferring bank, 즉 양도은행을 통해 신용장을 양도받은 자, 즉 second beneficiary를 말한다.

first beneficiary (제1수익자) : 개설은행이 개설한 신용장을 통지은행으로부터 통보받은 수익자를 말한다. 이에 반해 양도은행을 통해 제 1 수익자로부터 신용장을 양도받은 수익자를 second beneficiary(제 2 수익자)라고 한다.

⊂해설⊃ 수익자에게 신용장을 제 3 자에게 양도할 수 있도록 허용한 신용장을 말하며 이 양도받은 제 3 자를 transferee라 한다. 양도가능 신용장에 관해 유의할 점은 다음과 같다. 첫째, "transferable"이라고 명기된 경우에만 신용장의 양도가 가능하다. 둘째, 양도는 오직 1번만 가능하며 분할해서 양도할 수 있다. 셋째, 매수인을 알리지 않기 위해서 매수인의 이름과 주소 대신에 제 1 수익자의 것으로 대체할 수 있다.

[198] Standby Letter of Credit

A letter of credit issued by a bank which is payable upon a simple certification by the beneficiary of the letter of credit that a particular condition or duty has not been performed by the applicant for the letter of credit. (축약문)

The standby letter of credit is generally used to guarantee that a party will fulfill its obligation under a contract. Such credits are opened to cover the account party's business obligations to the beneficiary. A standby letter of credit is thus a bank's guarantee to the beneficiary that a specific sum of money will be received by the beneficiary in the event of default or non-performance by the account party under a sales or service contract. Similar to the documentary letter of credit, a standby credit is payable against presentation of documents that comply with terms of the standby credit. The documents required to be presented by the beneficiary often include a sight draft and the beneficiary's written statement of default by the account party.

A stand-by letter of credit can be used to secure the performance of the seller. Upon evidence that the seller is not performing according to the terms of the contract it has with the importer, the issuing bank has to pay the importer. This type of stand-by letter of credit is often used in large construction projects.

For example, an exporter (seller) may have to apply for and obtain a stand-by letter of credit issued in favor of the purchaser when the purchaser is a foreign government to guarantee that the exporter (seller) will perform the sales agreement and deliver the goods in accordance with the delivery schedule. This is to be distinguished from a documentary letter of credit, where the purchaser is the applicant and payment is made by the bank issuing the letter of credit upon presentation to the bank of certain specified documents, such as bills of lading, insurance certificates, inspection certificates and weight certificates.

⊂용어⊃ **standby credit** (보증 신용장): 국내기업의 해외소재 지사가 외국에서 자금을 조달하려고 할 경우 국내의 본사에 의뢰하여 본사가 국내소재 은행으로 하여금 외국에서 자금을 차입할 수 있도록 외국소재 은행에 이의 지급을 보증하는 신용장이다.

⊂해설⊃ 보증신용장은 계약 당사자가 계약을 이행하지 않는 경우 수익자가 해당 금액을 지급받을 수 있도록 한 신용장이다. 이 경우 수익자는 일람출급어음 및 계약을 이행하지 않았다는 서류를 제시하여야 한다. 이런 신용장은 대규모 건설공사에서 외국 업체가 의무를 이행하지 못할 경우 수입업자, 즉 공사를 발주한 외국 업체나 외국 정부에 해당 금액을 지급하여야 한다. 예를 들어 매수인이 외국 정부인 경우 매도인은 계약의 순조로운 이행을 보증하기 위하여 매수인, 즉 외국 정부 앞으로 보증 신용장의 발행을 의뢰할 수 있다. 이 경우 매도인이 매매계약을 이행하지 못할 경우 수익자인 매수인, 즉 외국 정부에 해당 금액을 지불하게 된다. 화환 신용장하에서 매수인은 수익

자가 아닌 개설의뢰인이 된다는 사실에 주목하여야 한다.

[199] Authority to Pay

Advice from a buyer, addressed through the buyer's bank to the seller, by way of the correspondent of the buyer's bank in the seller's country, authorizing the correspondent bank to pay the seller's draft for a stipulated amount. (축약문)

The seller has recourse against cancellation or modification of the Authority to Pay before the drafts are presented, but, once the drafts drawn on the correspondent bank are paid by it, the seller is no longer liable as drawer. An Authority to Pay is usually not confirmed by the seller's bank. It is not as safe for a seller as a letter of credit because it is not a promise or guarantee of payment by a bank.

⊂용어⊃ **authority to pay** (어음 지불 수권서) : 수입업자의 거래 은행이 수출국에 소재한 본점, 지점, 또는 환거래은행에 대하여 수입업자가 해당 은행으로 발행한 환어음에 대해 대금을 지급하도록 지시하는 통지서로서 신용장과 유사한 기능을 수행한다. 지급인은 은행이 된다.
⊂해설⊃ 어음 지불 수권서는 신용장과 유사한 기능을 수행하지만 은행에 의해 대금지불이 보장되지 않았기 때문에 매도인의 입장에서 보면 신용장만큼 안전한 방법은 아니다.

[200] Authority to Purchase

A document similar to an Authority to Pay but differing in that under an Authority to Purchase the drafts are drawn directly on the buyer rather than on the seller's bank. (축약문)

They are purchased by the correspondent bank with or without recourse against the drawer. The Authority to Pay is usually not confirmed by the seller's bank.

⊂용어⊃ authority to purchase (어음 매입 수권서): 수입업자의 요청에 따라 수입업자의 거래은행이 수출국에 소재한 본점, 지점, 또는 환거래은행에 대해 수권서 기재사항과 일치하는 환어음을 매입하도록 지시한 통지서로서 신용장과 유사한 기능을 수행한다. 하지만 이를 발행한 은행은 환어음의 인수나 지급에 대해 책임을 지지 않는다. 지급인은 매수인이 된다.
⊂해설⊃ 어음 지불 수권서의 경우 지급인이 은행인 반면에 어음 매입 수권서의 경우는 지급인이 매수인이 된다.

[201] Certificate of Inspection

A document issued by an inspection company or other person independent of the seller and buyer that has inspected the goods for quality and/or value. (축약문)

A document provided by an independent inspection company that attests that the goods conform to the description contained in the invoice provided by the exporter. (축약문)

Some purchasers and countries may require a certificate attesting to the specifications of the goods shipped, usually performed by a third party. Such requirements are usually stated in the contract and quotation. Inspection certificates are generally requested for certain commodities with grade designations, machinery, equipment, and so forth. They may be required for payment under the terms of the sales agreement or a letter of credit.

To protect themselves, many foreign firms request a certificate of inspection. This may be an affidavit by an independent inspection firm hired by the buyer, certifying the quality, quantity, and conformity of the goods to the purchase order.

A certificate of inspection can also attest that the value of the goods is reflected accurately on the invoice. A certificate of inspection is obtained by the exporter in the exporting country before the international voyage takes place. Such an inspection is called a pre-shipment inspection.

⊂용어⊃ certificate of inspection (검사 증명서) : 해당 물품의 선적 전에 수출국 또는 수입국의 법규 또는 기준의 준수 여부 등을 검사하여 해당 검사기관이 발행하는 서류로 inspection certificate라고도 한다.
pre-shipment inspection : 선적 전 검사를 말한다.
⊂단어⊃ affidavit : a written declaration made under oath before a notary public or other authorized officer
⊂해설⊃ 기계류, 장비, 기타 등급이 정해진 물품을 거래하는 경우 선적된 물품에 대해 매도인 및 매수인과는 독립된 제 3의 기관에 의해서 해당 물품에 대해 입증하는 서류를 제출하도록 계약서 또는 신용장이 요구하는 경우가 있다. 이런 경우 발급되는 서류가 검사증명서이다.

[202] Certificate of Analysis

A document provided by an independent inspection company that attests that the goods conform to the chemical description and purity levels contained in the invoice provided by the exporter. (축약문)

A certificate of analysis is always obtained by the exporter in exporting country before the international voyage takes place.

⊂용어⊃ certificate of analysis (분석 증명서) : certificate of inspection의 일종으로서 광석 또는 화학제품의 함유성분을 분석한 서류이다.

[203] Certificate of Certification(Certificate of Conformity)

A document provided by an independent inspection company that attests that the goods conform to the manufacturing standards of the importing country. (축약문)

A certificate of certification is obtained by the exporter in the exporting country before the international voyage takes place.

⊂해설⊃ 수입국의 제조 기준에 부합된다고 입증하는 서류이다.

[204] Certificate of End Use

A document required by some export government in the case of sensitive exports, such as ammunition, to ensure that the product is used for acceptable (to the exporting country's government) purposes. (축약문)

It is provided by the importing country's government.

⊂단어⊃ ammunition : a nuclear, biological, chemical, or explosive material used as a weapon
⊂해설⊃ 예를 들면 군수품처럼 민감한 물품인 경우 수출국 정부가 받아들일 수 있는 용도로 사용될 것이라는 사실을 입증하는 서류이다.

[205] Certificate of Free Sale

A certificate that attests that the product that is exported conforms to all of the regulations in place in the exporting country and that it can be sold freely in the exporting country. (축약문)

⊂해설⊃ 해당 물품이 수출국의 모든 규정에 부합되며 수출국에서 자유로이 판매된다는 사실을 입증하는 서류이다.

[206] Certificate of Manufacture

A document provided by the exporter's Chamber of Commerce that attests that the goods were manufactured in the country in which the exporter is located. (축약문)

⊂해설⊃ 수출업자가 소재한 국가에서 제작되었음을 수출국의 상업회의소가 입증하는 서류이다.

[207] Certificate of Insurance

A document containing certain terms of a full-length insurance policy.
(축약문)

Beneficiaries of blanket insurance policies are authorized to issue their own certificates of insurance.

An insurance certificate gives evidence of risk coverage for merchandise shipped. It is sent to the bank with other collection documents and normally is used only when required by letter of credit or documentary collection procedures. There are many types of insurance policies available. Coverage requested is usually 110% of the value of the cargo shipped.

⊂용어⊃ certificate of insurance (보험증명서) : 보험회사가 자신이 발행한 보험증권에 기초하여 해당 물품이 보험에 부보되어 있다는 사실을 증명하는 서류이며 insurance certificate라고도 한다. 포괄적 예정보험을 체결한 보험회사가 보험 계약자의 요청에 따라 선적할 때마다 원래의 보험 증권에 기초하여 이를 발급한다.
blanket insurance (포괄 예정 보험) : 다양한 금액의 계약을 하나로 일괄하여 부보한 보험이다.
beneficiary : 여기서는 보험증권의 수익자, 즉 손실이 발생할 경우 보상을 받게 될 피보험자를 의미한다.
⊂해설⊃ 발행된 보험증권에 기초하여 해당 물품이 보험에 가입되었다는 사실을 증명하는 서류이다.

[208] Certificate of Origin

A document provided by the exporter's Chamber of Commerce that attests that the goods originated from the country in which the exporter is located. (축약문)

A document in which the exporter certifies the place of origin(manufacture) of the merchandise being exported. (축약문)

Sometimes these certificates must be legalized by the consul of the country of destination, but more often they may be legalized by a commercial organization, such as a Chamber of Commerce, in the country of manufacture. Such information is needed primarily to comply with tariff laws which may extend more favorable treatment to products of certain countries. More recently, certain types of certificates of origin, for example, NAFTA

Certificates of Origin, requires significant analysis of the origin of the raw materials used in production of the product to determine the country of origin.

Rules of Origin : The rules used to determine the country of origin of a particular product. (축약문) The most commonly used interpretation rule is that the country of origin is the country in which the product last changed Harmonized System number classification.

⊂용어⊃ **certificate of origin** (원산지 증명서) : 수출국과 수입국 사이에 특정 상품에 대해서 저율의 관세를 적용하는 협정이 체결되어 있는 경우 이를 인정받기 위해서 해당 국가가 원산지라는 사실을 증명하는 서류이다. 이는 수출국에 주재하고 있는 수입국의 영사 또는 수출국의 상업회의소가 보통 발행한다.
⊂해설⊃ 수출품의 원산지를 증명하는 서류로서 보통 수출국의 상업회의소가 발행한다. 원산지를 결정하는 원칙이 바로 rules of origin이며 가장 자주 쓰이는 기준은 HS 분류번호의 변경이다.

[209] Certificate of Weight and Measurement

A certificate issued by a company or person independent of the seller and buyer certifying the quantity and dimensions of goods. (축약문)

The weight certificate is occasionally required by the foreign buyer for control purposes. This type of certification may be made with an export inspection company. In some cases, the buyer or buyer's government will allow the seller to make a self-certification.

A weight certificate confirms that the goods accord with the weight specified on the bill of lading/invoice/certificate of insurance or other specified document. In so doing it confirms to the buyer/seller/insurance company or other specified party that the goods were at a specified weight at the time of shipment.

⊂해설⊃ 해당 물품의 중량 및 용적을 증명하는 서류이다.

[210] Commercial Invoice

The invoice sent by the seller to the buyer, detailing the goods purchased and the amount due. (축약문)

A document prepared by the exporter(seller) describing the goods being sold, the sales price for the goods, and other charges being billed to the purchaser. (축약문)

In international trade, a commercial invoice should be quite detailed and include all of the pertinent information. Because a commercial invoice is commonly required in order to enable the purchaser to clear the goods through customs, it is necessary to include all information required by the purchaser's country. This may include legalization of the commercial invoice by the purchaser's country's embassy or consulate in the exporter's country, certification by a Chamber of Commerce in the exporter's country, or particular statements, certifications, or information in the invoice.

A commercial invoice is the basic statement of the seller to the buyer for payment of the goods shipped. It must conform to any letter of credit requirements and foreign government requirements. It is used as one of the primary documents in the collection process, and is the main document used by foreign customs for control, valuation, and duty determination. The commercial invoice should include a full description of the goods, pricing, terms of sale, payment and delivery, bills of lading numbers, method of shipment, shipping date, L/C numbers, import license numbers, shipper and consignee names, and shipping marks and numbers. Commercial invoices are usually signed by the exporter.

⊂용어⊃ commercial invoice (상업송장) : 송장 중에서 직접 상거래용으로 작성되었으며 공용으로 발행된 영사송장과 구별된다.
shipper : 송화인을 의미한다.
consignee : 수화인을 말한다.
⊂단어⊃ clear : to comply with customs and harbor requirements in discharging a cargo or in leaving or entering a port
⊂해설⊃ 상업송장에는 수입국에서 필요로 하는 모든 정보, 즉 상품명, 대금, 인도조건, 선적방법 등 다양한 정보가 포함되어 있다.

[211] Consular Invoice

A document required by some foreign countries showing information as to consignor, consignee, value and description of the shipment. (축약문)

An invoice that is printed on stationery provided by the consulate of the country in which the goods will be imported. (축약문)

It is usually legalized by the embassy or consulate of the purchaser's country located in the seller's country.

A consular invoice is prepared from the information on the commercial invoice by the buyer's consulate or embassy in the shipper's country. These documents are usually stamped with an official seal. They may be specific forms required by the destination country's government or simply copies of the commercial invoice. Consular invoices are required for control of certain commodities and to ensure valuation control.

⊂용어⊃ **consular invoice** (영사송장)： 부정한 송장의 출현을 방지하고 탈세를 막기 위하여 수출국에 주재하는 수입국의 영사가 발행한 송장이다.
consignor： 송화인을 말한다.
⊂단어⊃ valuation： the act or process of assessing the value or price of something
⊂해설⊃ 영사송장은 수출국에 소재하는 수입국의 영사가 발행한 송장으로 해당국 정부의 요청에 따라 특별한 형식을 갖출 수도 있고 상업송장의 형식을 따를 수도 있다.

[212] Visa

A term with more than one meaning： 1. A process by which the consulate of the country in which the goods will be imported reviews and approves the consular invoice for a fee. A visa shows on the consular invoice as a rubber stamp or a seal. 2. A document provided by the government of an exporting country for a product that is subject to a quota in the United States. It is a document granting the exporter the right to export such goods. The United States Customs will not allow the import of a product subject to quotas if the shipment is not accompanied by a visa from the exporting government.

⊂해설⊃ 이 용어는 두 가지 의미를 갖고 있다. 하나는 수입국의 영사가 영사송장을 검토하고 이를 승인하는 것이며 다른 하나는 쿼타의 적용을 받는 물품에 대해 수출국 정부가 쿼타의 사용을 허락하는 것이다.

[213] Packing List

A document describing the contents of a shipment. (축약문)

It includes more details than is contained in a commercial invoice but does not contain prices or values. It is used for insurance claims as well as by the foreign customs authorities when examining goods to verify proper customs entry.

This important document describes all items in the box, crate, pallet, or container, plus the type, dimensions, and weight of the container. It is used to determine total shipping weight and volume(cubes) by customs officials to check cargo, and by the buyer to inventory merchandise received. Prices and item values are usually omitted from the packing list. Shipping marks, reference numbers and carton numbers are also important additions to the packing list.

⊂해설⊃ 이는 선적된 물품의 내용을 설명하는 서류, 즉 포장 명세서이다. 통상적으로 가격 및 금액은 포함되지 않고 세관에서 통관을 할 때 근거 서류로 사용되며 송장의 부속서류로 작성되어 첨부된다.

[214] Health Certificate

A health certificate is issued when agricultural products are being exported to certify they comply with the relevant legislation in the exporter's country. It is issued at the importer's request and confirms the product was in a good condition at the time of inspection-prior to shipment- and fit for human consumption.

⊂해설⊃ 농산물을 수출할 때 수입업자의 요청에 의해 해당 물품이 수출국의 법률에 부합되며 선적 전 검사에서 양호한 수준을 유지하였음을 입증하는 서류로 위생증명서를 말한다.

[215] Phytosanitary Inspection Certificate

A document provided by an independent inspection company, or by the Agricultural Department of the exporting country's government, that attests that the goods conform to the agricultural standards of the importing country. (축약문)

The importation of all planting material, forest trees and other trees and shrubs, and certain raw fruit and vegetables must be accompanied by a phytosanitary certificate in most countries. In some countries the importation of certain species of a plants from certain areas of the world is prohibited. Application for such plant health certificates should be made to the agricultural department of the exporting country. A phytosanitary certificate is always obtained by the exporter in the exporting country before the international voyage takes place.

Also referred to as "plant health" certificates, these are required by many foreign countries for shipments of plants and plant products. They serve to certify conformity to local plant quarantine import regulations with respect to pest and disease infections.

⊂단어⊃ quarantine : enforced isolation or restriction of free movement imposed to prevent a contagious disease from spreading
⊂해설⊃ 목재, 과일, 채소류 등을 수입하려는 경우 대부분의 수입국에서는 식물 위생검역 증명서를 첨부하도록 요구하고 있으며 이 증명서는 독립된

검사기관 또는 수출국의 농무성에 의해 보통 발행된다. 이를 plant health certificate라고도 한다.

[216] Veterinary Certificate

This may be required when livestock or animal products are being exported. It should be signed by the appropriate health authority in the exporter's country.

⊂해설⊃ 가축 또는 동물 관련 물품을 수출할 때 첨부하도록 요구되는 동물 위생검역 증명서를 말한다.

T·R·A·D·E·E·N·G·L·I·S·H

제3절 신용장과 국제협약

[217] Advising bank means the bank that advises the credit at the request of the issuing bank. Applicant means the party on whose request the credit is issued. Banking day means a day on which a bank is regularly open at the place at which an act is to be performed. Beneficiary means the party in whose favor a credit is issued.

⊂해설⊃ 통지은행은 개설은행의 요청에 따라 신용장을 통지하는 은행을 말한다. 개설의뢰인은 신용장이 개설되도록 요청하는 당사자를 말한다. 은행영업일은 행위가 이루어지는 장소에서 은행이 정식으로 영업을 하는 날을 말한다. 수익자는 신용장이 자기 앞으로 개설되는 당사자를 말한다.

[218] Complying presentation means a presentation that is in accordance with the terms and conditions of the credit, the applicable provisions of these rules and international standard banking practice.

⊂해설⊃ 일치하는 제시란 신용장 조건, 이 규칙(Uniform Customs and Practice for Documentary Credits, 2007) 중 적용 가능한 규정 그리고 국제표준은행 관례에 따라 제시한다는 말이다.

[219] Confirmation means a definite undertaking of the confirming bank, in addition to that of the issuing bank, to honour or negotiate a complying

presentation. Confirming bank means the bank that adds its confirmation to a credit upon the issuing banks authorization or request.

⊂해설⊃ 확인이란 개설은행의 확약에 추가하여 일치하는 제시에 대해 지급하거나 매입하겠다는 확인은행의 확약을 말한다. 확인은행은 개설은행의 권한부여 또는 요청에 따라 신용장에 확인을 추가하는 은행을 말한다.

[220] Credit means any arrangement, however named or described, that is irrevocable and thereby constitutes a definite undertaking of the issuing bank to honour a complying presentation.

⊂해설⊃ 신용장은 명칭이나 설명에 관계없이 일치하는 서류의 제시에 대해 대금을 지급하겠다는 개설은행의 분명한 보증을 나타내는 취소불능적인 모든 약정을 의미한다.

[221] Honour means :
(a) to pay at sight if the credit is available by sight payment
(b) to incur a deferred payment undertaking and pay at maturity if the credit is available by deferred payment
(c) to accept a bill of exchange ("draft") drawn by the beneficiary and pay at maturity if the credit is available by acceptance.

⊂해설⊃ 대금결제는 다음과 같은 내용을 의미한다.
(a) 신용장이 일람지급 조건으로 개설된 경우 일람출급으로 지급한다.
(b) 신용장이 연지급 조건으로 개설된 경우 연지급을 확약하고 만료일에 대금을 지급한다.
(c) 신용장이 인수조건으로 개설된 경우 수익자에 의해 발행된 환어음("어음)을 인수하고 만료일에 대금을 지급한다.

[222] Issuing bank means the bank that issues a credit at the request of an applicant or on its own behalf.

⊂해설⊃ 개설은행은 개설의뢰인의 요청에 의하거나 자기 자신을 위해 신용장을 개설하는 은행을 말한다.

[223] Negotiation means the purchase by nominated bank of a drafts (drawn on a bank other than the nominated bank) and/or documents under a complying presentation, by either advancing or agreeing to advance funds to the beneficiary on or before the banking day on which reimbursement is due to the nominated bank.

⊂해설⊃ 매입은 일치하는 제시가 이루어지는 경우 (지정은행 이외의 은행 앞으로 발행된) 어음 그리고/또는 서류를 지정은행이 구입하는 것을 의미하며 이는 지정은행에 상환해야 하는 은행 영업일이나 그 이전에 수익자에게 대금을 선지급하거나 선지급하기로 동의함으로써 이루어진다.

[224] Nominated bank means the bank with which the credit is available or, any bank in the case of a credit available with any bank.

⊂해설⊃ 지정은행은 해당 신용장이 유효한 은행이거나 모든 은행에서 유효한 신용장의 경우 모든 은행을 의미한다.

[225] Presentation means either the act of delivering documents under a credit to the issuing bank or nominated bank or the documents so delivered. Presenter means a beneficiary, bank or other party that makes a presentation.

⊂해설⊃ 제시란 개설은행이나 지정은행에 신용장에 의거한 서류를 제시하

는 행위를 의미하거나 또는 제시된 서류를 말한다. 제시자는 수익자, 은행 또는 제시를 하는 다른 당사자를 말한다.

[226] A credit by its nature is a separate transaction from the sale or other contract on which it may be based. Banks are in no way concerned with or bound by such contract, even if any reference whatsoever to it is included in the credit.

⊂해설⊃ 신용장은 본질적으로 그것이 기초하는 매매계약이나 기타 계약과 독립된 별개의 거래이다. 은행은 이런 계약과 관련된 어떤 참조사항이 신용장에 포함되더라도 그런 계약과 결코 관련이 없거나 구속되지 않는다.

[227] Banks deal with documents and not with goods, services or performance to which the documents may relate.

⊂해설⊃ 은행은 서류로 처리하지 서류가 관련된 물품, 서비스, 의무이행으로 처리하지 않는다.

[228] A credit must state whether it is available by sight payment, deferred payment, acceptance or negotiation.

⊂해설⊃ 신용장은 일람출급, 연지급, 인수, 매입 중 어느 것으로 이용이 가능한지를 명시하여야 한다.

[229] A credit must stipulate an expiry date for presentation. An expiry date stipulated for honour or negotiation will be deemed to be an expiry date for presentation.

⊂해설⊃ 신용장은 서류를 제시하기 위한 유효기일을 명시하여야 한다. 대

금결제 또는 매입을 위하여 규정된 유효기일은 서류 제시를 위한 유효 기일로 간주된다.

[230] An issuing bank undertakes to reimburse a nominated bank that has honoured or negotiated a complying presentation and forwarded the documents to the issuing bank. Reimbursement for the amount of the presentation under a credit available by acceptance or deferred payment is due at maturity, whether or not the nominated bank prepaid or purchased before maturity. An issuing bank's undertaking to reimburse a nominated bank is independent of the issuing banks undertaking to the beneficiary.

⊂해설⊃ 개설은행은 일치하게 제시된 서류를 결제하거나 매입하고 해당 서류를 개설은행에 송부한 지정은행에 상환할 것을 확약한다. 인수나 연지급 방식으로 사용되는 신용장에서 제시된 금액에 대한 상환은 지정은행이 만기일 전에 선지급하였거나 매입하였는지에 관계없이 만기일에 이루어진다. 지정은행에 대한 개설은행의 상환 약속은 개설은행의 수익자에 대한 약정과는 독립적이다.

[231] A credit and any amendment may be advised to a beneficiary through an advising bank. An advising bank that is not a confirming bank advises the credit and any amendment without any undertaking to honour or negotiate.

⊂해설⊃ 신용장과 이에 대한 조건 변경은 통지은행을 통해 수익자에게 통지될 수 있다. 확인은행이 아닌 통지은행은 결제하거나 매입한다는 어떤 확약없이 신용장과 조건 변경을 통지한다.

[232] A credit can neither be amended nor cancelled without the agreement of the issuing bank, the confirming bank, if any, and the beneficiary.

⊂해설⊃ 신용장은 개설은행, (있는 경우) 확인은행 그리고 수익자의 동의 없이 조건 변경되거나 취소될 수 없다.

[233] Partial acceptance of an amendment is not allowed and will be deemed to be rejection of the amendment.

⊂해설⊃ 신용장 조건 변경에 대한 일부 수락은 허용되지 않으며 조건 변경의 거절로 간주된다.

[234] An authenticated teletransmission of a credit or amendment will be deemed to be the operative credit or amendment, and any subsequent mail confirmation shall be disregarded.

⊂해설⊃ 신용장 또는 조건변경에 관한 입증된 전문은 유효한 신용장 또는 조건변경으로 간주되며 그 이후 보내진 어떤 우편 확인서도 무시된다.

[235] By nominating a bank to accept a draft or incur a deferred payment undertaking, an issuing bank authorizes that nominated bank to prepay or purchase a draft accepted or a deferred payment undertaking incurred by that nominated bank.

⊂해설⊃ 개설은행은 어느 은행을 어음을 인수하거나 연지급 확약서를 발행하도록 지명함으로써 해당 지정은행이 그 은행에 의하여 인수된 어음이나 발행된 연지급 확약서에 대해 사전 지급하거나 매입할 수 있도록 하는 권한을 부여한다.

[236] A nominated bank acting on its nomination, a confirming bank, if any, and the issuing bank must examine the presentation to determine, on the basis of the documents alone, whether or not the document appear on

their face to constitute a complying presentation.

⊂해설⊃ 지정됨에 따라 임무를 수행하는 지정은행, (있는 경우) 확인은행, 그리고 개설은행은 서류가 문면상 조건과 일치하게 제시되었는지 여부를 서류에만 기초해 결정되도록 제시된 서류를 검토해야 한다.

[237] A nominated bank acting on its nomination, a confirming bank, if any, and the issuing bank shall each have a maximum of five banking days following the day of presentation to determine if a presentation is complying.

⊂해설⊃ 지정됨에 따라 임무를 수행하는 지정은행, (있는 경우) 확인은행, 그리고 개설은행은 제시된 서류가 조건에 일치하는지 여부를 결정하는데 서류 제시일에 뒤이어 각각 최대 5 은행 영업일을 향유한다.

[238] In documents other than the commercial invoice, the description of the goods, services or performance, if stated, may be in general terms not conflicting with their description in the credit.

⊂해설⊃ 상업송장 이외의 서류에서 물품, 서비스, (기술되어 있는 경우) 의무이행에 관한 설명은 신용장의 설명과 충돌되지 않게 일반적인 용어로 이루어질 수 있다.

[239] A document may be dated prior to the issuance date of the credit, but must not be dated later than its date of presentation.

⊂해설⊃ 서류는 신용장 개설일보다 이전 일자로 작성될 수도 있지만 서류 제시일보다 더 늦은 일자로 작성되지는 말아야 한다.

[240] The shipper or consignor of the goods indicated on any document need not be the beneficiary of the credit.

⊂해설⊃ 서류에 명기된 화물의 화주 또는 송화인은 신용장의 수익자일 필요가 없다.

[241] When a nominated bank acting on its nomination, a confirming bank, if any, or the issuing bank is determining that a presentation does not comply, they may refuse to honour or negotiate.

⊂해설⊃ 지정됨에 따라 임무를 수행하는 지정은행, (있는 경우) 확인은행, 그리고 개설은행은 제시된 서류가 일치하지 않는다고 결정을 내린 경우 대금지급이나 매입을 거절할 수 있다.

[242] When an issuing bank determines that a presentation does not comply, it may in its sole judgement approach the applicant for a waiver of the discrepancies.

⊂해설⊃ 개설은행은 제시된 서류가 일치하지 않는다고 결정을 내린 경우 자신의 단독 판단으로 개설의뢰인과 서류 불일치 주장에 대한 권리포기를 협의할 수 있다.

[243] When a nominated bank acting on its nomination, a confirming bank, if any, or the issuing bank decide to refuse to honour or negotiate, they must give a single notice to that effect to the presenter.

⊂해설⊃ 지정됨에 따라 임무를 수행하는 지정은행, (있는 경우) 확인은행, 그리고 개설은행은 결제나 매입을 거절하기로 결정한 경우 서류의 제시자에게 그런 취지로 단 1번의 통지를 하여야만 한다.

[244] A bill of lading must appear to be the sole original bill of lading or, if issued in more than one original, be the full set as indicated on the bill of lading.

⊂해설⊃ 선화증권은 단 1통의 원본 선화증권이거나 1통을 초과하여 원본이 발행된 경우 선화증권 상에 표시된 대로 전통이어야 한다.

[245] In the absence of an indication on the transport document as to the number of originals issued, the number presented will be deemed to constitute a full set.

⊂해설⊃ 운송서류 상에 발행된 원본의 통수에 대해 명기되어 있지 않은 경우 제시된 통수가 전통을 구성하는 것으로 간주된다.

[246] A transport document must not indicate that the goods are or will be loaded on deck. A clause on a transport document stating that the goods may be loaded on deck is acceptable.

⊂해설⊃ 운송서류는 화물이 갑판에 선적되었거나 될 것이라고 표기하지 말아야 한다. 화물이 갑판에 선적될 수 있다고 말하는 운송서류 상의 조항은 수리될 수 있다.

[247] A transport document bearing a clause such as "shipper's load and count" and "said by shipper to contain" is acceptable.

⊂해설⊃ 예를 들면 "화주에 의한 선적 및 계수" 그리고 "화주에 의한 내장 신고에 따름"과 같은 조항을 포함하는 운송서류는 수리될 수 있다.

[248] A bank will only accept a clean transport document. A clean

transport document is one bearing no clause or notation expressly declaring a defective condition of the goods or their packaging. The word "clean" need not appear on a transport document even if a credit has a requirement for that transport document to be "clean on board".

⊂해설⊃ 은행은 단지 무고장 운송서류만을 수리한다. 무고장 운송서류는 물품이나 포장의 불완전한 상태를 명시적으로 언급한 조항이나 표기가 없는 서류이다. 신용장이나 운송서류가 "무고장 본선 적재"일 것을 요구하더라도 "무고장"이란 단어가 운송서류 상에 나타날 필요는 없다.

Partial drawings or shipments are allowed.

⊂해설⊃ 분할 어음발행 또는 분할선적은 허용된다.

[249] An insurance document, such as an insurance policy, an insurance certificate or a declaration under an open cover, must appear to be issued and signed by an insurance company, an underwriter or their agents or proxies.

⊂해설⊃ 예를 들면 보험증권, 보험증서, 또는 포괄 예정보험에 의거한 보험확인서와 같은 보험서류는 보험회사나 보험인수업체 또는 그들의 대리인이나 수탁인들에 의해 발행되고 서명되어야 한다.

[250] If a drawing or shipment by instalments within given periods is stipulated in the credit and any instalment is not drawn or shipped within the period allowed for that instalment, the credit ceases to be available for that and any subsequent installment.

⊂해설⊃ 주어진 기간 내에 할부에 의한 어음발행 또는 선적이 신용장에 명

시되어 있고 어떤 할부분이 해당 할부분에 대해서 허용된 기간 내에 어음이 발행되지 않거나 선적이 이루어지지 않은 경우 신용장은 해당 할부분과 연속된 할부분에 대해서 더 이상 사용될 수 없다.

[251] A bank assumes no liability or responsibility for the form, sufficiency, accuracy, genuineness, falsification or legal effect of any document, or for the general or particular conditions stipulated in a document or superimposed thereon.

⊂해설⊃ 은행은 서류의 양식, 충분성, 정확성, 진정성, 변조, 법적 효력에 대해 또는 서류에 규정되거나 추가된 일반 또는 특정 조건에 대해 어떤 책임이나 의무를 부담하지 않는다.

[252] Force Majeure : A bank assumes no liability or responsibility for the consequences arising out of the interruption of its business by Acts of God, riots, civil commotions, insurrections, wars, acts of terrorism, or by any strikes or lockouts or any other causes beyond its control.

⊂해설⊃ 불가항력 : 은행은 천재지변, 폭동, 소요, 내란, 전쟁, 테러행위에 의한 업무중단이나 파업, 직장폐쇄, 또는 기타 통제가 불가능한 원인으로 인해 발생한 업무중단에 따른 어떠한 결과에 대해서도 의무나 책임을 부담하지 않는다.

[253] Transferable credit means a credit that specifically states it is "transferable". A transferable credit may be made available in whole or in part to another beneficiary ("second beneficiary") at the request of the beneficiary ("first beneficiary").

⊂해설⊃ 양도가능 신용장은 신용장이 "transferable" 하다고 명기한 신용장

을 의미한다. 양도가능 신용장은 수익자 ("제 1 수익자")의 요청에 따라 다른 수익자("제 2 수익자")가 전부 또는 일부를 사용할 수 있다.

[254] Transferring bank means a nominated bank that transfers the credit or, in a credit, available with any bank a bank that is specifically authorized by the issuing bank to transfer and that transfers the credit. An issuing bank may be a transferring bank.

⊂해설⊃ 양도은행은 신용장을 양도하도록 지정된 은행을 의미하거나 모든 은행에서 사용이 가능한 신용장인 경우 개설은행에 의해 양도하도록 특별한 권한이 부여되어서 해당 신용장을 양도하는 은행을 의미한다. 개설은행도 양도은행이 될 수 있다.

[255] Transferred credit means a credit that has been made available by the transferring bank to a second beneficiary.

⊂해설⊃ 양도된 신용장은 양도은행에 의해 제 2 수익자가 사용할 수 있도록 된 신용장을 의미한다.

[256] The transferred credit must accurately reflect the terms and conditions of the credit, including confirmation, if any, with the exception of :

- the amount of the credit,
- any unit price stated therein
- the expiry date
- the period for presentation, or
- the latest shipment date or given period for shipment

any or all of which may be reduced or curtailed.

⊂해설⊃ 양도된 신용장은 다음의 경우를 제외하고 (있는 경우)확인을 포함

해서 해당 신용장의 조건을 정확하게 반영해야 한다.

- 신용장 금액
- 신용장에 명기된 모든 단가
- 기간 만료일
- 제시 기간
- 최종 선적일 또는 주어진 선적기간

위의 내용 중 일부 또는 전부가 감액되거나 단축될 수 있다.

제 5 장

국제운송 및 선화증권

T·R·A·D·E·E·N·G·L·I·S·H

제1절 개 론

해상 운송선은 다음과 같이 분류된다.

Liner : 특정 항로를 화물의 수량에 관계없이 정기적으로 반복해서 취항하는 선박을 말한다.

Tramper : 화주의 요구가 있을 때는 수시로 용선계약을 체결하고 어느 곳으로나 운항되는 선박을 말한다.

화물을 운송하려는 화주가 특정 항해기간 또는 특정 기간 동안에 선주로부터 선복의 전부 또는 일부를 빌리는 경우 이를 용선이라 하며 용선계약은 다음과 같이 분류된다.

Voyage Charter : 어느 항구에서 어느 항구까지 일 항차 또는 수개 항차에 걸쳐 화주와 선주 사이에 체결되는 용선계약이다.

Time Charter : 용선기간에 따라 화주가 선주에게 용선료를 지불하는 용선계약이다.

Bareboat (Demise) Charter : 선주가 선장 및 선원 없이 선박만을 해상운송에 종사하는 해운회사에게 용선하는 계약이다.

해운동맹, 즉 shipping conference에 대해 정리하면 다음과 같다.

Shipping Conference : 특정 항로에 liner를 취항시키고 있는 해운회사들이 상호간에 독립성을 유지하면서 과당 경쟁을 피하고 운임률을 안정적으로 유지하기 위해 운임 및 운송조건 등에 관해서 협정을 체결하고 이를 이행하기 위한 국제적인 해운 카르텔이다. 이런 shipping conference는 해운동맹에 가입을 희망하는 해운회사에게 동맹 가입을 자유로이 허용하는 open conference와 일정한 조건을 충족시킨 경우에만 동맹 가입이 허용되는 closed conference가 있다. shipping conference는 화주를 고객으로 유지하기 위해 다음과 같은 다양한 유인수단을 운영하고 있다.

Contract Rate System (Dual Rate System) : 특정 화주가 동맹선사의 선박에만 선적을 하겠다고 계약을 체결한 경우 공표된 운임률보다 낮은 운임률을 적용하는 제도이다.

Fidelity Rebate System : 일정 기간 동안 자신의 화물을 모두 동맹선사에만 선적을 한 화주에 대해 유보기간 없이 해당 기간 후 즉시 받은 운임의 일정 비율을 반환해 주는 제도이다.

Deferred Rebate System : 일정 기간 동안 자신의 화물을 모두 동맹선사에만 선적을 한 화주에 대해 운임의 일정 비율을 환급받을 자격을 주며 일정한 유보기간 동안에도 계속해서 선적할 경우 해당 금액을 반환해 주는 제도이다.

용선계약에서 하역비를 부담하는 조건은 다음과 같다.

Free In and Out(FIO) : 화주가 선적비 및 양륙비를 모두 부담하는 조건이다.

Free In (FI) : 화주가 선적비를 부담하고 선주는 양륙비를 부담하는 조건이다.

Free Out (FO) : 화주가 양륙비를 부담하고 선주가 선적비를 부담하는 조건이다.

컨테이너를 선박에 적재하고 양화하는 작업이 이루어지는 container terminal은 다음과 같이 구성된다.

Apron : 컨테이너의 적재 및 양화 작업이 이루어지는 장소로 갠트리 크레인이 설치되어 있다.

Marshalling Yard : 컨테이너선에 적재할 컨테이너를 정리해 놓은 장소이다.

Storage Yard : 빈 컨테이너를 장치해 놓은 곳이다.

Container Yard (CY) : 좁은 의미로 보면 marshalling yard를 가리키지만 넓은 의미로 보면 apron, marshalling yard 그리고 storage yard를 포함한다.

Container Freight Station (CFS) : 소량의 화물을 목적지별로 정리해 한 개의 컨테이너에 혼재하거나 또는 혼재된 수입화물을 컨테이너로부터 인출해 수화인별로 정리하는 작업을 하는 곳이다.

두 가지 이상의 운송수단을 이용해서 물품을 운송하는 복합운송, 즉 multi-modal transport에 대해 정리하면 다음과 같다.

Multimodal Transport : 복합운송인, 즉 multimodal transport operator가 복합운송증권, 즉 multimodal transport document를 발행하여 전체 운송구간 및 운송기간에 대해 책임을 진다.

Siberian Land Bridge (SLB) : 극동에서 유럽으로 운송을 하려는 경우 수에즈 운하를 통해 해상운송을 하기보다 시베리아를 land bridge로 해서 운송할 때 사용되는 복합운송 경로이다.

Overland Common Point (O.C.P.) Rate : 극동지역에서 미국의 대서양 연안지역으로 향하는 화물에 대해 태평양 연안을 향하는 해운회사와 대서양 연안을 향하는 해운회사 사이에 발생하는 집화경쟁과 미국 내륙 운송업체의 이익이 결부되어서 설정된 운임률이다. 즉, 대서양 연안 지역으로 향하는 화물의 미국 내륙경유를 유도하기 위해서 대서양 연안을 향하는 화물에 대해 상대적으로 낮게 적용되는 운임률을 말한다.

항공운송을 담당하는 항공운송 주선업자, 즉 air freight forwarder에 대해 정리하면 다음과 같다.

Air Freight Forwarder : 송화인의 요구에 따라 자신의 명의로 항공사의 항공기를 이용해 화물을 운송하는 업자이다. air freight forwarder는 송화인과 운송계약을 체결하며 항공회사가 자신에게 발행한 master air waybill을 근거로 송화인에게 house air waybill을 발행한다.

선화증권의 종류를 정리하면 다음과 같다.

Shipped Bill of Lading : 화물이 운송될 선박에 선적된 후에 발급되는 선화증권으로 운송될 화물이 특정 선박에 현실적으로 선적되었다는 취지로 증권면에 "shipped on board" 또는 "shipped" 등의 문구가 기재되어 있다.

Received Bill of Lading : 운송인이 운송계약에 의해 화물을 부두창고 등에서 인수하고 화물이 현실적으로 선적되기 전에 발행되는 선화증권이다. 해당 화물이 본선에 현실적으로 선적되어 증권 상에 "on board"와 같은 본선적재 표기가 기재되는 경우 shipped bill of lading이 된다.

Clean Bill of Lading : 화물이 파손되거나 수량이 부족하지 않는 등 양호한 상태로 선적될 경우 발행되는 선화증권이다.

Dirty Bill of Lading : 화물을 선적할 때 화물의 포장상태가 불량하거나 수량이 부족한 경우 등에 발행되는 선화증권이며 일반적으로 은행에서 이를 수리하지 않는다.

Order Bill of Lading : 증권 상의 수화인 기재 난에 특정인을 명기하지 않고 'to order' 또는 'to the order of'처럼 지시인만을 기재한 선화증권으로 무역거래에서 일반적으로 사용되고 있다.

Straight Bill of Lading : 증권 상의 수화인 기재 난에 특정인, 즉 수입업자의 이름 및 주소를 명기한 선화증권으로 해당 화물의 소유권은 이 특정인에게 귀속된다.

Stale Bill of Lading : 증권이 발행된 후 제시기한이 지나 은행에 제시된 선화증권으로 은행은 일반적으로 이를 수리하지 않는다.

이 밖에 선적서류와 관련된 제도를 설명하면 다음과 같다.

Letter of Guarantee (L/G) : 선적서류의 도착이 지연되어 수입화물이 서류보다 먼저 도착하는 경우 선적서류 원본 대신에 해운회사에 제출하고 수입된 화물을 찾을 수 있도록 하는 보증서로서 수입업자와 신용장 opening bank가 연대로 보증하게 된다.

Trust Receipt (T/R) : sight bill인 경우 수입업자가 대금을 결제하지 않으면 선적서류를 인도받을 수 없지만 opening bank가 대금결제 전이라도 수입업자로 하여금 수입된 화물을 처분할 수 있도록 하는 제도이다.

T·R·A·D·E·E·N·G·L·I·S·H

제2절 국제운송에 관한 주요 논의사항

[257] Measurement Ton

An alternative way of calculating the transportation charge for articles which may be unusually bulky or light. (축약문)

The steamship line ordinarily will charge the higher of the actual weight or a calculated or constructed weight based upon the dimensions of the goods being transported.

⊂용어⊃ metric ton (2,200 pounds) : kilo ton이라고도 하며 1,000kg에 상당한다.
short ton (2,000 pounds) : long ton은 gross ton이라고도 하며 2,240 pound에 해당된다.
⊂해설⊃ 운송비를 계산하는 데 사용되는 용적 톤을 말한다.

해상화물의 형태 및 종류를 살펴보면 다음과 같다.

[258a] Containerized Cargo

Cargo loaded at a facility away from the pier or at a warehouse into a metal container usually 20 to 40 feet long, 8 feet high, and 8 feet wide. (축약문)

The container is then delivered to a pier and loaded onto a "containership" for transportation. Some cargo cannot be containerized, e.g., automobiles, live animals, bulk products.

⊂해설⊃ 컨테이너 용기에 적재되어 운송되는 컨테이너 화물을 말한다.

[258b] Bulk Cargo

Cargo that is loaded and carried in bulk, without mark or count, or in a loose unpackaged form, having homogeneous characteristics. (축약문)

Bulk cargo could be stowed in bulk instead of being loaded into containers. Example : coal, iron ore, raw sugar, etc.

⊂용어⊃ **bulk cargo** : 곡물, 광물, 유류, 목재 등의 거래는 대량으로 이루어지고 단가가 저렴하여 약간의 감량이 발생하여도 큰 문제가 되지 않기 때문에 포장을 하지 않고 노출된 채로 운송되는데 이런 화물을 말한다.

[258c] Dry Bulk Cargo

Dry cargo that is loaded directly into the **hold** of a ship, without any form of **unitization**. (축약문)

Although dry, the cargo exhibits the properties of a liquid, in that it takes the shape of the hold. Examples of dry bulk cargo include grain, coal, plastic pellets, gravel, and iron ore.

⊂용어⊃ **dry cargo** (건성화물) : 액체품 또는 냉동품과 같은 습성화물에 대응하는 화물로 일반적인 보통화물을 말한다.

unitization : 잡화물과 같이 흩어져 떨어져 있는 화물을 정리하여 균등한 한 개의 단위로 하고 그것이 운송중이라도 흐트러지지 않도록 일체의 것으로 취급하여 운송하는 방법을 말한다. 대표적인 예로 container 및 pallet를 들 수 있다.

hold : hatch hold라고도 하며 선박의 화물 적재장소를 의미한다.

⊂해설⊃ 컨테이너에 적재하는 것과 같은 unitization 작업을 하지 않고 선박의 hatch hold에 직접 선적하는 건성화물을 말하며 예를 들면, 곡물, 석탄, 철광석 등을 들 수 있다.

[258d] Break-Bulk Cargo

Packaged cargo that is loaded and unloaded on a piece-by-piece basis, i.e., by number or count. (축약문)

Cargo that is unitized in a box or crate, and that is placed directly into the hold of a ship. (축약문)

This can be containerized or prepared in groups of packages covered by shrink wrap for shipment. But it is generally too large or too heavy to be placed in a container. Example : coffee, rubber, steel, etc.

⊂해설⊃ 개수로 셀 수 있는 방법으로 hatch hold에 직접 선적되는 화물을 말하며 컨테이너에 적재할 수도 있지만 크기가 너무 크거나 무거워서 적재하지 않는다. 예를 들면, 커피, 고무제품, 철강 등을 들 수 있다.

[258e] Wet Bulk (Liquid Bulk) Cargo

Liquid cargo that is loaded directly into the hold of a ship, without any form of unitization. (축약문)

Examples of liquid bulk cargo include crude oil, vegetable oil, alcohol, and molasses, as well as liquid chemicals, such as chlorine or caustic soda.

⊂해설⊃ unitization 작업을 하지 않고 hatch hold에 직접 선적하는 액체 유동화물을 말하며 예를 들면 원유 등을 들 수 있다.

[258f] Neo-Bulk Cargo

Certain types of cargo that are often moved by specialized vessels. Example : autos and logs. (축약문)

⊂해설⊃ 특수 전용선으로 보통 운송되는 화물을 말하며 예를 들면, 자동차 등을 들 수 있다.

[258g] Project Cargo

A type of cargo that requires more advance planning because of its size, weight, or volume. (축약문)

Project cargo generally moves through unconventional means.

⊂해설⊃ 크기나 중량으로 인해 특수한 계획 입안 하에서 운송이 이루어지는 화물을 말한다.

[259] Carrier

The transportation company that will provide transportation services to the shipper. (축약문)

⊂용어⊃ carrier (운송인) : 해상, 육상, 내수로, 공중에서 물품이나 여객의 운송영업에 종사하는 자를 이르는 말이다.

선박의 종류를 살펴보면 다음과 같다.

[260a] Tankers

Vessels designed to carry liquid cargo, such as oil, in large tanks. (축약문)

They can be modified to carry other types of cargo, such as grain or coffee.

Oil tankers which are responsible for the movement of the world's oil may be VLCC (very large crude carriers, exceeding 200,000dwt) or ULCC (ultra large crude carriers, exceeding 300,000 dwt), although a large number of oil tankers come within the 100,000 - 200,000 dwt range which are very flexible in their operation.

Tankers are the most important ship, measured in shares of the world's gross registered tonnage. As might be expected, they consist of a number of tank compartments, fitted with baffles inside to control the movements of cargo in rough seas. They have pumps and pipes, and are recognizable by the collection of piping on top of their top deck. Tanker discharge pumps are geared to be powered by the vessel's main engines.

⊂용어⊃ tanker (유조선) : 원유, 중유, 휘발유 등을 선적하여 운송하는 선박으로 선체가 여러 구획으로 나누어진 tank로 되어 있다. 휘발유와 같은 clean oil을 운송하는 경우 clean tanker라 하며 원유, 중유처럼 dirty oil을 수송하는 경우 dirty tanker라 한다.
VLCC (초대형 유조선) : 200,000 dwt 이상의 대형 유조선을 말한다.

ULCC (극 초대형 유조선) : 300,000 dwt 이상의 대형 유조선을 말한다.

dead weight ton (dwt) : 선박이 실제 적재할 수 있는 화물의 중량 ton 수, 즉 선박의 운항 능력을 말한다. 1 ton을 2,240 pound로 하여 표시된다.

⊂해설⊃ 원유와 같은 유동 액체화물을 운송하는 선박을 유조선이라고 하며 이는 곡물을 운송하는 데도 사용될 수 있다.

[260b] General Cargo Vessels

These include (1) containerships : vessels that carry only containerized cargo, (2) roll-on and roll-off (RO/RO) vessels : vessels that allow rolling cargo such as tractors, cars to be driven aboard the vessel, and (3) LASH (lighter aboard ship) vessels : vessels that can carry very large containers, such as barges. It enables cargo to be loaded on barges in shallow waters and then loaded on board a vessel.

The original general cargo carriers were called "break bulk" and loaded on a piece-by-piece basis by stevedores. Palletization speeded up the process of handling loose freight. In the days before containerization, and continuing today in some of the non-containerized trades, carriers allowed shippers free carriage of the pallets themselves (the weight and the platform itself) because of the efficiencies they promoted. Many carriers even offered shippers discounts on freight that arrived and could be handled on pallets.

The need to speed up the process of loading and unloading and to minimize idle time spawned containerization technology. Containerization, the carriage of goods in large intermodal boxes or barges, was the logical extension of palletization. Containers vastly increased freight handling capability and greatly reduce idle time.

Containerships are specially designed to carry containers in cells aboard the ship. They are also called cellular ships. Containers are unloaded from the ship by huge cranes and placed on waiting land chassis. These vessels are standardized to carry 20- or 40-foot long containers.

⊂용어⊃ general cargo : 雜貨를 말한다.
roll-on and roll-off (RO/RO) : 자동차와 같은 물품을 船首, 船尾, 船側의 출구에 있는 경사로를 통해 수평으로 선적하고 양화하는 방식을 말한다.
lighter aboard ship (LASH) : 선박 내(aboard)에 부선(lighter)을 적재하는 선박(ship)을 말한다.
stevedore : 해운회사에 고용되어 선박내의 貨役, 양륙된 화물의 분류, 수화인에 대한 화물의 인도 등 선박 및 부두에서 貨役을 담당하는 자이다.
palletization : 화물을 pallet 위에 얹어 놓고 이것과 일체화함으로써 균일한 운송단위가 되어 수송의 합리화를 도모하는 방법을 말한다.
pallet : 화물을 운반하기 위하여 들어 나를 수 있도록 목재 또는 강철로 만든 사각형의 판대를 말한다.
⊂해설⊃ general cargo 선박에는 컨테이너선, roll-on and roll-off선, LASH선 등이 포함된다. 원래의 general cargo 선박은 break bulk 선박이었으나 선적 및 양륙 시간을 대폭 감소시킨 palletization과 이에 뒤따른 containerization이 이루어졌다.

[260c] Ore and Bulk Carriers

Bulk Carriers are vessels that carry a variety of bulk cargo.

These carriers are also called dry bulk carriers. These ships have large compartments for carrying loads of ore, grain, or coal. Usually the entire ship is used for the same type of cargo, although the ship is divided into different compartments and could, in theory, carry a different cargo in each. Iron ore is the largest single tonnage of dry bulk cargo. Grain and coal follow, although their relative volumes change from year to year. Other bulk movements, much smaller in volume, are other forms of ore, rice, sugar, fertilizers, limestone, and scrap metals. Cement moves on dry-bulk vessels under moisture-proof conditions and is loaded and unloaded pneumatically.

⊂해설⊃ 다양한 종류의 bulk cargo, 즉 철광석, 곡물, 석탄 등을 운송하는 선박을 말한다.

[260d] Neo-Bulk Carriers

Vessels designed to carry specific types of cargo. (축약문)

Neo-bulk carriers are specialized ships for carrying high-value cargoes. The best example are new-car carriers used for autos. Many have adjustable decks so they can reduce waste space above the motor vehicle's roofs. In the late 1980s. a firm announced it would develop a monthly service between Portland (USA) and Japan, using Ro/Ro vessels, with autos going one way, lumber the other. Some auto carriers are designed to carry bulk loads as well; for example, soybeans as the return haul to Japan

Another large neo-bulk haul is logs. Since logs themselves float, some log carrying vessels are designed to tip sideways at such a sharp angle that the logs will slide off into the water. Other specialized neo-bulk vessels have been designed for carrying newsprint and livestock.

⊂해설⊃ neo-bulk carrier는 자동차와 같은 특수한 고가 물품을 운반하는 선박이지만 필요에 따라 다른 화물, 예를 들면 목재나 대두를 운반하기도 한다.

[260e] Combination Carrier (Combined Passenger/Cargo Carrier 또는 Combined Oil/ Dry Bulk Carrier)

Vessels that carry passengers and cargo, oil and dry bulk, or containers and bulk cargo. (축약문) Other combinations are also possible.

A combination carrier is usually a bulk vessel that can carry either petroleum or dry cargo, built that way because the original owner/investor, at the time the vessel was being built, was uncertain whether the future markets over the vessel's life would favor dry or liquid bulk cargo. Such a vessel would have to visit a shipyard to be converted from a tanker to a dry-bulk vessel or vice versa

In trade between North and South America, several vessels are operated that carry about 100 passengers plus containerized freight. The nature of the freight business in that market results in stops at many ports along the coastline, which pleases tourists.

(Tweendeck : In a combination ship, a deck located below the main deck that is used to carry smaller size break-bulk cargo, such as vehicles)

⊂용어⊃ tweendeck (중갑판) : deck이라고 하면 보통 상층갑판을 의미하지만 이를 보다 자세히 상층갑판(upper deck), 상층중갑판(upper tweendeck), 중갑판(tweendeck)으로 분류할 수 있다.
⊂해설⊃ 여객과 화물, 유류와 건성화물, 컨테이너와 bulk cargo 등 다양한 방법으로 혼합하여 선적하는 선박을 말한다.

[260f] LNG(Liquefied Natural Gas) Carriers

LNG is a valuable byproduct in the oil industry and is most economically transported when it can be compressed to 1/630 of its gaseous volume, at which point it becomes liquid. LNG carriers are easily recognizable because they usually carry four huge spheres for holding their product.

⊂용어⊃ 액체천연가스 운송선을 말한다.

[260g] Trot-On/Trot-Off

A ship designed to carry livestock. (축약문)

It possesses a ramp that the animals can use to walk on board and exit the vessel.

⊂해설⊃ 가축 운송선박을 말한다.

[260h] Barge

Unnamed vessels generally used for oversized cargo and towed by a tugboat. (축약문)

Flat-bottomed boats designed to carry cargo on rivers and canals, and that are designed to be pushed or pulled. (축약문)

Some of the barges used on the rivers and canals of Europe are self-propelled.

(Lightening : The process by which a large vessel's cargo is unloaded off-shore into smaller vessels that then take the cargo to nearby ports. (축약문) The large vessel cannot access these ports because they are not deep enough or not equipped to handle such a large ship.)

⊂용어⊃ barge (艀船) : 본선이 항구에서 멀리 떨어진 곳에 정박하고 있는 경우 본선과 육상의 현장 사이에서 화물 수송에 이용되는 소형 선박을 말한다. 스스로 항해 능력이 없는 경우 barge라 하며 항해 능력이 있는 경우 lighter라고 한다.
tugboat (예인선) : 독자적인 항해 능력이 없는 적화된 선박을 지정된 양화 장소까지 이동시키는 선박을 말하며 이를 towing boat라고도 한다. 자신의 동력을 이용하여 다른 선박을 이동하게 하는 것을 'tow'라고 하며 이때 다른 선박을 끌고 가는 선박을 'tugboat'라고 한다. 이에 대해 지급되는 보수가 예선료, 즉 towage가 된다.
lightening : 목적항의 수심이 얕아서 본선이 그대로 입항할 수 없는 경우 본선의 선측에 艀船을 대고 갑판상의 crane으로 본선에서 반출한 화물을 해당 부선으로 인수시켜 본선을 가볍게 하는 것을 말한다.
⊂해설⊃ 예인선에 의해 예인이 되는 선박을 말한다.

[260i] Lighter Aboard Ship(LASH) Barge

A floating container measuring eighteen meters by nine meters by three meters that can be loaded and unloaded from a LASH mothership and can be tugged to its destination in a port or to an area without port facilities.

(축약문)

⊂용어⊃ lighter aboard ship (LASH) : 선박 내(aboard)에 부선(lighter)을 적재하는 선박(ship)을 말한다. 선미의 좌우 양측에 밖으로 내민 돌출판을 설치하고 화물을 적재한 부선을 선미에서 선내로 들어가게 하고 목적항에 도

착하였을 때 이 부선을 선미에서 차례로 선박 밖으로 끄집어내어 외항에서 짐 부리기를 자유롭게 할 수 있다. 육상운송 화물을 해양으로 운송할 경우 컨테이너선이 사용되지만 내수로와 같은 수상운송 화물을 해양으로 운송할 경우에 사용된다.

[260j] Lighter Aboard Ship(LASH) Mothership

A ship equipped with cranes that is designed to carry around eighty LASH barges and can load and unload them at anchor (i.e., without having to be in a port). (축약문)

[261a] Dead-WeightTonnage(DWT)

The maximum weight that a ship can carry. (축약문)

Because the ship also carries bunker and stores, the maximum weight that a ship can actually carry is lower than its dead-weight tonnage.

⊂용어⊃ dead-weight tonnage : 선박이 적재할 수 있는 화물의 중량 ton 수를 말한다.

[261b] Light Tonnage

The total weight of the ship, when empty, measured by using the weight of the water being displaced. (축약문)

[261c] Displacement Tonnage

The total weight of the ship, when fully loaded, measured by using the weight of the water being displaced. (축약문)

[262] Bunker

The amount of fuel that a ship carries on board and that it needs to travel. (축약문)

⊂용어⊃ **bunker :** 연료 그 자체를 가리키며 연료유는 bunker oil이라고 한다.

[263] Cabotage

An ocean trade consisting of shipping between ports located in the same country. (축약문)

⊂단어⊃ cabotage : trade or navigation in coastal waters

[264] Lighterage

The cost for conveying the goods by lighters or barges between ships and shore and vice versa, including the loading into, and discharging out of, lighters. (축약문)

⊂용어⊃ **lighterage :** 부선 이용자가 부선 업자에게 지급하는 사용료를 말한다.

⊂해설⊃ 본선과 해안가 사이를 오가는 부선을 이용하여 물품을 수송할 경우 지불해야 하는 비용으로 부선에 선적하고 양화하는 비용이 포함된다.

[265] Stevedoring

A charge, generally so much per ton, agreed upon between the ocean carrier and a stevedoring, or terminal, operator covering the allocation of men (long-shoremen), gear, and all other equipment for working the cargo in or out of the vessel, under the supervision and control of the ship's master.
(축약문)

⊂용어⊃ stevedoring : 본선 화물의 선적 및 양륙 작업을 의미하며 해당 업자는 본선 화물의 양륙 작업이나 선내 적재 작업에 관한 작업을 청부한다. 이를 위하여 부두, 선측, 선내에서의 작업에 필요한 인원을 고용하고 해당 작업을 책임지고 수행한다.
⊂단어⊃ master : the captain of a merchant ship

[266] Stevedore

A company or a person whose responsibility is to load and unload ships in a port. (축약문)

⊂용어⊃ stevedore : 해운회사에 전속 또는 고용되어 선내의 貨役, 양륙화물의 분류, 수화인에의 화물인도 등 선박 또는 부두에서 貨役을 청부하는 자로서 해운회사에 종속되어 있다.

[267] Stowage

The placing of cargo into a vessel. (축약문)

⊂용어⊃ stowage : 선창 내에 화물을 적재하는 것을 말하며 stowage of cargo 또는 stowing이라고도 한다.

[268] Wharfage

A charge assessed by a pier or dock owner against freight moving over the pier or dock or against carriers using the pier or dock. (축약문)

⊂용어⊃ wharfage (부두 사용료) : 부두 이용자가 부두 경영자에게 지급하는 사용료를 말한다.

[269] Berth

The location, in a port, where a ship is loaded and unloaded. (축약문)

⊂용어⊃ berth : 선박의 접안 및 정박 장소를 의미한다.

[270] Demurrage

Excess time taken for loading or unloading of a vessel not caused by the vessel operator but due to the acts of a charterer or shipper. (축약문)

A charge is made for such delay.

⊂용어⊃ demurrage (체선료) : 이용한 정박기간이 용선계약에 의해 허용된 정박기간을 초과하였을 경우 용선자인 화주가 운송인에게 지급하는 금액을 말한다.

[271] Drayage

A charge for delivery of goods or pick-up of goods from docks or other port terminals. (축약문)

⊂해설⊃ 부두 또는 다른 항구 터미널로부터의 물품 인도비용을 말한다.

[272] Lay Days

The dates between which a chartered vessel is to be available in a port for loading of cargo. (축약문)

⊂용어⊃ lay days (정박기간) : 화물을 양화하거나 적화하기 위해 용선계약에서 허용된 용선의 체류일수를 말한다.

[273a] Free In and Free Out(F.I.O.)

The cost of loading and unloading of a vessel that is borne by the charterer. (축약문)

⊂용어⊃ free in and out (FIO) : 선주는 선적(in) 비용 및 양륙(out) 비용에 대해 부담을 지지 않는(free) 조건을 말한다.

[273b] Free Out(F.O.)

The cost of unloading a vessel that is borne by the charterer. (축약문)

⊂용어⊃ free out(FO) : 선주는 양륙(out) 비용을 부담하지 않고 선적(in) 비용을 부담하는 조건을 말한다.
free in(FI) : 선주는 선적(in) 비용을 부담하지 않고 양륙(out) 비용을 부담하는 조건을 말한다.

[274] Stuffing and Stripping

Stuffing : Loading a container. (축약문)
Stripping : Unloading a container. (축약문)

⊂용어⊃ stuffing and stripping : 컨테이너 화물의 하역작업을 말한다.
⊂단어⊃ stuffing : material used to stuff or fill
stuff : to fill with an appropriate stuffing

[275] Piggy Back

A technique, developed by railroad and trucking companies, that consists of placing truck trailers on specially designed railroad cars, so that the trailers can be carried over long distances more economically. (축약문)

⊂용어⊃ piggy back : 철도화차에 적재하여 운반하는 기술을 말한다. 이에 반해 fishy back은 선박으로 운반하는 것을 말하며 birdy back은 항공기로 운반하는 것을 말한다.

[276a] Tractor

The part of an articulated semi-truck that is the front and whose engine pulls the trailer. (축약문)

⊂용어⊃ truck tractor : 화물 트레일러를 끄는 트랙터를 말한다.

[276b] Trailer

The part of an articulated semi-truck that is in the rear and is pulled by the tractor. (축약문)

⊂용어⊃ truck trailer : 트럭이 끄는 운반차인 화물 트레일러를 말한다.

[277] Bonded Warehouse

A warehouse in which goods subject to excise taxes or customs duties are temporarily stored without the taxes or duties being assessed.

A bond or security is given for the payment of all taxes and duties that may eventually become due. Operations in the warehouse may include assembly, manipulation, or storage, but usually not manufacturing.

⊂용어⊃ bonded warehouse (보세창고) : 외국화물을 수입절차를 필하지 않은 상태로 장기간에 걸쳐 장치할 수 있는 창고를 말한다.

[278a] Booking

The reservation of space on a specified vessel for a scheduled sailing, by or on behalf of a shipper. (축약문)

Technically, it may be effected in two ways, either : (1) by signing a contract of affreightment, a procedure which applies only to bulk commodities, raw materials, or a large movement of special cargo, such as the transfer of a whole manufacturing plant, or to particular types of goods requiring special stowage, like unboxed cars or trucks; or (2) by informal request (verbal) for general cargo.

The booking of space is done by the shipper or international freight forwarder for the shipper. In special cases, the consignee has the right to select the vessel. However, the shipper usually understands the exact details of the shipment first-hand, such as the number of packages and time of delivery of cargo, therefore, the shipper or international freight forwarder for the shipper should choose the most suitable vessel.

⊂용어⊃ booking (선복 예약): 해상 운송인이 해상 운송계약에 의거하여 물품의 운송을 인수하는 것을 말한다.
booking note: 해운회사가 발행하는 선복 예약서를 말한다.

[278b] Booking Number

A number assigned to a cargo booking by the steamship line used as an identifying reference on bills and correspondence. (축약문)

⊂해설⊃ 선복을 예약한 화물에 대해 주어지는 번호를 말한다.

[279a] Shipping Conference

A group of shipping companies that operate vessels competing in the same trade lanes, and that have legally agreed not to compete on price and charge the same amount for the same type of cargo and the same voyage. (축약문)

Steamship lines establishing regularly scheduled service and common transportation rates in the same trade lanes. (축약문)

Two or more steamship lines which have agreed to set the same price for transporting goods in the same ocean lane which they serve. (축약문)

Generally, such agreements are valid if properly registered with the governmental authorities of the countries served.

There are conference carriers and non-conference carriers. The conference carriers are a group of carriers that have established common freight rates on a certain route. You will be asked to sign a conference contract for a certain period of time to get a contract rate. This contract. however, forces the exporter to ship exclusively on conference vessels to their areas of the world so that you can't take advantage of the lower rates that non-conference carriers offer if they are competing on the same route.

A shipping conference line is a voluntary association of ocean carriers operating on a particular trade route between two or more countries. Shipping conferences date back to the nineteenth century when such associations were established for trade between England and its colonies. One of the distinguishing features of a liner service is that sailings are regular and repeated from and to designated ports on a trade route, at intervals established in response to the quantity of cargo generated along that route. The purpose of a shipping conference is the self-regulation of price competition, primarily through the establishment of uniform freight rates and terms and conditions of service among the member shipping lines. In spite of its cartel-like structure, it is considered to be a necessary evil to ensure the stability and growth of international trade by setting rate levels that are more stable and predictable and by reducing predatory price competition. Many conference have been disbanded, and they are less of a power today in the current, more competitive and deregulated, climate.

⊂용어⊃ **shipping conference** (해운동맹) : 특정 항로에 정기선을 취항시킨 해운업자들이 경쟁을 자제하고 운임을 안정적으로 유지하기 위하여 결성

된 일종의 해운 카르텔이다.

conference cargo (동맹화물) : 해운동맹에서 계약 운임제를 채택할 경우 거의 대부분의 화물이 계약의 대상이 되는데 이런 화물을 conference cargo 라 하며 계약의 대상에서 제외된 화물을 non-conference cargo, 즉 비동맹화물이라고 한다.

conference freight (동맹운임) : 해운동맹에 가입한 정기선들의 운임을 말한다.

conference port : 해운동맹에 가입한 정기선들이 기항하는 항구를 말한다.

⊂해설⊃ 동일한 항로를 운항하는 해운회사들이 경쟁을 자제하고 동일한 종류의 화물에 대해 동일한 운임을 부과하기로 약속한 협정을 말한다. 해운동맹에 가입한 해운회사들과 운송계약을 체결한 경우 계약기간동안 동맹선, 즉 conference vessel에만 선적을 하여야 하고 비동맹선사, 즉 non-conference carrier가 저율의 운임을 제의하더라도 이를 이용할 수 없다.

[280] Conference Tariff

The price that conference members have agreed to charge for a specific commodity going from one specific port to another. (축약문)

⊂용어⊃ conference tariff : 해운동맹이 정한 운임률을 기재한 동맹운임표를 말한다.

[281] Shipper

The party to an international transaction who is responsible for arranging the transportation of the goods. (축약문)

Depending on the Incoterms used, the shipper is either the exporter or the importer.

⊂용어⊃ shipper : 원래의 의미는 선적 화물의 송화인을 가리키지만 영국에서는 수출업자의 의미로도 사용되고 미국에서는 운송하는 화물의 積出人이란 의미로도 사용된다. shipper는 화물의 운송을 의뢰하는 貨主로서 해운업자인 operator와 운송계약을 체결한다.

[282] Shipper's Letter of Instruction

A document in which the shipper spells out how it wants the carrier to handle the goods while they are in transit. (축약문)

A document issued by an exporter or importer instructing the freight forwarder to effect transportation and exportation in accordance with the terms specified in the letter of instructions. (축약문)

These instructions, often prepared along with a shipper's export declaration, are the exporter's directions to the freight forwarder on how to handle the exporter's shipment. The information prepared on shipper's letter of instruction includes a description of the goods and containers, the ultimate consignee, shipping method desired, insurance requirements, and special instructions pertaining to the shipment.

⊂해설⊃ 운송중 화물의 취급 방법에 대해 지시한 서류로서 여기에는 상품명, 선적방법, 보험, 기타 관련 지시사항이 포함된다.

[283] Shipper's Association

A group of exporters who negotiate with transportation carriers for lower freight rates by committing their aggregate volume of cargo. (축약문)

⊂용어⊃ shippers' council : 해운동맹에 대항하기 위하여 화주들이 결성한 화주 협의회를 말한다.
⊂해설⊃ 저율의 운임을 보장받기 위해서 운송업자와 협상을 모두 같이 하는 shipper들의 모임을 말한다.

[284] Common Carrier

A transportation carrier such as a steamship line, trucking company, or railroad which accepts shipments from the public. (축약문)

Private carriers are those which are under contract for or owned by particular shippers. Common carriers are usually subject to government regulation, including the filing of tariffs(transportation rates) in some countries so that shippers all pay a uniform charge. Laws in some countries permit exceptions to this so that large-volume shippers may obtain discounts in certain circumstances.

⊂용어⊃ common carrier : 일반 대중을 대상으로 하여 타인의 화물 운송에 종사하는 개인 또는 운송회사를 말한다.
private carrier : 자기의 화물을 자신의 선박으로 운송하는 자기 운송인을 말한다.

[285] Private Fleets

These are large fleets of specialized ships owned and managed by merchants and manufacturers to carry their own goods. Some firms in certain industries, such as oil, sugar, or lumber, own their own fleets.

⊂해설⊃ 예를 들면 석유나 목재업에 종사하는 기업 중 일부는 자신의 물품

을 운송하기 위해 자신의 선단을 보유하고 있다.

[286] Specialized Vessel

The specialized vessel such as the oil tanker, ore carrier, timber carrier, may be under charter or operated by an industrial company that is oil company, motor manufacturer etc., to suit their own individual needs or that of the market.

⊂해설⊃ 일부 기업들은 자신들의 필요에 의해 유조선, 광석운반선, 목재운반선 등을 용선하거나 운항하여 관련 화물을 운송한다.

[287] Tramps(chartered or leased vessels)

A ship that does not operate on a regular schedule and is available to be chartered for any voyage or from any port to any port. (축약문)

Tramps are vessels leased to transport, usually, large quantities of bulk cargo (oil, coal, grain, sugar, etc.) that fill the entire ship(vessel). Chartered vessels do not operate on a regular route or schedule. Charter arrangement can be made on the basis of a trip or voyage between origin and destination or for an agreed time period, usually several months to a year. The vessel could be leased with or without a crew (bare-boat charter).

The tramp or general trader does not operate on a fixed sailing schedule, but merely trades in all parts of the world in search of cargo, primarily bulk shipments. Such cargoes include coal, grain, timber, sugar, ores, fertilizers and copra, which are carried in complete shiploads. Many of the cargoes are seasonal. Tramp vessels are engaged under a document called a charter party on a time or voyage basis. Such negotiations usually are conducted by shipbrokers on behalf of their principals. The fixture rate is determined by the economic forces of supply and demand with respect to cargoes seeking shipping space and the availability of vessels.

⊂용어⊃ tramp (부정기선) : 정기선에 상대되는 용어로 운송 수요자의 요구에 따라 취항하여 화물을 운송하는 선박을 말하며 tramper 또는 tramp ship이라고도 한다.

charter (용선) : 선주가 선박의 일부 또는 전부를 제공하여 이를 이용하게 하는 것을 말하며 chartering이라고도 한다.

bare-boat charter (나용선) : 선박만을 용선하는 나용선을 말하며 bare charter라고도 한다. 용선자가 인적 및 물적 요소 일체를 부담하고 운항 전부에 대해 책임을 지며 선장도 자신이 고용을 하여 선박을 관리한다.

charter party(C/P) (용선계약서) : 용선계약의 내용을 담고 있는 운송계약서이다.

charter broker (용선중개인) : 선주와 용선 운항자 사이에서 선박의 용선을 중개하고 보수를 받는 자이다.

charterage (용선료) : 선주 측에서 보면 일종의 선박 임대료이다.

⊂해설⊃ 정해진 스케줄에 따라 운항되는 것이 아니라 운송할 화물을 쫓아 운항되는 선박을 말한다. 보통 출발항에서 목적항까지 또는 일정기간 동안 용선하여 선박이 운항되며 용선료는 수요와 공급에 의해 결정된다. 선주와 운항자 사이에 용선중개인이 개입하여 charter party가 작성되며 수송되는 화물은 주로 대규모 bulk cargo이다.

[288] Liner

A ship that operate on a regular schedule, traveling from a group of ports to another group of ports. (축약문)

Regularly scheduled departures of steamships to specific destinations (trade lanes). (축약문)

The liner vessel operates on a scheduled service between a group of ports. Such services offer cargo space or passenger accommodation to all ports. The ships sail on scheduled dates and times irrespective of whether they are full or not. Container vessels in deep-sea trades and Ro/Ro vessels in the short sea trades feature prominently in this field.

⊂용어⊃ liner (정기선) : schedule에 따라 규칙적이며 반복적으로 운항되는 선박을 말한다.
⊂해설⊃ 여러 항구를 미리 정해진 스케줄에 따라 규칙적으로 운항되는 선박을 말하며 컨테이너선이 대표적이다.

[289] Laker

A cargo ship designed for the Great Lakes of the United States and Canada. (축약문)

Its maximum size is dictated by the size of the locks through which it will arrive.

⊂해설⊃ 미국과 캐나다 국경에 위치한 5대호에서 운항하기에 적합한 선박으로 최대 크기는 갑문의 규모에 의해 결정된다.

[290] Panamax

A ship of the maximum size that can enter the locks of the Panama Canal. (축약문)

⊂해설⊃ 파나마 운하의 갑문을 통과할 수 있는 최대 규모의 선박을 말한다.

[291] Post–Panamax

A ship whose size is too large to enter the locks of the Panama Canal.
(축약문)

⊂해설⊃ 파나마 운하의 갑문을 통과할 수 없을 규모의 선박을 말한다.

[292] Unitization

The consolidation of a quantity of individual items into one large shipping unit for easier handling. (축약문)

⊂용어⊃ unitization (unit load system) : 잡화같이 흩어져 떨어져 있는 화물들을 균등한 하나의 단위로 정리하여 운송 중에도 흩어지지 않도록 하는 방법을 말한다. 대표적인 방법은 container 및 pallet가 있다. 해상운송뿐만 아니라 항공운송에서도 이용되고 있다.
⊂단어⊃ consolidation : the act or process of consolidating

[293] Palletization

Palletization is the process of placing or anchoring the consignment to a pallet, or base, made of wood or metal. It is very common technique in air–freight where the pallet accompanies the consignment throughout the transit from the factory premises to the retailer.

⊂용어⊃ palletization : 화물의 깔판인 pallet위에 화물을 얹어 놓아서 이와 일체화함으로써 균일한 운송 단위화하는 것을 말한다. 항공화물운송에서

도 널리 사용되고 있다.

consignment : 積送品을 말한다.

[294] Pallet

An item made out of wood or plastic on which the goods are placed. (축약문)

The pallet allows the use of mechanical equipment to move the merchandise as a unit. Goods shipped on pallets are also called unitized packages. The pallet prevents some of the problems presented by manual handling of the goods. Pallets also offer an additional level of protection by installing the goods from water standing on the ground.

pallet : 화물을 올려놓는 데 사용하는 목재 또는 철강으로 만든 사각형의 판대를 말한다.

pallet cargo : pallet 위에 올려놓은 화물을 말한다.

⊂해설⊃ 운송할 화물을 단위화하기 위해서 화물을 올려놓는 판대를 말한다.

[295] Corrugated Cardboard Box

A type of box made of paper fibers in which two flat sheets are glued to both sides of a wall made of a sinusoidally shaped sheet. (축약문)

If there is only one wall, it is called a single wall corrugated cardboard box; if there are two walls, it's a double wall box, and if three walls, it's a triple wall box.

⊂해설⊃ 골판지 상자를 말한다.

[296] Crate

A wooden box made especially for a product to be shipped break bulk because it does not fit into a container, or because the exporter deems that an additional level of protection is necessary. (축약문)

⊂용어⊃ crate : 주로 break bulk cargo를 운송하기 위하여 포장하는 데 사용되는 나무로 만든 틀을 말한다.

[297] Container

A large metal box used in international shipments that can be loaded directly onto a truck, a railroad car, or an oceangoing vessel. (축약문)

The most common dimensions of containers are 8 x 8 x 20 feet and 8 x 8 x 40 feet.

⊂해설⊃ 일관 운송을 가능하게 한 운송용기인 컨테이너를 말한다. 송화인은 화물을 하나씩 포장할 필요가 없이 컨테이너에 넣어서 운송인을 통해 수화인에게 운송하게 된다.

[298] Feeder Service

It is generally accepted that the future deep sea transport of containers will involve the use of large container ships calling at a limited number of ports at each end of voyage. This leads to the conclusion that a network of minor feeding routes plied by smaller container vessels will be needed to service the large, deep sea ports.

⊂용어⊃ feeder service : container선이 직접 기항하지 않는 항구로부터 기항하는 항구로 화물을 운송하기 위해서 소형 container 선박이 투입되어 운송을 해 주는 서비스이다. 이런 항구를 feeder port라 하며 이때 부과되는 요금을 feeder charge라고 한다.
⊂해설⊃ 대형 컨테이너선은 모든 항구를 기항할 수 없기 때문에 대형 컨테이너선이 기항하는 항구와 기항하지 않는 항구를 소형 컨테이너선이 연결해 주게 되는데 이때 제공되는 서비스를 말한다.

[299] Freight

The reward payable to a carrier for the carriage and arrival of goods in a recognized condition. (축약문)

⊂용어⊃ freight (운임) : 운송인이 운송계약에 의거해서 여객이나 화물을 운송하고서 받는 보수를 말한다.

[300] Freight All Kinds(FAK)

The general transportation rate for a shipment of multiple types of merchandise. (축약문)

⊂용어⊃ freight all kinds rate : container에 혼재된 화물에 대해 일률적으로 적용되는 운임, 즉 품목 무차별 운임을 말한다.

[301] Freight Collect

The shipment of goods by an exporter (seller) where the purchaser has agreed to pay the transportation costs and the transportation carrier has agreed to transport the goods on the condition that the goods will not be released unless the purchaser makes payment for the transportation charges. (축약문)

⊂용어⊃ freight collect : 화물이 목적지에 도착했을 때 화물과 상환으로 수화인으로부터 운임을 받는 것을 말하며 freight to collect 또는 freight payable at destination라고도 한다.
⊂해설⊃ 화물이 목적지에 도착했을 때 매수인이 운임을 지불하여야 운송인이 해당 화물을 내어주는 조건을 말한다.

[302] Freight Prepaid

An agreement between the seller and a buyer that the seller will pay for the transportation charges before delivery to the transportation carrier. (축약문)

⊂용어⊃ freight prepaid (freight paid) : 運賃 先給 또는 先給 運賃을 의미한다.
⊂해설⊃ 화물이 운송인에게 인도되기 전에 매도인이 운송비를 지급하는 조건을 말한다.

[303] Less than Container Load(LCL)

A shipment whose volume and weight are below the capacity of a container and for which the shipper does not request that it be the only cargo in a container. (축약문)

LCL shipments are generally consolidated with other shipments to form a full container load.

⊂용어⊃ LCL cargo : 컨테이너 한 개를 채우는 데 미달이 되는 소량의 화물을 말한다.
⊂단어⊃ consolidate : to unite into one system or body

[304] Full Container Load(FCL)

A shipment whose volume and weight are close to the volume and weight limits of a container or for which the shipper requests that it be the only cargo in a container. (축약문)

⊂용어⊃ FCL cargo : 컨테이너 한 개를 모두 채울 수 있는 분량의 화물을 말한다.

[305] LTL

A shipment of less than a full truck load. (축약문)

⊂해설⊃ 트럭 한 대를 채우는 데 미달이 되는 소량의 화물을 말한다.

[306] TL

A truckload shipment. (축약문)

⊂단어⊃ truckload: the quantity or weight that a truck carries
⊂해설⊃ 트럭 한 대를 모두 채울 수 있는 분량의 화물을 말한다.

[307] Volume-Weight

A weight, calculated based upon the dimensions of a shipment, used by airlines to determine the tariff to be charged to a shipper, when a shipment is not very dense. (축약문)

In all instances, an airline charges the higher of the actual weight and the volume weight. Volume weight is also called dimensional weight.

⊂해설⊃ 밀도가 꽉 차 있지 않은 화물의 경우 용적에 기초하여 계산된 중량을 말한다.

[308] Road Trains

An australian trucking technique, consisting of having one tractor pulling multiple trailers. (축약문)

Road trains are the conceptual equivalent of trains, but operating on a road. Road trains have between three and seven trailers.

⊂해설⊃ 여러 개의 화물 트레일러를 한 개의 트랙터가 끄는 운송방식을 말한다.

[309] Gross Tonnage

The total volume of a ship's carrying capacity, measured as the space available below deck, and expressed in hundreds of cubic feet. (축약문)

The gross tonnage is the basis upon which ships pay taxes or pay fees to transit through a canal.

⊂용어⊃ gross tonnage (G/T) : 선박의 총 용적을 나타내는 톤 수로서 1

gross tonnage는 100 cubic feet가 된다.

⊂해설⊃ 선박의 갑판 아래에 있는 이용 가능한 공간으로 측정한 선박의 운송능력을 말한다.

[310] Net Tonnage

Obtained by subcontracting the volume occupied by the engine room and the spaces necessary for the operation of the ship (crew quarters, bridge) from the gross tonnage. (축약문)

⊂용어⊃ net tonnage : gross tonnage에서 선원실이나 기관실처럼 화물을 적재할 수 없는 부분을 공제한 것이다.

[311] Hague Rules

An international liability convention for ocean-going carriers that limits their liability to $500 per package. (축약문)

⊂해설⊃ 국제해사위원회가 주도하여 1924년 성립된 "International Convention for the Unification of Certain Rules of Law Relating to Bill of Lading" 을 일명 "Hague Rules" 이라 한다. 이 헤이그 규칙은 운송물의 멸실 또는 손상에 대한 운송인의 책임 한도액을 규정하고 있다.

[312] Hague-Visby Rules

An international liability convention for ocean-going carriers that limits their liability to SDR 667 per package or SDR 2 per kilogram, whichever is higher. (축약문)

This liability convention is the most commonly used in the world.

⊂해설⊃ 국제해사위원회는 1963년 추가의정서를 채택하고 이를 "Visby Rules"이라 하였으며 전체를 합해서 Hague-Visby Rules이라 한다.

[313] Hambrug Rules

An international liability convention for ocean-going carriers that limits their liability to SDR 835 per package or SDR 2.50 per kilogram, whichever is higher. (축약문)

The Hamburg Rules have not been ratified by many countries.

⊂해설⊃ 유엔 국제무역법 위원회가 주도하여 1978년 성립된 "United Nations Convention on the Carriage of Goods by Sea"를 일명 "Hamburg Rules"이라 한다. 함부르크 규칙에서는 운송물의 멸실 또는 손상에 대한 운송인의 책임한도액을 1 포장 단위당 SDR 835과 1 킬로그램당 SDR 2.50 중 보다 많은 금액으로 정하였다.

[314] Minimum Freight

The minimum charge that a transportation carrier will charge for transportation. (축약문)

Because such minimum charges exist, freight consolidators provide the service of aggregating small shipment so that lower freight rates can be obtained which are then partially passed back to the shippers.

⊂용어⊃ minimum freight : 소량의 화물에 적용되는 최저 운임률을 말한다.
consolidator (화물혼재업자) : 화물을 집화하여 혼재하는 업무를 수행하는 자이다.
⊂해설⊃ 운송인이 부과하는 최저운임을 말하며 화물혼재업자는 소규모 화물을 혼재하여 보다 저렴한 운임을 제공할 수 있다.

[315] Pre-Shipment Inspection(PSI)

An inspection conducted by an independent inspection company before the goods are shipped internationally. (축약문)

A procedure whereby a buyer through an independent agent such as an inspection company, will examine the goods being purchased prior to exportation by the foreign seller. (축약문)

These examinations may be for quality alone or, in some cases where the buyer's government requires it, the inspection company may require information on the value of the goods.

The inspection is conducted at the request of the importer or of the importing country's government to ensure that the invoice reflects accurately the type of goods shipped by the exporter and their value. A pre-shipment inspection generates a certificate of inspection.

⊂용어⊃ certificate of inspection (검사증명서) : 물품 선적 시 품질의 양호여부, 수출국 및 수입국의 기준에 대한 적합여부 등을 정부기관 또는 지정된 검사기관이 증명하여 발행한 서류이다. inspection certificate라고도 한다.
⊂해설⊃ 수입업자 또는 수입국 정부의 요청에 의해 선적될 물품에 대한 검

사를 독립된 검사기관이 행하고 certificate of inspection을 발행한다.

[316] Manifest

A listing of the cargo being transported by the transportation carrier. (축약문)

A document, internal to the shipping company (the carrier), that lists all cargo on board the transportation vehicle. (축약문)

⊂용어⊃ manifest (積貨目錄) : 선적 화물에 대한 명세서를 말하며 도착지에서 양화하는 데 필요한 서류이다.

[317] Manufacturer's Certificate

A certificate of manufacturer is used when a buyer intends to pay for goods prior to shipment, but the lead time for the manufacturing process is lengthy and the buyer does not wish to tie up funds too far in advance. Usually, the goods are manufactured after a small downpayment. When the goods have been manufactured, the seller prepares a manufacturer's certificate stating that the goods ordered have been produced in accordance with the contract with the buyer. Upon receiving the certificate, the buyer forwards both payment and shipping instructions, and the shipment is made by the seller.

⊂해설⊃ 매수인이 대금을 선적 전에 지불하고자 하는 경우 매도인은 해당 물품이 계약 조건에 따라 생산되었음을 입증하는 서류를 매수인에게 제시하여야 하는데 바로 이 서류를 말한다.

[318] Load and Count

Shipments loaded and sealed by shipper and not checked or verified by the carrier. (축약문)

[319] On Board Courier(OBC)

A passenger on a regularly scheduled flight who is relinquishing his or her baggage allocation, allowing companies to ship extremely urgent cargo.

(축약문)

Such a passenger is compensated by the cargo carrier with a discount on his or her airplane ticket.

⊂해설⊃ 긴급한 화물을 선적하기 위해 자신의 수화물을 포기하는 여객기의 승객을 말한다.

[320] Overloaded

A mode of transportation (truck, train, barge, ship, aircraft) that is carrying cargo of a greater weight or greater volume than it is designed to carry.

(축약문)

[321] Warehouse Receipt

A receipt given by a warehouseman for goods received by him for storage.

(축약문)

A warehouse receipt in which it is stated that the commodities referred to therein will be delivered to the depositor or to any other specified person or company is a negotiable warehouse receipt. Endorsement and delivery of a negotiable warehouse receipt serves to transfer ownership of the property covered by the receipt.

⊂용어⊃ **warehouse receipt :** 창고 회사가 기탁 계약에 의해 화물을 수령하였을 경우 화주에게 발행하는 창고 영수증을 말한다.
⊂해설⊃ 유통 가능한 창고 영수증은 배서에 의해 유통이 가능하다.

[322] Cut-Off Time

The latest time a container may be delivered to a terminal for loading on a departing ship or train. (축약문)

⊂해설⊃ 선적하기 위해서 터미널에 컨테이너가 전달되어야 하는 마감시한을 말한다.

[323] Free Port

An ocean port and its adjacent area where imported goods may be temporarily stored and sometimes repackaged; manipulated; or, under the laws of some countries, further processed or manufactured without payment of customs duties until the merchandise is sold in the country or the time period for exportation expires. (축약문)

⊂용어⊃ **free port :** 가공무역 및 중계무역을 촉진하기 위하여 일정 구역을 관세 예외 지역으로 한 항구를 말한다.

[324] Jettison

The act of throwing the goods off a steamship into the ocean to lighten the ship in time of peril. (축약문)

The act of throwing overboard part of a ship (or of the fuel of an airplane) in an attempt to lighten the ship. (축약문)

The purpose of such an action is to save the ship, the remainder of the cargo, and the crew. It may occur as a way to save a sinking ship. Certain jettisons are covered by insurance or general average.

⊂용어⊃ jettison : 선박이 항해중 조난 또는 좌초를 당한 경우 그 위험을 피하기 위해서 선장이 명령하여 적화된 화물을 바다로 투기하는 행위를 말한다.
general average (공동해손) : 선장이 선적된 화물의 일부를 희생하여 다른 대부분의 화물을 보전한 경우 발생하는 해손을 말한다.

[325] Dunnage

Packaging material designed to prevent the cargo from moving while in transit. (축약문)

Packing material consisting mainly of rough pine board used as flooring for the ship's hold before loading is begun. (축약문)

⊂용어⊃ dunnage : 뱃짐 사이에 끼우거나 밑에 까는 깔개를 말한다.

[326] Bale

The end result of a packaging technique that consists of taking a commodity and unitizing it by compressing it and placing it into a bag or encircling it with string, metal, or plastic bands. (축약문)

Bales are used to transport cargo that is difficult to ship unless compressed: wool, cotton, tobacco, used clothing, scrap paper, and recycled plastic bottles or aluminum cans.

⊂용어⊃ bale (梱包, 가마니): a bale of cotton은 미국에서 약 500파운드를 의미한다.

⊂단어⊃ bale: a large bound and often wrapped package of raw or finished material

⊂해설⊃ 압착하여 작게 만들어서 선적하여야 하는 화물, 즉 양모, 면화, 알루미늄 캔 등을 운송할 때 사용한다.

[327] Flexible Intermediate Bulk Container(FIBC)

A type of large capacity woven bags (polyethylene or polypropylene fibers) designed to unitize goods that would otherwise be carried as dry bulk, such as fertilizers, or grain. (축약문)

Depending on their size and construction, FIBCs have a carrying capacity from 1,500 to 6,000lbs (680 kg to 2,000kg).

⊂해설⊃ 예를 들면 비료나 곡물처럼 그냥 놔두면 건성 bulk cargo로 운송될 화물을 단위화하기 위해서 고안된 대규모 자루를 말한다.

[328] International Plant Protection Convention(IPPC)

An international convention, which 144 countries have ratified, that mandates that wood used for packaging or dunnage be heat-treated or treated with chemicals to prevent insect infestations. (축약문)

All wood materials used in international commerce must show the IPPC mark.

⊂해설⊃ 포장하거나 깔개로 사용하는 목재는 곤충으로부터의 피해를 방지하기 위해서 살균처리를 하거나 화학처리를 하기로 한 국제협약을 말한다.

[329] Roll On and Roll Off

The underlying concept of roll on/roll off system is the use of a movable bridge, the cargo being driven on and off under its own power. As a means of transporting general cargo and passenger cars over short distances, roll on and roll off means a great deal of time saving; lorries and cars are driven on and off the ship by their drivers and port turn-round is kept to a minimum.

⊂용어⊃ roll on/ roll off (Ro/Ro) : 선미, 선측, 선수의 경사로를 이용하여 화물을 수평으로 선적하고 하역하는 방법을 말한다.
⊂해설⊃ 이는 특히, 자동차와 같은 물품을 선박에 적재할 때 사용하는 방법이다.

[330] Freight Forwarder

A company that specializes in shipping cargo on behalf of shippers (exporters or importers). (축약문)

A person who dispatches shipments via common carriers and books or otherwise arranges space for those shipments on behalf of shippers and processes the documentation or performs related activities incident to those shipments. (축약문)

It is a travel agent for freight, finding the most appropriate itinerary and carrier, given the shipper's objectives.

⊂용어⊃ freight forwarder (운송 주선인) : forwarding agent라고도 한다.
⊂해설⊃ 화주를 대신해서 선박을 수배하여 화물을 선적하고 관련 서류를 준비해 주는 자를 말한다.

[331a] Role and Function of Freight Forwarders

The freight forwarder (1) advises the exporter on the most economical choice of transportation and the best way to pack and ship the cargo to minimize cost and prevent damage, and (2) books for air, ocean, or land transportation (or intermodal movement of cargo) and arranges for pickup, transportation, and delivery of the goods. The forwarder also ensures that the goods are properly packed and labeled and documentation requirements are met so that the cargo is cleared at the port of destination. When a letter of credit is used, the forwarder ensures that it is strictly complied with to enable the exporter to receive payment. Thus the advantage of a forwarder goes far beyond moving. Freight forwarders help shippers and consignees by tracking and tracing cargo. They can also negotiate better rates with carriers because they can purchase space on airlines or ships at wholesale prices. The wide array of services they provide also helps shippers save time and money.

⊂해설⊃ 운송수단을 직접 보유하지 않고 운송을 주선해 운송 업무를 수행하는 freight forwarder는 가장 저렴한 운임으로 운송할 수 있도록 선복을 마련하고 관련 서류를 마련해 준다.

[331b]

A forwarder is distinguishable from a non-vessel-operating common carrier(NVOCC). NVOCCs are international ocean carriers that do not operate their own vessels. They fulfill the role of the shipper with respect to carriers and that of a carrier with respect to shippers. Typical NVOCCs will guarantee a steamship line a certain amount of freight per week or month and purchase the necessary space on a wholesale basis for shipment of cargo to and from a given port. They publish their own tariffs and receive and consolidate cargo of different shippers for transportation to the same port. They issue bills of lading to acknowledge receipt of cargoes for shipment. Unlike NVOCCs, freight forwarders do not publish their own tariff and consolidate small shipment. Forwarders use the services of NVOCCs and facilitate the movement of cargo without operating as carriers. NVOCCs are often owned by freight forwarders or large transportation companies.

⊂용어⊃ non-vessel-operating common carrier(NVOCC) (무선박 운송업자) : 컨테이너로 운송이 이루어지는 시대에 해상 및 육상 복합운송업자의 한 형태로 미국에서는 법제화되어 있으며 자신의 이름으로 화물을 일관 운송한다. NVOCC는 자신의 운임표를 간행하여 화물을 운송하지만 freight forwarder는 자신의 운임표를 간행하지 않는다.

[331c]

A forwarder also differs from a customs broker in that the latter deals with the clearing imports through customs, whereas a forwarder facilitates the transportation of exports.

⊂용어⊃ customs broker (관세사) : 수출입업자를 대신하여 통관절차를 대행하는 세관의 화물취급인을 말한다. freight forwarder는 화물의 운송을 용이하게 해 주는 운송주선인이다.
customs clearance (통관) : 수출입 화물에 대해서 세관에 의한 법정 절차가 완료되고 해당 화물이 세관의 구속을 벗어나기까지의 일체의 절차를 말한다. 수출의 경우에는 화물을 보세구역에 반입시키며 수출신고를 하고 세관에 의한 수출검사와 수출허가를 받으면 본선에 적재하게 된다. 화물이 보세구역에 반입된 이후 본선에 대한 적재 허가가 주어질 때까지를 수출통관이라고 한다. 수입의 경우에는 화물을 본선에서 양화하여 보세구역에 반입하고 수입신고를 하게 되며 이후 수입검사 및 관세 납부가 이루어진 후 수입허가가 주어진다. 수입허가를 받아 화물을 보세구역에서 수령할 수 있을 때까지의 절차를 수입통관이라고 한다.

[332] Non-vessel Operating Common Carrier(NVOCC)

A cargo consolidator of small shipments in ocean trade, generally soliciting business and arranging for or performing containerization functions at the port. (축약문)

The NVOCC is recognized by the Federal Maritime Commission as a common carrier which does not own or operate steamships but publishes tariffs after having filed them with the Commission and becomes the shipper of the goods.

Non-vessel operating common carrier means a common carrier that does not operate the vessel by which the ocean transportation is provided, and is a consolidator of small shipments into a single container destined to a single location overseas. The collection of cargo from various shippers is transported together under lower freight rates.

As many NVOCC's play an active role for full container load cargo in the intermodal picture, they are in competition with vessel operating common carrier(VOCC) in the sense of taking this business away from them. Therefore, sometimes the relationship between the NVOCC and VOCC is not one of mutual profitability.

The NVOCC concept also exists in many foreign countries and there are overlapping meanings in definition. As an example, Siberian Land Bridge(SLB) which provides overland intermodal service between the Pacific Rim and Europe is not an NVOCC, but is a multimodal transport operator(MTO) or combined transport operator(CTO).

⊂용어⊃ non-vessel operating common carrier (NVOCC) : 미국에서 유래되어 정립된 제도로서 자기가 직접 선박을 운송하지 않으며 해상 운송인을 하청으로 이용하고 자기 명의로 화물의 일괄수송을 인수하는 海陸 복합운송업자를 말한다. 자신이 선박을 직접 보유하여 운항하지는 않지만 자신의 운임표를 만들어 영업을 하며 non-vessel operator라고도 한다.
consolidator : 화물혼재업자를 말한다.
Siberian Land Bridge (SLB) (시베리아 랜드 브리지) : 극동에서 유럽으로 운송을 하려는 경우 수에즈 운하를 통해 해상운송을 하기보다 시베리아를 랜드 브리지로 하여 복합운송을 하는 방법을 말한다.
multimodal transport operator (MTO) 또는 combined transport operator (CTO) (복합운송인) : 복합운송계약에 기초하고 두 가지 이상의 운송 수단을 이용해서 물품을 수송하는 운송인을 말한다.
⊂해설⊃ NVOCC는 자신이 직접 선박을 운송하지는 않지만 자신의 운임표

에 따라 소량의 화물을 한 개의 컨테이너에 혼재하여 일괄운송하게 된다. NVOCC는 다른 것들과 중첩되는 의미를 갖고 있어서 혼동을 할 수도 있다.

[333] Dry Container

Dry cargo containers are designed to meet the transportation needs for almost types of general cargo. The 8' x 8'6" x 20' dry container is used as a basic measuring stick in many statistical comparisons. This container is referred to as a "TEU" meaning that is a 20-foot equivalent unit. The term "FEU" refers to 40-foot equivalent units and the standard 40-foot (8' x 8'6" x 40') closed top dry container is in very common use for cargo. 1 FEU(8' x 8'6 x 40') container is equal to 2 TEU's(8' x 8'6" x 20'). The standard 20-foot/40-foot dry container accounts for over 80 percent of all containers in intermodal transportation.

⊂용어⊃ dry container : 일반적인 잡화품의 적재용으로 만들어진 표준적인 컨테이너로 가장 많이 사용되고 있다.

dry cargo (건성화물) : 액체품 또는 냉동품과 같은 습성화물에 대응하는 개념으로 일반적인 보통화물을 가리킨다.

TEU : twenty-foot equivalent unit를 의미하며 폭이 20피트인 컨테이너를 말한다.

FEU : forty-foot equivalent unit를 의미하며 폭이 40피트인 컨테이너를 말하고 크기가 TEU의 두 배가 된다.

⊂해설⊃ 일반 건성화물을 적재할 수 있도록 제작된 컨테이너로 20피트 및 40피트 컨테이너가 전체 컨테이너의 80퍼센트를 차지한다.

[334] Specialized Container

Specialized containers are advantageous for intermodal carriage of special products because they provide point-to-point delivery without intermediate transfer and handling. For example, refrigerated container, bulk container, flat rack container, tank container, open top container, humidity controlled container.

⊂용어⊃ refrigerated container (냉동 컨테이너) : reefer container라고도 하고 냉동화물을 적재하며 냉동기를 부착시킨 컨테이너이다.
flat rack container : 중량이 큰 화물을 적재하기 위하여 특수한 설계로 만들어져서 천정과 벽면이 없으며 측면으로부터 화물을 끌어 내릴 수 있도록 되어 있는 컨테이너이다.
open top container : 지붕이 없어서 크레인을 사용하여 위로부터 하역할 수 있는 컨테이너이다.
⊂해설⊃ 특수 화물을 운송할 수 있도록 이에 맞게 제작된 특수컨테이너가 있다.

[335] Seal

Lock especially designed to be applied to container and truck trailers and that the importer must break in order to get entry into the container or trailer. (축약문)

Locks have an identification number that is recorded on the bill of lading, and that number must be checked by the importer as well, to ensure that the seal was not replaced during voyage. Seals can be a simple loop of braided steel or a reinforced steel pin. Some seals are electronic and record attempted entries.

⊂해설⊃ 컨테이너 또는 트레일러를 봉하는 곳에 장치하는 봉인으로서 이것을 파괴하지 않는 한 내용물이 대체되지 않도록 설치되어 있다.

[336a] Voyage Charter and Time Charter

Charter parties may be for a single voyage at a rate per tonne of the commodity carried (A voyage charter) or for a period at a stipulated rate of hire, usually based on the ship's deadweight carrying capacity (a time charter). The rates for the two kinds of contract generally move in the same direction, although time charter rates tend to fluctuate more widely than voyage rates as they reflect market expectations.

1. Voyage Charter

A lease agreement (also called a charter party) between the owner (lessor) of a bulk cargo ship and a lessee, in which the owner provides the lessee with the ship, the crew, and all other services or supplies, for a single voyage.

(축약문)

The ship is chartered for one voyage to carry a particular parcel of cargo between two named ports. A variation of this is where the ship is chartered for a number of consecutive voyages. The freight rate at so much per tonne of cargo is agreed between the shipowner and the cargo shipper and takes account of the prevailing market rate and the availability of other ships.

⊂용어⊃ voyage charter (trip charter) : 특정된 구역간의 화물을 수송하기 위해서 어디에서 어디까지라고 그 항해를 정하여 용선하는 항해용선을 말한다.

charter (용선) : 선주가 선박의 일부 또는 전부를 제공하여 이를 이용하도록 하는 것을 말하며 chartering이라고도 한다.

⊂단어⊃ lessor : one who lets property under a lease

lessee : one that holds a lease

⊂해설⊃ voyage charter는 두 항구 사이에 화물을 운송하기 위해서 선박을

용선하는 것이지만 변형된 형태로 계속해서 여러 항해에 걸쳐 용선이 이루어지는 경우도 있다.

[336b]

2. Time Charter

A lease agreement (also called a charter party) between the owner (lessor) of a bulk cargo ship and a lessee, in which the owner provides the lessee with the ship, the crew, and all other services or supplies, for an agreed-upon period of time. (축약문)

Time charters are the method by which a cargo shipper secures the services of a particular ship for a term usually of between 1-5 years. The time charter gives the shipowner security of employment over a lengthy period but the rate will be fixed at the start of the term and will prevent the shipowner from making good profits in boom times.

⊂용어⊃ time charter : 선박의 일부 또는 전부를 일정 기간을 정해서 용선하는 기간용선을 말한다.
⊂해설⊃ time charter는 일정 기간 예를 들면, 1-5년 동안 선박을 용선하는 방법이다.

[337] Bareboat Charter

A lease agreement (also called a charter party) between the owner (lessor) of a bulk cargo ship and a lessee, in which the owner provides the lessee with only the ship, and no other services or supplies. (축약문)

A demise or bareboat charter party arises when the charterer is responsible for providing the cargo and crew, whilst the shipowner merely provides the vessel. In consequence, the charterer appoints the crew, thus taking over full responsibility for the operation of the vessel, and pays all expenses incurred. A demise charter party is for a period of time which may vary from a few weeks to several years.

⊂용어⊃ **bareboat charter** (裸傭船) : 선박을 운항하기 위해서는 선박뿐만 아니라 선장을 비롯한 인원, 선박용품, 선구 등이 필요한데 나용선의 경우 용선자는 선박만을 용선하며 필요한 인적 및 물적 요소는 모두 용선자가 부담하는 용선 방식이다. 따라서 용선자는 자신이 고용한 선장을 통해 선박을 점유하고 운항한다.

demise charter : bareboat charter와 동의어로 사용되지만 주로 여객의 수송을 위한 선박의 용선과 관련된다.

charterer (용선자) : 용선계약에 따라 선박을 선주, 즉 shipowner로부터 임차하여 타인을 위하여 화물을 운송하는 자를 말한다.

shipowner (선주) : 자신이 소유하고 있는 선박을 자기가 운영하지 않고 이를 용선계약 등에 의해 용선료를 받으려는 자를 말한다.

charterage (용선료) : 선주 입장에서 보면 일종의 선박 임대료로 charter hire라고도 한다.

⊂해설⊃ bareboat charter는 voyage charter나 time charter와 달리 선주는 선박만을 제공하고 용선자가 선장을 비롯한 선원과 필요한 용품을 갖추는 용선 방식이다.

[338] Charter Party

The contract between the owner of a vessel and a shipper to lease the vessel or a part thereof to transport, usually bulk goods. (축약문)

A type of contract of carriage between a carrier and a shipper, in which the shipper uses all or most of the carrying capacity of the ship to transport commodities such as oil, ore, grain, or polymer pellets. (축약문)

A charter party is a contract signed between a ship owner and a charterer who hires the vessel for a period of time("time charter") or for a particular voyage ("voyage charter"). There are many types of charter parties.

A charter party is a contract whereby a shipowner agrees to place his/her ship, or part of it, at the disposal of a merchant or other person (known as the charterer), for the carriage of goods from one port to another port on being paid freight, or to let his/her ship for a specified period, his remuneration being known as hire money. The terms, conditions and exceptions under which the goods are carried are set out in the charter party.

⊂용어⊃ charter party (C/P) (용선 계약서) : 용선계약을 표시한 운송계약서를 말한다.

⊂단어⊃ remuneration : payment

hire : to grant one's services for a fee

⊂해설⊃ 화물을 운송하기 위해서 선박의 전부 또는 일부를 사용할 수 있도록 선주와 용선자 사이에 체결된 계약을 표시한 계약서를 말한다. time charter 및 voyage charter를 비롯하여 다양한 형태의 용선계약이 존재한다.

[339] Contract of Affreightment

An agreement by a steamship line to provide cargo space on a vessel at a specified time and for a specified price for an exporter or importer. (축약문)

⊂용어⊃ contract of affreightment : 화주가 운송인에게 화물의 운송을 의뢰하고 운송인이 이를 승낙할 경우 성립되는 운송계약을 말한다.

[340] Baltic Exchange and Baltic International Freight Futures Exchange

The Baltic Exchange is a market-place where ship owners with space available can meet merchants seeking space for the cargo. The Baltic International Freight Futures Exchange was opened in 1985 in London and provides a means by which many elements of the international freight and shipping industry can protect themselves against adverse price movements.

⊂용어⊃ shipping exchange (해운거래소) : 선주, 해운 중개인, 화주 등을 회원으로 하여 이들이 정기적으로 회합해서 선박의 용선 및 매매 등의 해운거래를 하는 시설을 말한다.
Baltic Mercantile and Shipping Exchange (발틱 해운거래소) : 화물의 이동상태, 운임 시황 등 해운에 관한 전반적인 정보를 제공하는 런던에 소재한 세계적으로 유명한 해운거래소이다.

[341] Classification Society

A company that is responsible for determining the seaworthiness of a particular vessel. (축약문)

It places a ship in a specific "class" as a function of its age, maintenance records, and availability of on board equipment. The premium paid by the ship's owners for hull insurance is based on its class.

⊂용어⊃ classification society (船級協會) : 선박의 등급을 검사하고 register book을 발행하며 대표적인 회사로 American Bureau of Shipping(미국) 및 Lloyd's Register of Shipping(영국) 등이 있다.
hull insurance (선박보험) : 선박의 멸실 또는 손상에 의하여 선주가 입게 될 경제상의 손실을 보전하기 위한 보험을 말하며 그 보험 증권을 hull policy라고 한다.

⊂해설⊃ 선박의 연령 및 보수 유지기록에 기초하여 선박의 등급을 매기는 단체이며 선주는 이것에 기초하여 선박보험의 보험료를 납부하게 된다.

[342] Flag of Convenience

A country with an open registry that has lower taxes and more lenient on board regulation than other countries with open registries. (축약문)

⊂용어⊃ flag of convenience (便宜國旗船) : 자국보다 세금을 포함한 여러 가지 점에서 편의를 제공해 주는 국가에 선박을 등록하는 것을 말한다.

[343] Open Registry

A country that allows vessels owned by companies having no business relations in its territory to be registered in that country and carry it flag. (축약문)

Secondary registry : A response by developed countries to the threat of open registers and flags of convenience. (축약문) They created a secondary registry with lower on board standards and taxes to entice ship owners to carry their flag and not defect to flag of convenience countries.

⊂해설⊃ open registry는 자국에 기업 활동의 연고가 없는 해운회사의 선박이 자국에 선박을 등록하고 국기를 게양할 수 있도록 하는 제도를 말하며 secondary registry는 open registry에 대한 상대국의 대응책이다.

[344] Consignment

The shipment or delivery of goods to a person without making a sale.

(축약문)

Under consignment arrangements, the consignee will usually have an agreement that when the consignee is able to sell the goods to a purchaser, the consignee will simultaneously purchase the goods from the consignor and make payment. In some international trade documentation - for example, bills of lading - a transportation carrier may not know whether the transportation which it is effecting is pursuant to a sale or not; therefore, the person to whom the goods are to be delivered is referred to as the consignee and the delivery transaction loosely referred to as a consignment.

⊂용어⊃ consignment (위탁판매) : 무역거래에서 수출품을 해외에서 판매하기 위하여 해외시장의 중개 상인에게 위탁하여 행하는 판매를 총칭해서 부르는 말이다.

consignee : 수화인 또는 수탁자를 말한다. 수화인은 운송업자에 의해 운송된 화물을 받는 자이다. 수탁자는 위탁매매의 경우 판매하려는 목적지에서 매매를 위탁자로부터 의뢰를 받고 매매 업무에 종사하는 자이다.

consigner(consignor) : 송화인 또는 위탁자를 말한다. 송화인은 운송업자에게 화물의 운송을 의뢰하는 화주를 말하며 위탁자는 위탁계약의 한편의 당사자를 의미한다. 특히 판매 위탁인을 consignor라 하며 매입 위탁인을 indenter라고 한다.

⊂해설⊃ 운송인은 자신이 운송하는 화물이 판매가 될지 여부에 대해 알 수 없기 때문에 화물이 전달되는 사람을 consignee라 보고 거래를 consignment로 본다.

[345] Consignee

The party named on a bill of lading as the owner of the goods, or, at least, as the party to whom the goods should be surrendered at their destination. (축약문)

The consignee will have the original bill of lading at the point of arrival of the goods.

⊂해설⊃ 선화증권 상에서 consignee는 화물의 소유주이거나 최소한 해당 화물이 인도되어져야 하는 당사자를 말한다.

[346] Delivery Order

An order addressed to the holder of goods and issued by anyone who has authority to do so, that is, one who has the legal right to order delivery of merchandise. (축약문)

It is not considered a title document like a negotiable bill of lading. It is addressed and forwarded, together with the dock receipt, if any, to the transportation company effecting the transfer from the pick-up location to ship-side pier.

These documents provide specific information to a carrier regarding delivery to specific port, pier, terminal, airport, or steamship line. They show the shipping carrier, delivery deadlines, name and address of consignee, and the contact name and telephone number of the supplier in case of delivery problem.

⊂용어⊃ delivery order (D/O) : 선주 또는 그 대리인이 본선의 선장 앞으로 발행한 화물인도 지시서이며 이는 법률상 단순한 인도 약속을 표시한 것으로 유가증권인 선화증권과는 다르다.

dock receipt (D/R) : 선적할 화물이 부두에 도착하였을 때 dock회사가 발행하는 화물의 수령증을 말한다.

dock company (부두회사) : 부두 경영을 영위하는 회사로 본선을 부두에 들어오게 하고 정박료, 즉 dockage를 받을 뿐만 아니라 각종의 화역 설비를 이용하여 항만 화역업을 영위한다.

⊂해설⊃ delivery order는 인도장소, 인도일자, 수화인의 성명 및 주소 등 다양한 정보를 운송인에게 알려준다.

[347] Dock Receipt

A receipt given for a shipment received or delivered at a steamship pier.

(축약문)

A dock receipt is usually a form supplied by the steamship and prepared by the shipper or its freight forwarder. When delivery of a shipment is completed, the dock receipt is surrendered to the vessel operator or his agent and serve as the basis for preparation of the ocean bill of lading.

The dock receipt provides the exporter with a receipt indicating that the ocean terminal operator has taken custody of shipment on behalf of the ocean carrier. It is basically a proof of delivery of the goods from the exporter to the pier.

This receipt is used to transfer accountability when the export item is moved by the domestic carrier to the port of embarkation and left with the international carrier for export. The international carrier or agent issues it after delivery of the goods at the carrier's dock or warehouse. A similar document, when issued upon receipt of cargo by a chartered vessel, is called a mate's receipt.

⊂용어⊃ dock receipt (D/R) : 선적 화물이 dock 회사의 부두에 도착하였을 경우 dock 회사가 발행하는 화물 수령증이다. 선적 화물의 인수가 본선에서 이루어질 경우 발행되는 mate's receipt와 유사한 서류이다.

terminal operator : 화물 운송의 거점인 터미널을 관리하고 운영하는 자를 말한다.

mate's receipt (M/R) : 화물의 선적이 완료되면 본선측에서 운송하기 위하여 화물을 인수하였다는 증명으로 발행하는 화물 수령증이다. 선적이 완료되면 chief mate, 즉 일등 항해사가 mate's receipt에 서명하여 화물 인수의 증거로서 화주에게 인도한다.

⊂단어⊃ embark : to go aboard a vessel at the start of a journey

custody : the state of being detained or held under guard

⊂해설⊃ 선적될 화물이 부두에서 인도되었을 때 수령하였다는 증명으로 발행되는 서류이며 선화증권, 즉 bill of lading을 발행하는 기초가 된다.

[348] Mate's Receipt

Commonly used in Europe, a document similar to a dock receipt. (축약문)

A mate's receipt is issued by an employee of a steamship line, usually at the wharf for pier where the goods are received from the transportation carrier delivering the goods to the port. It evidences that delivery was made by the ground carrier. The steamship line will prepare the bill of lading based on the information in the mate's receipt.

This document is sometimes issued in lieu of a bill of lading. It has no legal authority regarding processing financial settlement of international consignments but merely confirms cargo is placed on board a ship pending issue of a bill of lading.

⊂용어⊃ mate's receipt (M/R) : 본선 화물 수령증이라고 하는 서류로 화물의 선적이 완료되면 본선측이 운송을 위하여 화물을 인수하였다는 증명으로 발행하는 서류이다. 선적이 완료되면 shipping order와 함께 mate's receipt의 용지에 일등 항해사, 즉 chief mate가 서명하여 화물 인수의 증거로 화주에게 인도한다. 적재할 때에는 본선 측과 화주 측 쌍방에서 검수인, 즉 tally man이 입회하여 화물의 수량 등을 조사하고 문제가 발견될 경우 이를 기재하며 이렇게 문제점이 기재된 수령증을 사고 수령증, 즉 foul receipt 또는 dirty receipt라고 한다. 이렇게 기재된 내용은 선화증권, 즉 bill of lading의 'remarks' 난에 그대로 다시 기재되어 사고 선화증권, 즉 foul bill of lading 또는 dirty bill of lading이 된다.
shipping order(S/O) : 선적 지시서라고 하는 서류로 선주가 본선의 선장 앞으로 기재된 화물을 선적하도록 지시한 서류이다.
⊂해설⊃ 화물의 선적이 완료되면 운송을 하기 위하여 화물을 인수하였다고 증명하기 위해 발행되는 서류이며 이에 기초하여 선화증권이 발행된다.

[349] Notice

A notification by the steamship, railroad or over-the-road trucker. (축약문)

It informs the consignee of the arrival of the goods and usually indicates the pickup location and the allowed free time before storage charges begin.

⊂용어⊃ arrival notice : 수입화물을 선적한 해운회사가 본선의 도착에 앞서 선박의 도착일자를 수입업자에게 알려 주는 착선 통지서이다.
⊂해설⊃ 본선이 목적항에 도착하기에 앞서 수화인에게 화물의 도착 일자 및 수령 장소 등을 통지하는 서류이다.

[350] Bill of Lading(B/L)

A document issued by a carrier (railroad, steamship, or trucking company) which serves as a receipt for the goods to be delivered to a designated person or to the order. (축약문)

A generic term used to describe a document issued by the carrier to the shipper. (축약문)

The bill of lading describes the conditions under which the goods are accepted by the carrier and details the natures and quantity of the goods, name of vessel (if shipped by sea), identifying marks and numbers, destination, etc. The person sending the goods is the "shipper" or "consignor," the company or agent transporting the goods is the "carrier," and the person for whom the goods are destined is the "consignee." Bills of lading may be negotiable. If negotiable, that is, payable to the shipper's order and properly endorsed, title to the goods passes upon delivery of the bill of lading.

A bill of lading is : 1. a contract between the carrier and the shipper where the carrier agrees to deliver the goods for an agreed-upon price to an agreed-upon destination; 2. a receipt for the goods, where the carrier certifies that it received the goods in good condition from the shipper; and 3. a certificate of title, where the party in possession of the original bill of lading is the owner of the goods.

A bill of lading has the following aspects :
1. It is very good evidence of the contract for transportation between a shipper and the ocean carrier. In case of loss of the original documents, the shipping company does not release the goods covered by the shipping con-

tract unless legal action is taken and an indemnity bond is posted.
2. It is a receipt of the goods shipped and contains certain admissions as to the unit quantity and contents when put on board.
3. It is a document of title, without which delivery of the goods cannot normally be obtained.

Bills of lading are the document of title to the goods, without which the buyer will not be able to obtain delivery from the shipping company. The credit will call for a full set; they are usually issued in sets of three. They must be clean, that is to say bear no superimposed clauses derogatory to the condition of the goods such as 'inadequate packing', 'used drums', or 'on deck'. Unless the credit has specifically permitted the circumstances contained in the clause, the negotiating bank will request an indemnity. The bills of lading must show the goods to be 'on board'. Bills marked 'received for shipment' are not acceptable unless they bear a subsequent notation, dated and signed, stating that the goods are 'on board'.

The bills of lading must be made out the order of the shipper and endorsed in blank. If the sales contract is CIF, then the bills of lading must be marked 'freight paid'. The general description of the goods including marks and numbers must match the details given in the invoice. The voyage and ship, if named, must be stated in the credit. Unless transshipment is expressly prohibited in the credit, bills including transshipment will be accepted provided the entire voyage is covered by the same bill. Partial shipments are permitted unless the credit states otherwise.

⊂용어⊃ bill of lading (B/L) (선화증권) : 선화증권은 운송을 맡긴 화물에 대한 청구권이라고 할 수 있다. 선화증권의 법적인 성질은 다음과 같다. 1) 증권의 이전에 따라 권리가 이전되는 유가증권이다. 2) 계약이 성립되고 선

적이 이루어졌기 때문에 발행되는 요인증권이다. 3) 증권면에 법정 사실을 기재하고 서명이 필요한 요식증권이다. 4) 배서에 의해 양도가 되는 지시증권이다. 5) 일반적으로 유통이 가능한 유통증권이다. 화물이 선적되기 전에 발행되는 선화증권을 received B/L이라 하고 선적이 완료된 후에 발행되는 선화증권을 shipped B/L이라고 한다. 배서에 의해 유통이 가능한 증권을 order B/L(지시식 선화증권)이라 하고 단순히 화물을 受貨하는데 사용되는 증권을 straight B/L(기명식 선화증권)이라고 하며 이 증권은 배서에 의해 유통이 될 수 없다. bill of lading을 넓은 의미로 해석할 경우 통상적으로 말하는 선화증권은 ocean B/L이 되고 철도화물 상환증은 railway B/L이 되며 내수로 운송장은 waterway B/L이 된다.

negotiable bill of lading (유통 선화증권): 선화증권은 화물에 대한 권리증권이기 때문에 누구를 수화인으로 하여 발행하느냐가 중요하다. 즉, 수화인, consignee 난에 특정인을 기명하지 않고 "to order" 또는 "to order of shipper"처럼 지시인식으로 표기된 경우 negotiable B/L이 되고 특정인을 표기하는 경우에는 non-negotiable B/L이 된다.

full set: 발행된 선화증권의 全通을 의미한다.

on deck cargo (갑판적 화물): 원칙적으로 상갑판은 화물을 선적하는 장소가 아니지만 관습적으로 발화성 액체, 위험물, 거대한 화물은 특약에 의해 갑판적이 인정된다. on deck cargo는 해상위험이 발생할 때 투하의 가능성이 높고 선주는 그 위험에 대해 면책이 되며 일반적으로 해상보험은 이를 담보하지 않는다. 해상보험에 부보하려면 특약을 체결하고 추가 보험료를 납부하여야 한다. 갑판적 화물은 모두 at shipper's risk로 취급된다.

indemnity: 발생한 손해에 대해서 금전적 급부를 하는 손해배상을 의미하며 letter of indemnity(L/I)는 사고부 선화증권, 즉 foul B/L이 발행된 경우 무사고 선화증권, 즉 clean B/L의 발행을 요청하기 위해서 화주가 선주에게 제공하는 파손 화물 보상장이다.

on board notation (선적표기): 아직 도착하지 않은 선박에 선적할 것을 예상하여 운송업자가 화물을 인수한 경우 수취 선화증권, 즉 received B/L을 발행한다. received B/L은 매수인의 허가가 없는 한 사용이 인정되지 않으므로 화물이 실제로 선적된 이후에 선적 연 월 일을 명기하고 서명을 하여 선적 선화증권, 즉 shipped B/L로 전환시켜야 한다. 이런 표기를 "on board notation"이라고 하며 이런 표기가 있는 선화증권을 on board notation bill of lading이라 하고 실질적으로 선적 선화증권과 동일한 효력을 갖는다.

freight paid (運賃先給) : 선적이 끝나고 선화증권을 입수할 때 화주가 해운회사에 지불하는 운임을 의미한다.

transshipment (환적) : 일단 선적된 화물을 하역해서 다른 선박이나 다른 수송기관에 적재하는 것을 말한다. 여기에는 선박에서 선박으로의 환적, 선박에서 다른 운송기관으로의 환적, 동일 선주에 속한 선박으로의 환적, 다른 선주에 속한 선박으로의 환적이 포함되지만 일시적으로 양화해서 재차 동일한 선박에 적재하는 재적, 즉 reshipment는 포함되지 않는다.

partial shipment (분할선적) : 선적할 물품을 몇 회로 나누어서 선적하는 것을 말한다.

⊂해설⊃ 운송할 화물을 수령했다는 증명으로 운송인이 송화인에게 발행하는 서류인 선화증권은 운송계약 서류, 화물 수령증, 유가증권으로서의 기능을 수행한다. 신용장은 발행된 선화증권 全通을 요구하며 clean B/L이어야 한다. 부적절하게 포장이 되었다든지 또는 갑판적이 되었다는 문구 등이 있어서는 clean B/L이 되지 않으며 이런 경우 letter of indemnity를 발행하여 clean B/L을 발급받아야만 한다. received B/L이 발급된 경우 on board notation이 추가되어야 하며 transshipment 또는 partial shipment는 특별히 금지되지 않는 한 허용된다.

[351] Full Set

Generally used in reference to bills of lading. (축약문)

Where a steamship line undertakes to transport goods it issues a sole original or full set (generally three copies, which are all originals) of the bill of lading. Where the bill of lading is negotiable the steamship line is authorized to make delivery as soon as any person presents one original bill of lading at the destination.

⊂용어⊃ full set : 화환어음의 매입을 은행에 의뢰할 경우 환어음에 B/L과 같은 선적서류의 全通, 즉 full set를 첨부할 것을 요구한다.
⊂해설⊃ 선화증권은 원본과 부본으로 발행되는데 발행된 원본과 부본을 모두 합하여 full set이라 하며 대금결제 등을 위해 선화증권을 제시할 경우 全通을 제시하여야 한다.

[352] Notify Party

The person listed on a bill of lading or other document that the transportation carrier is supposed to notify upon arrival. (축약문)

A notify party may be the purchaser of the goods, a foreign freight forwarder or customs broker, or a bank or other party, depending upon the terms of the sales agreement and the arrangement relating to payment for the goods.

⊂용어⊃ notify party : 지시식 선화증권의 경우 해운회사가 화물의 도착을 통지하는 통지처이다.
⊂해설⊃ 통지처로서 보통 매수인이 기입되지만 거래은행이나 다른 대행업체가 기재되는 경우도 있다.

[353] Letter of Indemnity

The role of the letter of indemnity is to permit cargo to be released to a consignee without production of the original endorsed bill of lading, or to permit the issue of a duplicate set of documents when the original bills of lading have been lost or mislaid in transit. It is a document of legal and commercial convenience, and should be used with care and caution. Its need arises from the risks involved in permitting delivery of cargo without an original bill of lading, or in issuing a duplicate set of bills of lading. It usually requires a counter signature of a reputable bank— but this is not necessary when submitted on behalf of a national government.

1. A document issued by a shipper to a steamship line instructing the steamship line to issue a clean bill of lading even though the goods are damaged, and agreeing to hold the steamship line harmless from any claims. 2. An agreement by a beneficiary of a letter of credit to hold a bank harmless for making payment to the beneficiary even though there are some discrepancies between the documents required by the letter of credit and those presented by the beneficiary. 3. An agreement by an exporter and/or importer to hold a steamship line harmless from any claims that may rise as a result of the steamship releasing goods where negotiable bill of lading covering the goods has been lost or destroyed.

⊂용어⊃ letter of indemnity (L/I) (파손 화물 보상장) : 이 보상장이 발행되는 대표적인 경우는 다음과 같다. 선적된 화물에 손상이 있는 경우 고장 선화증권이 발행되며 이로 인해 화주는 은행에 화환어음의 매입을 의뢰할 때 어려움을 당하게 된다. 이럴 경우 화주는 letter of indemnity를 해운회사에게 제출하고 무고장 선화증권을 받을 수 있다.

letter of guarantee (L/G) (수입화물 선취 보증서) : 수입화물이 서류보다 먼저 도착하는 경우 수입업자와 신용장 개설은행이 연대 보증하는 보증서로서 선적서류 원본 대신 해운회사에 제출하고 수입화물을 인수받는 방법이다. 이런 보증인도에 따른 모든 책임은 개설은행과 수입업자가 연대로 보증하며 선적서류 원본이 도착했을 때 서류상의 하자가 있더라도 대금 지급거절이 불가능하게 된다.

⊂해설⊃ 파손 화물 보상장은 첫째, 선적된 화물에 손상이 있음에도 불구하고 무고장 선화증권의 발행을 요청하면서 해운회사에게 책임이 발생하지 않도록 하기 위해서 발행된다. 둘째, 수익자가 제시한 서류가 신용장상의 서류와 일치하지 않음에도 불구하고 수익자에게 대금을 지급하는 경우 해당 은행에 책임이 발생하지 않도록 하기 위해서 발행된다. 셋째, 유통 가능한 선화증권이 분실됐음에도 불구하고 화물을 인도하는 경우 해운회사에게 책임이 발생하지 않도록 하기 위해서 발행된다.

[354] Trust Receipt

A document signed by a buyer, based on which a bank holding title to goods releases possession of the goods to the buyer for the purpose of sale.

(축약문)

The buyer obligates himself to maintain the identity of the goods or the proceeds thereof distinct from the rest of his assets and to hold them subject to repossession by the bank. Trust receipts are used extensively in the Far East, where it is customary to sell on terms of 60 or 90 days, documents against acceptance. The collecting bank permits buyers of good standing to obtain the goods, under a trust receipt contract, before the maturity date of the draft. In some countries, warrants serve the same purpose.

⊂용어⊃ **trust receipt (T/R)** (서류의 貸渡): 개설은행이 환어음의 대금결제 전이라도 수입업자로 하여금 수입화물을 처분할 수 있도록 하는 제도이다.
⊂해설⊃ 은행이 매수인에게 서류를 대도한 경우 화물의 소유권은 해당 은행에 있지만 매수인에게 해당 은행 이외의 제3자에 대해서는 정당한 일종의 소유권을 부여하게 된다.

[355] Clean Bill of Lading

One in which the goods are described as having been received in "apparent good order and condition" and without damage. (축약문)

A bill of lading that reflects that the fact that the carrier received the goods in good condition. (축약문)

It is characterized by the presence of only a signature of the carrier's representative, and nothing else. All letters of credit require a clean bill of lading.

When cargoes are shipped, if they are in perfect condition, the shipping company will issue a clean bill of lading, and also the bank will accept only a clean bill of lading.

⊂용어⊃ clean bill of lading (무고장 선화증권) : remark가 기재되어 있지 않은 하자가 없는 선화증권을 말하며 무역거래에서 clean B/L이 아니면 선적서류로서의 적격성이 상실된다.
⊂해설⊃ 선적될 물품을 하자 없이 즉, in apparent good order and condition으로 수령한 경우 발행되는 선화증권이며 은행은 이런 선화증권만을 인정한다.

[356] Foul Bill of Lading

A bill of lading issued by a carrier bearing a notation that the outward containers or the goods have been damaged. (축약문)

Another term for a soiled bill of lading, which is a bill of lading reflecting the fact that the carrier received the goods in anything other than good condition. (축약문)

It is characterized by the presence of additional comments or notes in addition to the signature of the carrier's representative.

A foul bill of lading may not be acceptable for payment under a letter of credit.

A foul B/L means that the cargoes are not in perfect condition. Since a bank will not accept such a bill of lading, the exporter must erase that title remark with a letter of indemnity.

⊂용어⊃ foul bill of lading (고장 선화증권) : dirty B/L 또는 soiled B/L이라고도 하며 무고장 선화증권, 즉 clean B/L에 대립되는 용어로 선화증권면에 선적화물의 포장, 수량 등에 관해서 어떤 문제점이 기재되어 있는 선화증권을 말한다.
⊂해설⊃ 선적화물을 하자가 있는 상태로 수령하였다는 문구가 있는 선화증권을 말하며 은행은 이런 고장 선화증권을 받아들이지 않기 때문에 은행에 letter of indemnity를 제출하고 무고장 선화증권을 발급받는 것이 바람직하다.

[357] Through Bill of Lading

Also called a combined transport bill of lading or intermodal bill of lading, a document issued by the transportation carrier which thereby agrees to effect delivery to the required destination by utilizing various means of transportation, such as truck, railroad, and/or steamship line. (축약문)

This bill of lading covers all of the routes; namely, the first carrier contracts the latter carrier and the carrier issues the bill of lading covering from the loading port to the unloading port.

⊂용어⊃ through bill of lading (全通 선화증권): 화물의 운송이 여러 가지 운송수단을 거쳐 이루어지는 경우 최초의 운송인과 화주 사이에 체결되는 全通 운송계약에 의거하여 발행되는 선화증권이다.
⊂해설⊃ 여러 가지 운송수단을 이용하여 화물을 운송하는 경우 발행되는 선화증권으로 combined transport B/L 또는 intermodal B/L이라고도 한다.

[358] Stale Bill of Lading

A bill of lading which has not been presented under a letter of credit to the issuing or confirming bank within a reasonable time (usually twenty-one days) after its date. (축약문)

The banks will refuse documents presented to them later than 21 days after the date of issuance of the bill of lading or other shipping documents.

⊂용어⊃ stale bill of lading (기한 경과 선화증권): 신용장에는 선화증권 또는 기타 선적서류의 발행일자 이후 지급, 인수, 매입을 위하여 서류 제시를 요하는 특정된 기간을 명기해야 한다. 특정 기일이 명기되어 있지 않은 경우 선화증권 또는 선적서류의 발행일자 이후 21일이 경과된 서류가 제시되면 은행은 이의 수리를 거절한다. 이처럼 제시 기한이 경과된 선화증권을 기한 경과 선화증권이라고 한다.
⊂해설⊃ 은행은 기한이 경과된 신용장을 수리하지 않는다.

[359] Received Bill of Lading

A document issued by a steamship company acknowledging that it has received delivery of goods to be transported at some later time, usually on the first available steamship going to the destination specified by the shipper.

(축약문)

Since the goods are not yet loaded on board, there is no guarantee that the goods will be shipped in the near future and, therefore, such bills of lading are generally not acceptable if presented by a seller for payment under a letter of credit which is about to expire.

This bill of lading means that the shipping company received the cargoes at the warehouse or the terminal.

This bill of lading is usually issued before shipment. The bank will not accept the received bill of lading unless otherwise specified on the letter of credit.

⊂용어⊃ **received bill of lading** (수취 선화증권) : 선화증권이 조속히 필요한 경우 아직 도착하지 않은 선박에 선적할 것을 예상하여 운송업자에게 화물을 인도하고 운송업자에게 인수되었다는 의미로 발행되는 선화증권이다.
⊂해설⊃ 운송업자가 창고 또는 터미널에서 화물을 인수하고 선적이 이루어지기 전에 발행되는 선화증권으로 신용장에 특별히 규정하고 있지 않는 한 은행은 이런 수취 선화증권을 인정하지 않는다.

[360] Shipped Bill of Lading

After the cargoes are loaded, the bill of lading is then issued. This bill of lading certifies the goods to be shipped were "shipped in apparent good order and condition."

⊂용어⊃ shipped bill of lading (선적 선화증권) : 화물이 본선에 선적되고 나서 발행되는 선화증권으로 선화증권은 보통 이런 선화증권을 말한다.

[361] On Board Notation 또는 On Board Endorsement

A legend, stamp, or handwritten statement on the face of a bill of lading issued by a steamship certifying that the goods have actually been loaded on the ship. (축약문)

Often letters of credit will specify that the goods must be on board before the expiration date of the letter of credit in order for the exporter (seller) to receive payment under the letter of credit.

⊂용어⊃ on board notation : 선적표기를 의미한다.
on board endorsement : 수취 선화증권이 발행된 경우 화물이 실제로 선적되었을 때 선적되었다는 사실과 선적된 날짜를 기입하여 해운회사로부터 서명을 받는 것을 말한다.
⊂해설⊃ 수취 선화증권의 경우 선적을 증명하는 배서에 의하여 화물이 실제로 선적되었음을 입증할 경우 선적 선화증권과 동일한 효력을 갖게 된다.

[362] Straight Bill of Lading

A bill of lading on which the name of the consignee has been entered. (축약문)

A bill of lading in which the goods are consigned directly to a named consignee and not to the seller's or buyer's "order." (축약문)

Delivery can be made only to the named person.

Such a bill of lading is non-negotiable, which means that the ownership of the goods cannot change in transit.

A straight bill of lading is the B/L which stipulates a specified name of a consignee. It can be treated as non-negotiable. Also, since the importer is the consignee on the straight B/L, the ownership of goods is transferred to the importer, so it is risky for the exporter.

⊂용어⊃ **straight bill of lading** (기명식 선화증권) : 선화증권의 수화인 난에 특정인의 이름이 기재된 선화증권이다. 이런 선화증권은 비유통성, 즉 non-negotiable하고 양도를 할 수 없으며 은행은 화환어음을 처리할 때 이런 증권을 담보로 취급할 수 없다. 다시 말해 기명식 선화증권의 경우 수화인 난에 매수인의 이름이 명기되어 있어서 선적과 동시에 해당 화물의 소유권은 매수인에게로 이전된다.
⊂해설⊃ 매도인 또는 매수인의 지시인에게 화물이 인도되는 것이 아니라 이름이 명기된 수화인에게 화물이 인도되는 기명식 선화증권은 비유통성이다.

[363] Order Bill of Lading

A bill of lading on which the name of the consignee has been left blank, or where the words “to order” have been entered. (축약문)

Such a bill of lading allows the owner of the goods to sell them while in international transit. The transfer of worship is done with the bill of lading, because it is a certificate of title to the goods. Whoever has the original bill of lading when the cargo arrives in the port is the owner of the goods.

Usually, “To Order” bills of lading are made to the order of the shipper and endorsed in blank, thereby giving the holder of the bill of lading title to the goods being shipped. They may also be to the order of the consignee or bank financing the transaction. Order bills of lading are negotiable (whereas straight bills of lading are not).

Order bill of lading is the B/L which does not stipulate a specific name of a consignee. It is negotiable. The kinds of order bills of lading are as follows :

a. To order
b. To order of shipper (Exporter must endorse the B/L when the documents are negotiated at the bank.)
c. To order of (negotiating bank/collecting bank)
d. To order of (forwarding agent)
e. To order of (buyer)

Regarding c, d, and e, an endorsement on the B/L is impossible, and as for mortgaging, none of these are suitable except for (to order of the negotiating bank).

⊂용어⊃ **order bill of lading** (지시식 선화증권) : 수화인 난에 "to order"라고 표기되어 있는 선화증권으로 유통성, 즉 negotiable하다.
negotiable bill of lading (유통 선화증권) : 수화인 난에 특정인을 명기하지 않고 to order라고 표기한 지시식 선화증권은 유통 선화증권이 되고 수화인 난에 특정인이 명기된 기명식 선화증권은 비유통 선화증권, 즉 non-negotiable bill of lading이 된다.
⊂해설⊃ 수화인 난에 to order라고 표기된 선화증권을 말하며 무기명 배서를 통해 화물에 대한 소유권을 양도할 수 있다. 다양한 방법으로 지시인이 표기될 수 있다.

[364] Ocean Bill of Lading

A bill of lading used in international transportation of goods on oceangoing vessels. (축약문)

The ocean bill of lading serves three main purposes: it is a contract to deliver the goods; it serves as a receipt from the ocean carrier for the goods shipped; and it becomes a certificate of ownership, which covers the goods noted thereon. If it is made out "to order" and endorsed and delivered to another party, the title of the goods passes on to the other party. The "order" party can demand delivery of the goods at the port of destination.

⊂용어⊃ **ocean bill of lading** (해양 선화증권): 해외 해상운송에 사용되는 선화증권으로 보통 말하는 bill of lading의 미국식 명칭이다.
local bill of lading (국내 선화증권): 국내 해상운송에 사용되는 선화증권이다.

[365] Uniform Bill of Lading

A bill of lading used in the transportation of goods on trucks and trains, either domestically or internationally. (축약문)

A uniform bill of lading is generally straight.

[366] Prepaid Bill of Lading

In case CFR or CIF terms, the exporter pays for the ocean freight when the prepaid bill of lading is issued by the shipping company.

⊂용어⊃ **prepaid bill of lading** (運賃先給 선화증권): 해상운임을 송화인이 출발지에서 지급하고 난 후 발행되는 선화증권이다.

[367] Collect Bill of Lading

In the case of FOB terms, a collect bill of lading means that the ocean freight is paid at the destination by the importer.

⊂용어⊃ collect bill of lading (運賃着給 선화증권) : 해상운임을 화물이 목적항에 도착한 후 수화인이 지급하는 선화증권이다.

[368] Air Waybill

A bill of lading for air transportation. (축약문)

A bill of lading used in the transportation of goods by air, domestically or internationally. (축약문)

An air waybill is always straight.

Air waybills specify the terms under which the air carrier is agreeing to transport the goods and contain limitation of liability. They are not negotiable.

The air waybill is a contract of carriage between the shipper and air carrier. It is issued by the air carrier and serves as a receipt for the shipper. When the shipper gives the cargo to a freight consolidator or forwarder for transportation, the air waybill is obtained from the consolidator or forwarder. Air waybills are nonnegotiable and cannot be issued as a collection instrument. It is often called an air consignment note and is not a document of title or transferable/negotiable instrument. Air waybills are not particular to a given airline and can be from any other airline that participates in the carriage. An Air Waybill is a signed receipt and contract to deliver goods by air. Such bills are non-negotiable and do not convey title to the goods.

The air waybill is a non-negotiable bill of lading, and is used as a receipt for cargo and a contract for transportation between shipper and air carrier. Unlike an ocean carrier with "to order" ocean bill of lading, the air carrier must deliver the shipment to the consignee named on the non-negotiable air waybill. International air waybills or "airline air waybills," are used by the air carriers : "house air waybills," or "neutral air waybills," are used as receipts by freight forwarders who then consolidate them with air carriers.

⊂용어⊃ air cargo (항공 화물) : 항공기에 의해 수송되는 화물이다.
air waybill (항공화물 운송장) : 항공회사가 화주로부터 항공화물을 인수받고 발행하는 수령증이다. 법적으로는 유가증권도 아니며 유통증권도 아니다.
house air waybill : master air waybill은 여러 화주로부터 항공화물의 운송을 기탁받은 운송중개인이 자신이 화주가 되어 항공회사로 발급받은 운송장인 반면에 house air waybill은 운송중개인이 여러 화주에게 발행하는 운송장이다.
air consignment note (항공 위탁화물 운송장) : 항공화물에 대해 항공회사가 발행하는 수령증으로 airway bill과 같은 의미로 사용된다.
⊂해설⊃ 항공화물 운송장은 항공회사가 항공화물을 인수하고 발행하는 수령증으로 유통성이 없다. 이 화물은 서류상에 명기된 수화인에게 인도되어야 한다.

[369] Open Skies Agreement

An agreement between two or more countries where air carriers from one of the countries are allowed to serve any of the other countries' airports.

(축약문)

[370] Airfreighter

An aircraft entirely dedicated to the transport of cargo. (축약문)

⊂용어⊃ airfreighter : 화물 수송기를 말한다.

[371] Combi Airplane

A type of airplane that is designated to carry both passengers and cargo on the main deck of the plane. (축약문)

Generally, the front of the plane is equipped to accommodate passengers, and the rear is equipped to accommodate cargo. A combi airplane cannot carry certain hazardous cargo.

[372] Passenger Airplane

A type of airplane that is designed to carry passengers on the main deck of the plane. (축약문)

It can also carry cargo below the main deck, in its belly, but the size and type of cargo are restricted.

⊂용어⊃ passenger airplane : 여객기를 말한다.

[373] Roller Deck

The configuration of the deck of an aircraft when it is designed to accept cargo shipments. (축약문)

The deck is equipped with rollers and bearings that allow cargo to be moved in any direction without much friction.

[374] Pipelines

A mode of transportation consisting of a long series of pipes, connected end-to-end, and used for the transport of some liquid cargo (oil, refined petroleum products, water and natural gas). (축약문)

[375] International Air Transport Association(IATA)

IATA was established at the Bermuda Conference in 1946. As the trade and service organization for airlines of more than 100 countries serving international routes, IATA's activities on behalf of shippers in international air freight include development of containerization program, freight handling techniques and, for some airlines, uniform rates and rules.

⊂용어⊃ **International Air Transport Association** (국제 항공 운송협회) :
국제항공에 종사하는 각국의 정기 항공사에 의해 설립된 협회이다.

[376] Damp Lease

A damp lease is an agreement between the owner(lessor) of an aircraft and the lessee, under which the owner provides some services in addition to the aircraft itself. For example, a damp lease could include the aircraft, maintenance, and insurance, but not the crew, which would need to be hired by the lessee.

[377] Wet Lease

An agreement under which the owner(lessor) of the aircraft provides the airplane, insurance, maintenance services, and a flight crew to the lessee, who has to cover all of the other variable costs (fuel and airport fees, for example). (축약문)

[378] Dry Lease

A dry lease is an agreement between the owner(lessor) of an aircraft and a lessee, in which the owner provides only the aircraft, and no other services.

[379] Non-Negotiable Instruments

A document which is incapable of transferring legal ownership or rights to possession of the goods by transfer or endorsement of the document, for example, a railroad, sea, or air waybill. (축약문)

⊂용어⊃ non-negotiable instruments : 비유통증권을 말한다.
non-negotiable B/L : 선화증권면에 유통을 금지시키는 취지를 기재하여 증권의 유통이 금지된 선화증권을 말한다.

[380] International Multimodal Transportation

International multimodal transportation means as follows :

a. The container are designed to be carried by more than one mode of transportation.

b. The transportation contract is to be based on one contract.

c. The transportation is to be made to another country.

⊂용어⊃ international multimodal transport (국제 복합운송): 복합운송은 2가지 이상의 운송수단을 이용하여 물품을 운송하는 방법이다. 이를 정리하면 다음과 같다. 첫째, 복합 운송인이 전체 운송구간 및 운송기간에 대해 단일 운송책임을 져야 한다. 둘째, 복합운송증권은 전체 구간 운송을 망라하여야 한다. 셋째, 전체 구간을 하나로 보는 단일운임이 설정되어야 한다.

[381] Intermodal Shipment

An international shipment that will use several means (modes) of transportation (rail, toad, air, ocean barge) under a single bill of lading. (축약문)

A shipment that takes several different means of transportation— road, rail, ocean, air— from its point of departure (seller/exporter) to its point of destination (buyer/importer). (축약문)

The meaning has evolved recently to limit the use of this term to freight for which a single bill of lading covering more than one of these alternatives is issued. Also called "multimodal."

In most instances today, goods shipped on an intermodal bill of lading are containerized.

⊂해설⊃ 한 개의 선화증권 하에서 여러 개의 운송수단을 이용하여 운송하는 방법을 말한다.

[382] Intermodal Bill of Lading

A bill of lading used in the intermodal transportation, domestic or international, of goods. (축약문)

⊂해설⊃ 복합운송에 사용되는 선화증권을 말한다.

[383] Inland Bill of Lading

The inland bill of lading, usually a non-negotiable document, evidences the receipt of goods by an inland carrier for transport from the point of origin to the point of export. These bills of lading include the following export information : for export, marks and numbers, freight prepaid, and special delivery/notification instructions.

⊂해설⊃ 수출항까지 운송할 화물의 수령증이며 내륙 운송인이 발행하는 서류로 비유통성이다.

[384] Land Bridge

Land bridge is a service in which foreign cargo crosses a country en route to another country. Namely, this movement is executed to shorten an all-water haul. For example, Japan cargo en route to Europe may be shipped by ocean to U.S. West Coast, then moved by rail to the U.S. East Coast, and from there shipped by ocean to Europe.

By taking the containerized goods to a West Coast port, loading them onto trains, transporting them across the United States, and loading them again on a ship from an East Coast port, shippers avoid the costs and delays of crossing the Panama Canal.

⊂용어⊃ land bridge : 국제 복합운송 중에 대륙을 교량 삼아 양편의 바다

와 육지를 연결하는 것을 말한다.

⊂해설⊃ land bridge의 한 예로 아시아에서 미국 대륙을 가로질러 유럽으로 물품을 운송하는 방법을 들 수 있다. 즉, 화물을 컨테이너 적재하여 동아시아에서 미국 서해안까지 선박으로 운송하고 다시 철도를 이용하여 미국 동해안까지 운송한 다음에 선박으로 다시 유럽으로 운송하는 방법을 생각할 수 있다.

[385] Mini-Land Bridge

This system is sea/rail combination of containerized intermodal services via U.S. West Coast ports from and to Atlantic and Gulf Coast ports utilizing the trans-continental railroad service.

⊂용어⊃ mini-land bridge : 극동에서 미국 대서양 연안이나 걸프 연안으로 운송하려는 경우 미국 대륙을 랜드 브리지로 해서 복합 운송하는 형태이다.

[386] Interior Points Intermodal(I.P.I.)

This is a relatively new service being provided by carriers on the U.S. West Coast. In contrast with mini-land bridge, this service provides service between ports and inland intermodal hub (which may or may not also be a port) rather than port to port transportation, and provides a combined rate including rail and ocean transportation in the single tariff that is lower than the sum of the separate rates. The term I.P.I. (Interior Points Intermodal) is used by main ocean carriers to denote all inland intermodal services offered under an ocean carrier bill of lading.

⊂용어⊃ interior point intermodal (IPI) : 극동에서 미국 태평양 연안까지 해상으로 운송되고 그 항구에서 철도로 환적된 다음 미국의 주요 도시까

지 운송되는 방법이다. 주요 도시의 배달처를 IPI point라고 한다.

[387] Overland Common Point(O.C.P.)

The basic idea of the Overland Common Points (O.C.P.) system was to promote export/import movements to and from points east of the Rocky Mountains by giving an incentive in freight rates and terminal charges to those shipments which qualify as O.C.P. movements. These discounts serve to make O.C.P. shippers competitive with domestic shippers on U.S. import shipment and with "Local Cargo"(cargo from origin comparatively near to port area).

⊂용어⊃ overland common point (OCP) area : 미국 록키산맥의 동쪽 지역을 말하고 미국 태평양 연안의 여러 항구에서 양륙되어 내륙지역으로 향하는 화물을 OCP cargo라 하며 이것에 적용되는 저율의 운임률을 OCP rate라고 한다.

local cargo : O.C.P.에 포함되지 않는 태평양 연안지역을 local point라 하며 이 지역으로 운송되는 화물은 local cargo라 하고 이것에 적용되는 운임률을 local rate라 한다.

T·R·A·D·E·E·N·G·L·I·S·H

제3절 국제운송과 국제협약

[388] Carrier means any person by whom or in whose name a contract of carriage of goods by sea has been concluded with a shipper.

⊂해설⊃ 운송인은 해상화물 운송계약을 스스로 또는 자신의 명의로 송화인과 계약을 체결한 사람을 의미한다.

[389] Actual carrier means any person to whom the performance of the carriage of the goods, or of part of the carriage, has been entrusted by the carrier, and includes any other person to whom such performance has been entrusted.

⊂해설⊃ 실제 운송인은 운송인에 의해 운송의 이행을 전부 또는 일부 위탁받은 사람이며 여기에는 이런 이행을 위탁받은 다른 모든 사람이 포함된다.

[390] Shipper means any person by whom or in whose name or on whose behalf a contract of carriage of goods by sea has been concluded with a carrier or any person by whom or on whose name or on whose behalf the goods are actually delivered to the carrier in relation to the contract of carriage by sea.

⊂해설⊃ 송화인은 해상화물 운송계약을 스스로 또는 자신의 명의로 또는

대리인을 통해 운송인과 체결한 사람이거나 또는 해상 운송계약과 관련해 화물을 스스로 또는 자신의 명의로 또는 대리인을 통해 실제로 운송인에게 인도한 사람을 말한다.

[391] Consignee means the person entitled to take delivery of the goods.

⊂해설⊃ 수화인은 화물을 인수할 권리가 있는 사람을 말한다.

[392] Goods includes live animals; where the goods are consolidated in a container, pallet or similar article of transport or where they are packed, goods includes such article of transport or packaging if supplied by the shipper.

⊂해설⊃ 화물에는 살아 있는 동물이 포함된다. 화물이 컨테이너, 팔레트, 이와 유사한 운송용구에 통합되어 있거나 포장되어 있는 경우 이런 것들이 송화인에 의해 공급되었다면 해당 운송용구 또는 포장은 화물에 포함된다.

[393] Contract of carriage by sea means any contract whereby the carrier undertakes against payment of freight to carry goods by sea from one port to another; however, a contract which involves carriage by sea and also carriage by some other means is deemed to be a contract of carriage by sea in so far as it relates to the carriage by sea.

⊂해설⊃ 해상운송계약은 운임 지급의 대가로 운송인이 한 항구에서 다른 항구로 화물을 운송하는 책임을 지는 계약을 의미한다. 하지만 해상운송과 다른 운송수단에 의한 운송을 포함하는 계약의 경우 해상운송과 관련된 한도 내에서만 해상운송계약으로 간주된다.

[394] Bill of lading means a document which evidences a contract of

carriage by sea and the taking over or loading of the goods by the carrier, and by which the carrier undertakes to deliver the goods against surrender of the document.

⊂해설⊃ 선화증권은 해상운송계약을 입증하고 운송인에 의한 화물의 인수 또는 선적을 증명하는 서류이며 이런 서류의 제시와 상환으로 운송인이 화물을 인도할 것을 약정한다.

[395] The carrier is liable for loss resulting from loss of or damage to the goods, as well as from delay in delivery, if the occurrence which caused the loss, damage or delay took place while the goods were in his charge unless the carrier proves that he, his servants or agents took all measures that could reasonably be required to avoid the occurrence and its consequences.

⊂해설⊃ 화물의 멸실, 손상, 인도의 지연을 일으킨 사고가 운송인의 관리하에 있는 동안에 발생한 경우 운송인은 인도의 지연뿐만 아니라 화물의 멸실 또는 손상으로 인한 손해에 대하여 책임을 진다. 하지만 운송인 자신 또는 그 사용인 또는 그 대리인이 사고발생 및 그로 인한 결과를 피하기 위하여 합리적으로 요구되는 모든 조치를 취하였다는 사실을 입증하면 책임을 지지 않는다.

[396] The carrier is not liable, except in general average, where loss, damage or delay in delivery resulted from measures to save life or from reasonable measures to save property at sea.

⊂해설⊃ 공동해손의 경우를 제외하고 인명을 구조하기 위한 조치 또는 해상에서 재산을 구하기 위한 합리적인 조치로 인해서 화물의 멸실, 손상 또는 인도의 지연이 발생한 경우 운송인은 이에 대하여 책임을 지지 않는다.

[397] The liability of the carrier for loss resulting from loss of or damage to goods is limited to an amount equivalent to 835 units of account per package or other shipping unit or 2.5 units of account per kilo gramme of gross weight of the goods lost or damaged, whichever is the higher. The unit of account is the Special Drawing Right as defined by the International Monetary Fund. (Hambrug Rules)

⊂해설⊃ 화물의 멸실 또는 손상으로 인해서 발생된 손해에 대한 운송인의 책임은 1 포장당 또는 기타 선적 단위당 835 계산단위(SDR) 또는 멸실 또는 손상된 화물의 총중량 1 킬로그램당 2.5 계산단위(SDR) 중 더 높은 금액으로 한다. 계산 단위는 국제통화기금에서 정한 특별 인출권(SDR)으로 한다. (함부르크 규칙)

[398] The liability of the carrier for delay in delivery is limited to an amount equivalent to two and a half times the freight payable for the goods delayed, but not exceeding the total freight payable under the contract of carriage of goods by sea.

⊂해설⊃ 화물 인도의 지연에 대한 운송인의 책임은 인도가 지연된 화물에 대해 지급된 운임의 2배 반에 상당하는 금액으로 제한된다. 하지만 이는 해상 운송계약에 따라 지급된 총운임을 초과하지 못한다.

[399] The carrier is entitled to carry the goods on deck only if such carriage is in accordance with an agreement with the shipper or with the usage of the particular trade or is required by statutory rules or regulations.

⊂해설⊃ 갑판적 운송이 화주와의 합의에 따르거나 또는 특정 무역거래의 관행에 의하거나 또는 법령화된 규칙이나 규정에 기초한 경우에 한하여 갑판적으로 운송할 권한이 운송인에게 부여된다.

[400] If the carrier and the shipper have agreed that the goods shall or may be carried on deck, the carrier must insert in the bill of lading or other document evidencing the contract of carriage by sea a statement to that effect.

⊂해설⊃ 운송인과 화주가 화물을 갑판적으로 운송하거나 할 수 있다고 합의한 경우 운송인은 선화증권이나 해상 운송계약을 증명하는 기타 서류에 그런 취지의 문구를 삽입하여야 한다.

[401] Where the performance of the carriage or part thereof has been entrusted to an actual carrier, whether or not in pursuance of a liberty under the contract of carriage by sea to do so, the carrier nevertheless remains responsible for the entire carriage.

⊂해설⊃ 운송의 전부 또는 일부의 이행을 실제 운송인에게 위탁한 경우 해상 운송계약에 따른 권리의 행사 여부에 관계없이 운송인은 전체 운송 구간에 대하여 책임을 진다.

[402] When the carrier or the actual carrier takes the goods in his charge, the carrier must, on demand of the shipper, issue to the shipper a bill of lading.

⊂해설⊃ 운송인 또는 실제 운송인이 화물을 자신의 관리하에 인수한 경우 운송인은 화주의 요구에 따라 그에게 선화증권을 발행하여야 한다.

[403] After the goods have been loaded on board, if the shipper so demands, the carrier must issue to the shipper a shipped bill of lading which must state that the goods are on board a named ship or ships, and the date or dates of loading.

⊂해설⊃ 화물이 선적된 이후에 화주의 요구가 있으면 운송인은 화물이 지정된 선박에 적재되었다는 점과 선적 일자를 명기한 선적 선화증권을 화주에게 발행하여야 한다.

[404] If the carrier or other person issuing the bill of lading on his behalf fails to note on the bill of lading the apparent condition of the goods, he is deemed to have noted on the bill of lading that the goods were in apparent condition.

⊂해설⊃ 운송인 또는 운송인을 대신하여 선화증권을 발행하는 사람이 화물의 외관 상태를 선화증권에 기재하지 않은 경우 외관상 양호한 상태에 있다고 기재한 것으로 본다.

[405] International multimodal transport means the carriage of goods by at least two different modes of transport on the basis of a multimodal transport contract from a place in one country at which the goods are taken in charge by the multimodal transport operator to a place designated for delivery situated in a different country. The operations of pick-up and delivery of goods carried out in the performance of a unimodal transport contract, as defined in such contract, shall not be considered as international multimodal transport.

⊂해설⊃ 국제 복합운송은 복합운송인이 화물을 인수한 국가의 한 장소에서 다른 국가에 소재한 지정된 인도 장소까지 복합운송계약에 기초하고 적어도 두 가지의 상이한 운송 방법을 이용하여 화물을 운송하는 것을 말한다. 단일방식 운송계약을 이행하는데 그런 계약에 정의된 바에 따라 행하여지는 화물의 집화 및 인도는 국제복합운송으로 보지 않는다.

[406] Multimodal transport operator means any person who on his

own behalf or through another person acting on his behalf concludes a multimodal transport contract and who acts as a principal, not as an agent or on behalf of the consignor or of the carriers participating in the multimodal transport operations, and assumes responsibility for the performance of the contract.

⊂해설⊃ 복합운송인은 스스로 또는 자신을 대신하여 행동하는 다른 사람을 통하여 국제운송계약을 체결하고 송화인 또는 복합운송업에 참여하고 있는 운송인의 대리인 또는 대신하는 사람으로서가 아니라 본인으로서 행동하고 계약의 이행에 대한 책임을 지는 모든 자를 말한다.

[407] **Multimodal transport contract** means a contract whereby a multimodal transport operator undertakes, against payment of freight. to perform or to procure the performance of international multimodal transport.

⊂해설⊃ 복합운송계약은 복합운송인이 운임 지불에 대한 대가로 국제복합운송을 이행하거나 이행을 마련할 것을 약정하는 계약을 말한다.

[408] **Multimodal transport document** means a document which evidences a multimodal transport contract, the taking in charge of the goods by the multimodal transport operator, and an undertaking by him to deliver the goods in accordance with the terms of that contract.

⊂해설⊃ 복합운송서류는 복합운송계약, 복합운송인에 의한 화물의 수령, 그리고 운송계약 조건에 따른 화물의 인도를 입증하는 서류이다.

[409] **Consignor** means any person by whom or in whose name or on whose behalf a multimodal transport contract has been concluded with the

multimodal transport operator, or any person by whom or in whose name or on whose behalf the goods are actually delivered to the multimodal transport operator in relation to the multimodal transport contract.

⊂해설⊃ 송화인은 스스로 아니면 자신의 명의로 아니면 대리인을 통해서 복합운송인과 복합운송계약을 체결한 모든 사람 또는 스스로 아니면 자신의 명의로 아니면 대리인을 통해서 복합운송계약과 관련하여 화물을 복합운송인에게 실제로 인도하는 모든 사람을 말한다.

[410] Consignee means the person entitled to take delivery of the goods.

⊂해설⊃ 수화인은 화물을 인수할 권리가 있는 사람이다.

[411] Goods includes any container, pallet or similar article of transport or packaging, if supplied by the consignor.

⊂해설⊃ 화물에는 송화인에 의해 공급되었다면 모든 컨테이너, 팔레트 또는 이와 유사한 운송용구나 포장용구가 포함된다.

[412] Negotiable multimodal transport document (Where a multi-modal transport document is issued in negotiable form) :
(a) It shall be made out to order or to bearer;
(b) If made out to order, it shall be transferable by endorsement;
(c) If made out to bearer, it shall be transferable without endorsement;
(d) If issued in a set of more than one original, it shall indicate the number of originals in the set;
(e) If any copies are issued, each copy shall be marked "non-negotiable copy."

⊂해설⊃ 유통 복합운송서류 (복합운송서류가 유통성이 있는 형태로 발행된 경우)

(a) 복합운송서류는 지시식 또는 지참인식으로 작성되어야 한다.

(b) 지시인식으로 작성된 경우 복합운송서류는 배서에 의해 양도될 수 있다.

(c) 지참인식으로 작성된 경우 복합운송서류는 배서 없이 양도될 수 있다.

(d) 2 통 이상의 원본이 1 조로 발행된 경우 조를 이루는 원본의 수를 명시하여야 한다.

(e) 사본이 발행된 경우 각 사본은 "비유통 사본"이라고 표시되어야 한다.

[413] Non-negotiable multimodal transport document :

1. Where a multimodal transport document is issued in non-negotiable form, it shall indicate a named consignee.

2. The multimodal transport operator shall be discharged from his obligation to deliver the goods if he makes delivery thereof to the consignee named in such non-negotiable multimodal transport document or to such other person as he may be duly instructed, as a rule, in writing.

⊂해설⊃ 비유통 복합운송서류

1. 복합운송서류가 비유통성의 형태로 발행된 경우 복합운송서류는 지명된 수화인을 명시하여야 한다.
2. 복합운송인은 이런 비유통 복합운송서류 상에 지명된 수화인에게 아니면 규정에 따라 서면으로 정당하게 지시된 다른 사람에게 화물을 인도할 경우 화물의 인도의무로부터 면제된다.

[414] Convention for the Unification of Certain Rules Relating to International Transportation by Air applies to all international transportation of persons, baggage or goods performed by aircraft for hire.

⊂해설⊃ 국제항공운송에 관한 일부 규칙의 통일을 위한 협약은 항공기에

의하여 유상으로 행해지는 승객, 수화물 또는 화물의 모든 국제운송에 적용된다.

[415] Every air carrier of goods has the right to require the consignor to make out and hand over to him a document called an air waybill; every consignor has the right to require the carrier to accept this document.

⊂해설⊃ 모든 항공 화물운송인은 항공화물운송장이라고 부르는 서류를 작성하여 넘겨줄 것을 송화인에게 요구할 권리를 갖는다. 모든 송화인은 운송인에 대하여 이 서류를 수령할 것을 요구하는 권리를 갖는다.

[416] The air waybill shall be made out by the consignor in three original parts and be handed over with the goods. The first part shall be marked for the carrier, and shall be signed by the consignor. The second part shall be marked for the consignee; it shall be signed by the consignor and by the carrier and shall accompany the goods. The third part shall be signed by the carrier and handed by him to the consignor after the goods have been accepted.

⊂해설⊃ 항공화물운송장은 원본 3 통을 송화인이 작성하여 화물과 함께 넘겨주어야 한다. 첫 번째 통은 운송인용이라고 기재하고 송화인이 서명을 하게 된다. 두 번째 통은 수화인용이라고 기재하고 송화인 및 운송인이 서명하며 화물이 수반된다. 세 번째 통은 운송인이 서명하고 화물을 인수한 후에 운송인이 송화인에게 교부하여야 한다.

[417] The air waybill shall be prima facie evidence of the conclusion of the contract, of the receipt of the goods and of the conditions of transportation.

⊂단어⊃ prima facie : at first sight; before closer inspection
⊂해설⊃ 항공화물운송장은 계약의 체결, 화물의 수령 그리고 운송조건에 관한 추정적인 증거가 된다.

[418] The carrier shall be liable for damage sustained in the event of destruction or loss of, or of damage to, any checked baggage or any goods, if the occurrence when caused the damage so sustained took place during the transportation by air.

⊂해설⊃ 운송인은 탁송 수화물 또는 다른 화물이 파괴되거나 멸실되거나 또는 손상이 발생한 경우 그 손해의 원인이 되는 사고가 항공운송 중에 발생하였다면 이를 책임지어야 한다.

[419] EDI means Electronic Data Interchange, i.e. the interchange of trade data effected by teletransmission.

⊂해설⊃ EDI는 전자식 자료교환, 즉 전기 전송에 의하여 행해지는 무역 자료의 교환을 말한다.

[420] UN/EDIFACT means the United Nations Rules for Electronic Data Interchange for Administration, Commerce and Transport.

⊂해설⊃ UN/EDIFACT는 행정, 상업, 그리고 운송을 위한 전자식 자료교환에 관한 유엔규칙을 말한다.

제 6 장

해상보험 및 중재

T R A D E E N G L I S H

제1절 개 론

피보험 목적물에 대한 손해는 입은 손해의 정도에 따라 전부 멸실된 경우의 total loss와 일부가 멸실된 경우의 partial loss로 분류된다. total loss는 다시 actual total loss와 constructive total loss로 구분되며 partial loss는 particular average와 general average로 구분된다.

Actual Total Loss : 부보된 목적물이 완전히 파손되어 현실적으로 완전한 멸실이 발생한 경우를 말한다.

Constructive Total Loss : 부보된 목적물이 현실적으로 total loss가 발생한 것은 아니지만 actual total loss로 보는 것이 불가피하거나 부보된 목적물의 수리비가 시가보다 큰 경우를 의미한다.

Particular Average : 피보험 목적물의 일부에 대해 발생한 손해로서 피보험자가 단독으로 입은 손해를 말한다.

General Average : 공동의 안전을 위해서 피보험 목적물이 희생되었을 때 관련된 이해관계자들이 공동으로 부담하는 손해이다.

해상보험에서 보험자가 피보험자에게 발생한 위험과 손해에 대해 어느 정도까지 보상해 주느냐는 institute cargo clause에 규정된 부보조건에 따라 결정된다. institute cargo clause는 1963년과 1983년에 각각 개정이 이루어져 사용되고 있으며 전자를 구협회적화약관이라 하고 후자를 신협회적화약관이라 한다.

구협회적화약관에 대한 내용을 정리하면 다음과 같다.

Institute Cargo Clause (AR) : 간단히 ICC(AR)라고 하며 전쟁 및 동맹파업 위험을 비롯해 면책이 되는 위험을 제외하고 모든 멸실이나 손상에 대해 보험회사가 보상을 해주는 조건을 말한다. 여기서 AR은 all risks를 의미한다.

Institute Cargo Clause (WA) : 간단히 ICC(WA)라고 하며 보험회사가 원칙적으로 particular average를 담보해 주는 조건이다. 여기서 WA는 with average를 의미한다.

Institute Cargo Clause (FPA) : 간단히 ICC(FPA)라고 하며 보험회사가 특정한 일부 particular average만을 보상해 주는 조건이다. 여기서 FPA는 free from particular average를 의미한다.

신협회적화약관에 대한 내용을 정리하면 다음과 같다.

Institute Cargo Clause (A) : 간단히 ICC(A)라고 하며 구협회적화약관의 ICC(AR)과 유사한 조건으로 전쟁 및 동맹파업 위험 등 면책위험을 제외하고 피보험 목적물에 발생하는 모든 멸실 및 손상을 담보하는 조건이다.

Institute Cargo Clause (B) : 간단히 ICC(B)라고 하며 구협회적화약관의 ICC(WA)와 유사한 조건이다.

Institute Cargo Clause(C) : 간단히 ICC(C)라고 하며 구협회적화약관의 ICC(FPA)와 유사한 조건이다.

무역클레임을 해결하는 방법 중 하나인 commercial arbitration에 대해 정리하면 다음과 같다.

Commercial Arbitration : 상거래를 하는 당사자들 사이에 발생하는 사법상의 분쟁을 법원에 소송을 제기해 법원이 내린 판결로 해결하지 아니하고 당사자 쌍방이 합의해서 지명한 공정한 제3자, 즉 arbitrator에게 의뢰해서 그가 내린 구속력 있는 판정으로 이를 신속하게 해결하는 방법이다.

해상보험과 관련된 용어를 정리하면 다음과 같다.

Warranty : 피보험자가 지켜야 하는 약속을 말하며 이는 두 가지로 나누어진다. 즉, express warranty는 내용을 보험증권에 명시하거나 별도로 인쇄된 서류를 보험증권에 첨부하는 경우의 담보를 말하며 implied warranty는 보험증권에 명시되거나 별도로 첨부되지는 않았지만 피보험자가 묵시적으로 제약을 받는 담보로서 예를 들면 warranty of seaworthiness 및 warranty of legality가 있다.

Warranty of Seaworthiness : 선박이 항해를 완수할 수 있을 정도의 능력을 갖춘 상태, 즉 내항성을 갖추고 있어야 한다는 담보이다.

Warranty of Legality : 관련된 해상사업이 합법적이어야 한다는 담보이다.

Proximate Cause : 어떤 사건을 발생시킨 가장 직접적이며 지배적인 近因을 의미하며 보험회사로부터 보상을 받기 위해서는 발생한 손해가 담보된 위험이거나 그것에 近因하여 발생한 손해이어야 한다.

Insurable Interest : 특정인이 피보험 목적물에 대해 갖고 있는 이해관계를 말한다. 반면에 insured amount는 손해가 발생했을 때 보험회사가 부담하는 보상의 최고한도를 의미한다. 따라서 insurable interest와 insured amount가 동일한 경우 full insurance가 되고 insurable interest가 insured amount보다 큰 경우, 즉 insured amount가 insurable interest에 못 미치는 경우 partial insurance가 된다.

Insurer (Assurer) : 보험료, 즉 insurance premium을 받고 손실을 보상하여줄 것을 약속한 보험회사를 말한다. insured(assured)는 보험계약에서 insurable interest에 대한 주체로서 insurer로부터 손해의 전보를 받을 권리가 있는 자를 의미한다. policy holder는 자기 명의로 insurer와 보험계약을 체결하고 보험료, 즉 insurance premium을 지불할 의무를 부담하는 자이다.

Abandonment : constructive total loss의 경우 피보험물이 갖는 일체의 권

리를 보험회사에게 이전하고 actual total loss와 마찬가지로 insured amount 전액을 청구하는 제도를 말한다. notice of abandonment는 피보험자가 보험회사에게 abandonment의 뜻을 서면으로 표시하는 것을 말한다.

Right of Subrogation : 사고를 야기한 제3자가 있고 동시에 그 사고가 담보된 위험으로 발생한 경우 보험회사가 피보험자에게 우선 보상을 취하고 제3자에 대한 피보험자의 권리를 취득하게 되는데 이렇게 취득된 권리를 말한다. 예를 들면 constructive total loss의 경우 보험회사는 피보험자의 편의를 위해 insured amount를 먼저 지급하고 피보험자의 abandonment를 통해 피보험자를 대신하여 insurable interest에 관해 제3자에 대하여 피보험자의 권리를 이양 받아 취득하게 된다.

T·R·A·D·E·E·N·G·L·I·S·H

제2절 해상보험 및 중재에 관한 주요 논의사항

[421] Protection and Indemnity Club(P&I)

A group of ship owners who agree to mutually share the costs of a member's liabilities to other parties. (축약문)

For example, the club members would be individually responsible for the costs of a single member's liability in the event of an oil spill. If the costs of the oil spill exceed the ability of specific P&I club to cover, the other P&I clubs are contractually obligated to cover them.

⊂해설⊃ 다른 회원선사가 부담하여야 하는 비용을 상호간에 공동 부담하기로 합의한 선주들의 모임이다.

[422] Improper Packaging

The lack of appropriate packaging materials for an international shipment. (축약문)

The decision is oftentimes reached by an insurance company when it refuses to pay a damage claim that it considers avoidable had proper packaging procedures been followed.

[423] Underwriter

The company, syndicate, or name that assumes the risk of a loss for another party, in exchange for a premium. (축약문)

⊂용어⊃ underwriter (보험업자) : 보험계약 인수의 증거로서 보험증권의 하부에 서명하는 자, 즉 보험계약을 인수하는 보험회사를 말한다.

[424] Marine Insurance

Insurance which will compensate the owner of goods transported overseas in the event of loss or damage. (축약문)

Marine insurance is a contract whereby the assurer (insurance company) agrees to pay the assured (the one insured), for loss or damage incurred to ship or cargo to the extent of risk and to the amount of value expressly stipulated in the policy.

⊂용어⊃ marine insurance (해상보험) : 해상 운송중에 물품에 발생하는 위험을 보험회사가 인수하고 이에 기인하는 손해가 발생하였을 때 피보험자에게 그 손해를 보상해 주는 보험제도이다.

insurance premium (보험료) : 보험자가 보험의 인수에 대하여 그 보수로서 보험계약자로부터 받는 요금을 말한다.

insurer (보험자) : 보험료를 받고 손실을 보상해 줄 것을 약속한 자, 즉 보험회사를 의미한다.

insured (피보험자) : 보험자로부터 손해의 전보를 받을 권리가 있는 자이다.

policy holder (보험계약자) : 보험자와 보험계약을 체결하고 보험료를 지불할 의무가 있는 자이다.

[425] Fundamental Principles of Insurance

Marine insurance is governed by the Marine Insurance Act 1906, which came into force on January 1907. This act did not create any new laws, but codified all the legal decisions which had been made during the preceding 300 years. The basic principles of insurance are specified in the Act. They are insurable interest; utmost good faith; indemnity and subrogation.

〈Two Essential Principles of Insurance〉

- The Principle of Insurable Interest : Financial interest is based on some legal right in the preservation of the insured property.
- The Principle of Subrogation : On paying the insured's claim, the insurer stands in the position of the former (the insured) to claim from other parties who are responsible for the loss or damage.

⊂용어⊃ Marine Insurance Act(M.I.A.) (영국 해상보험법) : 1906년 제정된 영국의 해상보험 계약법을 말한다. 판례법 국가인 영국에서 해상보험과 관련된 2,000개 이상의 판례를 정리할 필요가 있어서 제정된 법이다.

insurable interest (피보험이익) : 사고 발생에 의하여 경제상의 손해를 볼 우려가 있는 사정 하에 근거를 두고 보험계약에 의해 보호되는 특정인의 이익을 말한다. 선박이나 선적된 화물은 해상보험의 목적이 될 수 있는데 이에 대한 보험계약에서는 이것들에 대해 선주 또는 화주라는 특정인이 갖고 있는 이익관계, 즉 피보험 이익을 보호대상으로 하고 있다.

utmost good faith (최대선의의 원칙) : 보험계약자는 보험자에게 보험을 체결할 경우 자신이 신고하는 모든 사항에 대해서 최선을 다해 고지하여야 한다는 원칙을 말한다.

indemnity (손해보상) : 발생한 손해에 대해서 금전적인 배상을 하는 것을 말한다.

subrogation (代位) : 어떤 사람이 타인의 법률상의 지위에 대신하여 타인이 갖는 권리를 취득하고 또는 행사하는 것을 말한다.

[426] Purpose of Marine Insurance

The primary purpose of insurance in the context of foreign trade is to reduce the financial burden of losses arising from the movement of the goods over long distances. In export trade, it is customary to arrange extended marine insurance to cover not only the ocean voyage but also other means of transport that are used to deliver the goods to the overseas buyer. There are five essential elements to an insurance contract.

1. The insured must have an insurable interest, that is, a financial interest based on some legal right in the preservation of the property. The insured must prove the extent of the insurable interest to collect, and recovery is limited by the insured's interest at the time of loss.
2. The insured is subject to risk of loss of that interest by the occurrence of certain specified perils.
3. The insurer assume the risks of loss.
4. This assumption is part of a general scheme to distribute the actual loss among a large group of persons bearing similar risks.
5. As a consideration, the insured pays a premium to a general insurance fund.

⊂용어⊃ insured : 피보험자를 말한다.

insurable interest : 피보험이익을 말한다.

insurer : 보험자를 말한다.

premium : insurance premium, 즉 보험료를 의미한다.

[427] Marine Surveyor

A company or individual which assesses the extent of damage to cargo incurred during ocean transportation. (축약문)

An individual or company whose responsibility is to determine the extent and the circumstances of a marine cargo loss. (축약문)

A surveyor is an independent party who is not working for the shipper, the carrier, or the insurance company. Such survey reports are necessary in order for insurance companies to make payment to the beneficiary of the insurance policy.

⊂용어⊃ **marine surveyor :** 해상보험에 부보된 화물의 손해에 관한 원인, 상황, 금액 등을 검사해 주는 사람을 말한다.
⊂해설⊃ 해상운송중 선적된 화물에 발생한 손해의 범위를 평가하는 사람을 말하며 이런 보고서는 보험회사가 피보험자에게 보상을 하는 데 필요하다.

[428] SG Policy Form

A form of policy was included in the first schedule of the Marine Insurance Act 1906. This was the SG (Ship Good) form adopted by Lloyd's on January 1 1779.

⊂용어⊃ **Lloyd's :** 영국 해상보험업자 단체를 의미하며 중추기관으로는 Lloyd's Underwriters' Association(로이드 보험업자 협회) 및 Lloyd's Insurance Brokers' Association(로이드 보험 중개인 협회) 등이 있다.

[429] Perils of the Sea

Conditions covered by marine insurance including heavy weather, stranding, collision, and seawater damage. (축약문)

⊂용어⊃ perils of the sea (해상 고유의 위험) : 해상의 우연한 사고 또는 재앙을 의미하는 해상보험 용어이다.
heavy weather (악천후) : 폭풍우 등으로 인해 파선, 선박의 이상 경사, 침수 등이 발생하는 경우의 위험을 말한다.
stranding (좌초) : 선박이 암초 등에 걸려서 떨어지지 않는 경우의 위험을 말한다.
collision (충돌) : 선박 상호간에 접촉이 발생하는 경우의 위험을 말한다.
sea water damage : 화물이 해수에 젖어서 입게 되는 손상을 말한다.

[430a] Insurable Interest

The legal interest which a person must have in goods in order to be covered by insurance. (축약문)

⊂용어⊃ insurable interest : 사고가 발생하여 손해를 입을 경우 보험계약에 의해 보호되는 특정인의 이익을 의미한다. 선적된 화물에 대한 특정인, 즉 화주가 갖는 이익관계를 해상보험의 보호 대상으로 하고 있으며 해상위험에 의해 선적된 화물에 손실이 발생하면 화주가 입게 되는 손해를 보험계약에 의거하여 보호하게 된다.

[430b] Blanket Insurance Policy

For example, in an international sale under the Incoterms "ex-works," delivery and risk of loss for damage to the goods passes to the purchaser when the goods are loaded on and leave the seller's factory or warehouse. If the seller has already been paid for the goods at that time, the seller no longer has any legal interest in ownership or payment and cannot receive payment under any insurance coverage that the seller may have, such as a blanket insurance policy covering all sales.

⊂용어⊃ blanket insurance policy (포괄보험증권) : 일정 기간에 걸쳐 거래되는 해상 화물의 보험을 1개 구좌로 묶어서 부보하였을 경우 발행되는 보험증권을 말한다. 화물의 명칭, 종류, 운송기간, 항로 등의 범위를 정한 다음 현실적으로 개개의 선적을 하였을 때 그 세부사항을 통고하는 것을 조건으로 하여 총괄적으로 부보하기 때문에 blanket이란 명칭이 붙었다.

[431] Utmost Good Faith

The utmost good faith means a full disclosure of all material circumstances relating to the risk before the contract is concluded. A material circumstance is one which would influence a prudent underwriter as to the desirability of the risk. The Marine Insurance Act 1906 provides that a contract of marine insurance is a contract based upon the utmost good faith, and if the utmost good faith be not observed by either party, the other party may avoid the contract.

⊂용어⊃ utmost good faith (최대선의의 원칙) : 보험계약자는 보험자에게 보험청약을 할 경우 자기가 신고하는 모든 사항에 대해 최대한의 선의를 갖고 알려야 한다는 원칙이다. 영국의 Marine Insurance Act에 따르면 해상 보험계약은 최대선의에 의한 계약이며 당사자의 일방이 최대선의를 준수하지 않을 경우 다른 당사자는 그 계약을 취소할 수 있다고 규정하고 있다.

[432] Subrogation

The right which one person, usually an insurance or surety company, has, after payment to the beneficiary of the insurance policy, for example, for damage to goods, to pursue any third party against whom the beneficiary would have had a claim, such as the person causing the damage to the goods. (축약문)

⊂용어⊃ subrogation (代位) : 어떤 사람이 타인의 법률상의 지위에 대신하여 타인이 갖고 있는 권리를 취득하거나 행사하는 것을 말한다.
right of subrogation (代位權) : 무역거래에서 피보험자가 추정전손에 의해 보험금을 수령하고 부보된 해당 화물에 대해 피보험자가 갖고 있던 일체의 권리를 보험회사에 양도하게 되는데 이 경우 보험회사가 취득하는 권리를 말한다.

[433] Provisional Insurance

Temporary insurance issued by an agent of an insurance company covering a temporary time period until the actual insurance application can be reviewed by the insurance company and the insurance policy issued. (축약문)

⊂용어⊃ provisional insurance (예정보험) : definite insurance(확정보험)에 상대되는 보험 용어로 해상보험 계약 체결 시에 고지할 사항 중 불명확한 것이 있는 경우 체결된다. 선적할 선박명이 불명확한 경우 floating policy(선박명 미상 보험증권)가 발행되며 금액이 미상인 경우 unvalued policy(금액 미상 보험증권)가 발행된다.

위험과 관련된 용어를 다음과 같이 설명할 수 있다.

[434] Casualty Loss

Damage to goods incurred during transportation, loading, or unloading.

(축약문)

⊂용어⊃ loss : 'loss'는 물품의 全滅 즉, 완전한 소멸을 의미하고 'damage'는 물품의 부분적 및 수량적 손해를 의미한다. loss는 total loss(全損)와 관련되고 damage는 partial loss(分損)와 관련되는 용어이다. 해상보험에서는 통상적으로 loss or damage라는 표현을 사용한다.

[435] Hazard

A situation that increases the probability of a peril and therefore of a loss.

(축약문)

For example, a hazard would be a storm, which increases the probability of peril of water damage, or a poorly trained crew, which increases the probability of the peril of grounding.

⊂용어⊃ hazard : '사고 발생을 증가 또는 감소하게 하는 사정'을 말한다.

[436] Peril

The event that brings about a loss; for example, a fire, a collision, and a flood are all perils. (축약문)

⊂용어⊃ peril : '우발적인 사고'를 말한다.

[437] Risk

The chance or the probability of a loss. (축약문)

Pure risks can be insured (i.e., transferred to an insurance company).

⊂용어⊃ risk : '사고 또는 손해의 발생 가능성'과 '보험회사의 책임'을 의미한다.

[438] Risk Retention

A risk management strategy in which a company elects to retain a certain type of risk and decides not to insure that risk. (축약문)

[439] Risk Transfer

A risk management strategy in which a company elects not to retain a risk and asks an insurance company to take that risk in exchange for a premium. (축약문)

[440] Objective Risk

The chance of a loss that can be accurately calculated, because ample empirical data is available or because a good mathematical model has been developed. (축약문)

[441] Simple Policy & Open Policy

Simple Policy : A policy or certificate is issued for each transit.

Open Policy : This is a contract between the insurance company and the merchant by which the insurance company binds itself automatically to protect with insurance, according to the policy conditions, all shipments made by the assured, from the moment the shipment leaves the factory, store or warehouse at the initial shipping point, until final delivery at the factory, store or warehouse at destination. A cancellation clause is incorporated which allows either party to cancel the open policy or any part thereof upon giving prior notice, usually 30 days.

⊂용어⊃ open policy : 일정 기간 계속되는 예정보험으로서 포괄적으로 체결되는 포괄 예정 보험증권을 의미한다. 장기적으로 같은 종류의 화물에 대해 계속적으로 해상보험 계약을 체결할 필요가 있는 경우 포괄 예정 보험이 체결된다. 즉, 장래 계속해서 장기적 그리고 계속적으로 같은 종류의 화물에 대해 해상보험계약을 체결할 필요가 있을 경우 해당 화물의 전부 또는 특정 종류의 화물이나 또는 특정 항로의 화물에 대해서 일정기간에 수송되는 화물 전부를 부보하는 보험이다.

[442] Theft, Pilferage and Non-delivery(TPND)

A type of risk that may be covered under a transportation insurance policy either within the terms of the main coverage or by special endorsement and payment of the corresponding premium. (축약문)

⊂용어⊃ theft, pilferage and non-delivery (TPND) : 부가위험의 하나로 가장 많이 추가적으로 담보되는 위험으로 도난, 발화, 불착손에 따른 위험을 말한다.

[443] System's Theft

Theft that is perpetrated by someone who also gains access to a computer in the information system of the supply chain and detects the files related to that shipment. (축약문)

⊂단어⊃ theft : the act or an instance of stealing

[444] Pilferage

Theft of part of a cargo shipment due to opportunity. (축약문)

⊂용어⊃ pilferage : theft는 포장 내부의 전부를 도난당하는 것을 의미하는 데 반해 pilferage는 포장 내부의 일부를 도난당하는 것을 말한다.

[445] Barratry

An act of disobedience or willful misconduct by the captain or the crew of a ship that causes damage to the ship or the cargo. (축약문)

⊂용어⊃ barratry (of master and mariners) : 선장이나 선원이 선주나 용선자에게 고의적으로 손해를 끼치는 행위를 의미하는 해상보험 용어이다.

[446] Nautical Fault

An error in navigation made by the crew of a ship. (축약문)

⊂단어⊃ nautical : pertaining to navigation

[447] Average

A loss incurred on an ocean voyage by a cargo owner. (축약문)

It can be further qualified as a particular average or as a general average.

⊂용어⊃ average (海損) : 해상보험에서 사용되는 용어이며 선적된 화물에 발생하는 loss 및 damage를 의미한다. 넓은 의미의 average는 항해중 발생하는 사고로 인한 loss 및 damage를 총칭하며 total loss와 partial loss 모두를 의미하고 좁은 의미의 average는 운송중인 해상화물의 일부에 발생한 loss 및 damage, 즉 partial loss만을 의미한다. partial loss에는 통상적인 해난으로 인해 발생하는 particular average와 공동의 위험을 피하기 위하여 선장의 판단 하에 선적된 화물의 일부를 희생하여 발생하는 general average가 있다.

[448a] Types of Losses(Total Loss & Partial Loss)

1. Total Loss

A situation where damaged goods covered by an insurance policy are adjudged to have no commercial value and their full value will be paid under the insurance policy. (축약문)

• Actual Total Loss : Goods are completely damaged or destroyed or so changed in their nature as to be unmarketable. If a vessel sinks or if the cargo belonging to an individual shipper is completely destroyed, there is an actual total loss applicable to that specific interest in the venture and the underwriter pays the full insured valuation.

• Constructive Total Loss : Actual loss is inevitable (such as frustration of voyage for an indefinite time), or damaged cargo can only be saved at considerable cost (i.e., cost greater than its value). In case where the expense to prevent a loss is greater than the value of the goods, the assured is entitled to abandon the goods to the insurer and to claim a total loss.

⊂용어⊃ total loss (전손) : 피보험이익의 전부가 소멸되는 것을 말한다.
actual total loss (absolute total loss) : 화물이 완전히 멸실되거나 또는 부보되었을 때 실존하였던 물품으로서의 원래 성질이 상실되었을 만큼 그 손상이 심하거나 또는 점유가 피탈되어 회복할 수 없는 경우 등의 해상손해를 말한다.
constructive total loss (추정전손) : 본선이 행방불명되어 현실전손으로 추정하거나 예측할 수 있는 경우 또는 보험 목적물 자체는 현실전손을 구성하지 않지만 수선비나 보관비 등이 증가하여 경제적으로 전손이 구성된다고 간주되는 경우를 의미한다. 이 경우 화주는 잔여 화물에 관한 일체의 권리를 보험회사에게 무조건 양도하는 절차, 즉 abandonment의 절차를 밟고 보험금 전액을 청구할 수 있다.
abandonment (委付) : 추정전손의 경우 피보험자가 잔존하는 화물에 대한 모든 권리를 보험회사에게 양도하는 행위를 말한다.
⊂해설⊃ loss에는 피보험 화물 전부가 멸실되는 total loss와 일부만 멸실되는 partial loss가 있다. total loss에는 실제로 전손이 발생한 actual total loss와 전손이 발생한 것으로 추정되는 constructive total loss가 있다.

[448b]

2. Partial Loss

• General Average Loss :

A deliberate loss or damage to goods in the face of a peril such as dumping overboard, which sacrifice is made for the preservation of the vessel and other goods. (축약문)

A loss incurred on an ocean voyage that involves all of the cargo owners on board, such as in the case where the captain of the ship tosses overboard some of the cargo (jettison) to save the ship and the remainder of the cargo, or when the captain decides to ground the ship to prevent a total loss.

(축약문)

These are goods sacrificed as part of a general average act or as a cargo owner's contribution for the general average loss of others. General average means that under th principle of maritime law, when a sacrifice is made or an expense voluntarily incurred at the time of common danger for the mutual benefit or both ship and cargo allowing the voyage to continue, the loss or expense should be shared among all the interested parties in proportion to value involved.

The owners of the cargo saved by this action are indebted to the owners of the cargo sacrificed and to the owners of the ship.

The cost of the loss is shared by the owners of the saved goods.

- Particular Average Loss :

A partial loss or damage to cargo which solely affects "particular" interests.

(축약문)

These damages or partial losses are not shared by other interests but are expected in the ocean carrier's bill of lading. Therefore, except if negligence is involved, claims under particular average cannot be directed against the steamship line.

This includes partial losses that are not covered by general average and particular charges.

⊂용어⊃ partial loss (분손) : 피보험 화물의 일부분에 발생한 손해로 total loss 이외의 손실을 의미한다. particular average(단독해손), 구조비용, 특별비용, general average(공동해손)가 포함되지만 협의로는 particular average만을 가리킨다.

general average (공동해손) : 선박이나 선적된 화물이 재난을 만난 경우 선장이 공동의 이익을 위하여 행한 처분 때문에 발생된 해손을 말한다. 손실이 공동해손을 구성하게 되면 희생자의 손실을 분담하게 된다.

jettison (투하) : 선박이 항해중 조난 또는 좌초 등이 발생하였을 경우 선체를 가볍게 하여 그 위험을 피할 목적으로 선장의 명령에 따라 선적된 화물이나 선박의 도구를 바다로 투기하는 것을 말하며 공동해손이 된다.

particular average (단독해손) : 피보험 목적물의 일부에 발생하는 해상손해로서 공동해손에 속하지 않는 분손을 말한다.

⊂해설⊃ 피보험 화물의 일부만 멸실되어서 발생하는 partial loss에는 공동의 이익을 위하여 발생한 general average와 그렇지 않고 특정의 이익에 대해 발생한 particular average가 있다.

[449] Particular Charges

These are expenses incurred to prevent loss or damage to insured cargo from risk that is insured against. Example : expenses for extra fodder for a cargo of horses while the ship is under repair for hurricane damage that was covered under the policy.

⊂용어⊃ particular charges (단독비용) : 단독해손에 대응하는 비용손해를 말한다.

⊂해설⊃ 보험 목적물의 안전과 보존을 위하여 지출된 비용으로 공동해손과 구조료 이외의 것을 말한다.

[450] Syndicate

Under the Lloyd's concept of an insurance market, a group of names who agree to insure a certain type of loss. (축약문)

The risks are shared by all the members of the syndicate.

⊂용어⊃ syndicate : 동업자들이 특수한 목적을 위하여 그 영업의 전부 또는 일부를 연합해서 할 때 그런 업무를 수행하는 조직을 말한다.

[451] Average Adjuster

When a steamship line transporting goods encounters a condition covered by general average, an independent average adjuster will determine the contribution that each owner of goods being transported on the steamship will have to pay to make the steamship line and the other owners of goods whole.

⊂용어⊃ average adjuster (해손 정산인) : 공동해손이 발생한 경우 이의 정산을 담당하는 전문인을 말한다.
general average contribution (공동해손 분담금) : 공동해손이 발생한 경우 관계 당사자들이 분담하여 부담해야 하는 금액을 말한다.

[452a] Institute Cargo Clause (Types of Policies in Marine Insurance)

There are three basic types of policies : (1) all risks(AR), (2) free from particular average(FPA), and (3) With Average(WA). All three policies generally cover the following : total loss of cargo by loss of the vessel, or while loading or discharging; constructive total loss (total loss from a commercial point of view, although goods may be in existence); stranding, sinking, or burning of vessel; damage from fire, explosion, or collision; general average contribution, jettison, sue, and labor.

However, in addition to these, the all risks policy protects against hooks, rainwater, theft, pilferage, non-delivery, sweat damage, leakage, taint from other cargo, breakage, and heat damage. All policies exclude delay in delivery, inherent vice, strikes, riots, war, and civil commotion, unless added by endorsement.

FPA will cover only in the event of total loss or partial loss arising from certain specified risk, such as stranding or fire. WA covers total loss and partial losses (broader than FPA) greater than a given percentage. AR policies are subject to high premium, followed by WA policies.

⊂용어⊃ Institute Cargo Clause (ICC) (협회적화약관): 해상보험회사가 담보하는 화물의 멸실 또는 손상에 관한 위험에 대해 규정한 약관을 말한다. 구 협회적화약관에는 ICC(FPA), ICC(WA), ICC(AR) 등이 있으며 신 협회적화약관에는 ICC(C), ICC(B), ICC(A) 등이 있다.

stranding (좌초): 선박이 암초 등에 걸려서 떨어지지 않는 경우의 위험을 말한다.

sinking (침몰): 선박이 부력과 항해 능력을 상실하고 선체의 대부분이 수면 이하로 잠기는 경우의 위험을 말한다.

burning or fire (화재): 소실 화재로 인한 그을음, 가열, 손상 및 소화 작용으로 인한 파손, 유손 등의 위험을 말한다.

collision (충돌): 선박 상호간에 접촉이 발생한 경우의 위험을 말한다.

hook and hole: 갈고리에 의한 손해에 따른 위험을 말한다.

sweat damage: 적당한 환기 및 통풍의 부족이나 불량에서 비롯된 물방울로 인한 위험을 말한다.

leakage : 누손에 따른 위험을 말한다.

breakage : 파손에 따른 위험을 말한다.

strikes, riots and civil commotions (SRCC) : strikes는 동맹파업으로 노동자들이 자신들의 주장을 관철하기 위해서 단체행동을 하는 것을 말하며 riots은 폭동을 말하고 civil commotions은 소요사태를 의미하며 riots에 비해 규모가 크고 반란 정도에까지 이르지 않는 상태를 말한다.

⊂해설⊃ 해상운송보험의 약관을 정리한 협회적화약관은 구 협회적화약관과 신 협회적화약관으로 나누어지며 구 협회적화약관을 부보범위가 좁은 데서 넓은 데로 정리하면 ICC(FPA), ICC(WA), ICC(AR) 순서가 된다. ICC(FPA)의 부보범위는 total loss + 일부 partial loss이고 ICC(WA)의 부보범위는 total loss + partial loss이며 ICC(AR)의 부보범위는 면책되지 않은 모든 위험에 대해서이다. 하지만 3가지 약관 모두에서 SRCC, delay in delivery 등은 부보되지 않기 때문에 추가적으로 부보하여야 한다.

이를 보다 자세히 살펴보면 다음과 같다.

[452b]

1. Free from Particular Average (F.P.A.) :

The phrase means that the insurance company will not cover partial losses resulting from perils of the sea except when caused by stranding, sinking, burning, or collision. American conditions(F.P.A.A.C.)— partial loss is not insured unless caused by the vessel being sunk, stranded, burned, on fire, or in collision. English conditions(F.P.A.E.C.)— partial loss is not insured unless a result of the vessel being sunk, stranded, burned, on fire, or in collision.

The underwriter will insure goods only against total loss or against partial loss due to a limited number of circumstances. When the underwriter refuses broad coverage for partial loss or damage, the insurance is "free from particular average." The word "average" is derived from the French word "avarie" which means "damage to ship or cargo," hence particular average, which is partial loss or damage to a specific interest.

⊂용어⊃ free from particular average (FPA) : 분손 부담보 약관을 의미한다. 원칙으로는 분손을 담보하지 않지만 예외로 화재, 폭발, 본선의 좌초, 침몰, 충돌에서 기인되는 분손은 담보가 된다.

[452c]

2. With Average(W.A.) :

An insurance coverage broader than F.P.A. and representing protection for partial damage caused by the perils of the sea. (축약문)

Additional named perils, such as theft, pilferage, non-delivery, and fresh-water damage can be added to a W.A. Clause. Generally, however, damage must be caused by seawater. A minimum percentage of damage may be required before payment is made.

Under this insurance agreement, all loss, total and partial, caused by or resulting from the basic perils of the policy are covered.

[Franchise : The portion of a loss, expressed as a percentage, below which a "With Average" insurance policy will not cover a partial loss. (축약문) If the amount of the partial loss exceeds the franchise, then the entire costs of the partial loss are covered.]

⊂용어⊃ with average (WA) : 단독해손 담보 조건으로 FPA보다 부보 범위가 넓으며 WA조건의 경우에 보통 면책비율, 즉 franchise가 포함된다.
franchise (小損害 不擔保) : 손해가 어느 일정 비율(면책 비율)에 달하지 못할 때는 보험회사가 면책되는 경우이다. 예를 들면, WA 3%인 경우 3%에 미달될 때 그 손해에 대해서 보험회사는 면책이 되며 3%를 초과할 경우 손해액 전부를 보상해 준다.

[452d]

3. All Risks(A.R.) :
An insurance coverage in which all loss and damage to goods are insured unless caused by inherent deficiencies. (축약문)

This clause affords one of the broadest obtainable protections; however, it excludes war risks and strikes, riots, and civil commotions unless added by special endorsement for an additional premium.

⊂용어⊃ all risks (A/R) : 구 협회적화약관에서 면책위험을 제외하고 해상에서 발생하는 모든 위험에 대해 보험회사가 담보해 주는 해상보험 조건이다.

[453] New Institute Cargo Clause

The new clauses are presented in an entirely different format, the scope of cover and the terms of the insurance being clearly indicated under sub-headings.

The new clauses must not be regarded as replacements of their old counterparts. Comparison reveals certain significant differences in the cover provided between the old and the new. Further, in the case of the (B) and (C) Clauses there is a far greater difference in the cover between the two sets than there was between the old (WA) and (FPA) Clauses. [Basically, the only difference in the cover between the old (WA) and (FPA) Clauses was that the (WA) Clauses covered particular average damage caused by sea-water, and the (FPA) Clauses did not.]

⊂해설⊃ 신 협회적화약관은 ICC(C), ICC(B), ICC(A)로 구성되며 이에 상응하는 구 협회적화약관은 ICC(FPA), ICC(WA), ICC(AR)이지만 구 협회적화약관을 단순히 명칭만 변경하여 대체시킨 것은 아니다. 예를 들어, 구 협회적화약관에서 ICC(WA)와 ICC(FPA)의 차이는 WA는 FPA와 달리 해수에 의한 손해를 부보한다는 점이지만 ICC(B)와 ICC(C)의 차이는 이것보다 크다.

[454] War Risk Insurance

Separate insurance coverage for loss of goods which results from any act of war. (축약문)

This insurance is necessary during peacetime due to objects, such as floating mines, left over from previous wars.

⊂용어⊃ war risk insurance (전쟁위험 보험) : 전쟁이나 변란에서에서 기인되는 해상위험에 대처하기 위한 해상보험의 한 종류이다.
⊂해설⊃ 보험회사의 면책위험인 전쟁위험, 동맹파업, 폭동, 소요 등을 담보하는 협회적화약관의 예를 들면 다음과 같다.

Subject to the following Clauses as per back hereof

☐ Institute Cargo Clauses Specified Above

☐ Institute Radioactive Contamination Exclusion Clauses

☐ Institute War Clause(Cargo/Air Cargo)

☐ Institute Strikes Riots & Civil Commotions Clause

☐ On-Deck Clause

☐ Special Replacement Clause

☐ Institute Classification Clause

[455] Warehouse to Warehouse Clause

A provision in a transportation insurance policy extending coverage from the time of transport from the seller's place of business to the purchaser's place of business. (축약문)

⊂용어⊃ warehouse to warehouse(W/W) clause : 창고간 약관으로 화물이 운송을 시작하기 위하여 보험 증권에 기재된 창고를 떠날 때 시작하여 목적지의 수화인 창고 또는 기타의 최종 창고에 인도될 때까지 계속 담보가 이루어지는 약관을 말한다.

[456] Marine Extension Clause

A provision in an ocean casualty insurance policy extending the ordinary coverage to include time periods where goods are received for shipment but not yet loaded on a steamship, and loaded off the steamship but not yet delivered to the buyer and periods where the ship deviates from its intended course or the goods are transshipped. (축약문)

[457] Sue and Labor Clause

A provision in a marine insurance policy obligating the assured to do those things necessary after a loss to prevent further loss and to cooperate with, and act in the best interests of, the insurer. (축약문)

⊂용어⊃ sue and labor clause (손해 방지 약관) : 항해중에 화물에 발생될 손해를 방지하거나 또는 이를 경감하기 위해서 사용된 비용에 관한 약관을 말한다.

[458] Insurance Policy versus Insurance Certificate

An insurance company may issue an insurance policy or a certificate. If the insurer issues only policies, an application must be completed by the insured for each shipment and delivered to the insurer or agent before a policy is prepared and sent to the former. This can be time-consuming. However, in the case of certificates, the insurer provides a pad of insurance certificates to the exporter or importer, and a copy of the completed certificate (with details of goods, destination, type and amount of insurance required, etc.) is mailed to the insurance company whenever a shipment is made. Certificates save time and facilitate more efficient international business transactions.

⊂용어⊃ insurance policy (I/P) : 보험증권을 말한다.
insurance certificate (certificate of insurance) : 보험회사 또는 대리인이 자사가 발행한 보험 증권에 의거하여 보험 계약의 존재와 해당 물품이 보험에 부보되어 있다는 사실을 증명해 주는 보험증명서이다. 적화보험에서는 보통 포괄 예정보험 계약을 체결한 보험회사가 보험계약자의 요청에 따라 한 선박에 적재될 때마다 보험 증권에 의거하여 insurance certificate를 발급해 준다.

[459] Loss and Damage Claim

This document is used to claim insurance compensation for goods lost or damaged during exportation. The items lost or damaged must be fully described. Supporting documentation would include copies of the commercial invoice, bill of lading, and insurance certificate.

[460a] Typical Steps in Insurance Claim Procedures

step 1 : Preliminary Notice of Claim

The insured (export-import firm) must file a preliminary claim by notifying the carrier of a potential claim as soon as the loss is known or expected. A formal claim may follow when the nature and value of the loss or damage is ascertained.

[460b]

step 2 : Formal Notice of Claim

The consignee must file a formal claim with the carrier and the insurance company once the damage or loss is ascertained. If the insurance policy is 110 percent of the CIF value, the insured could add 10 percent of the value of the goods to the claim. Assuming that the insured intends to claim from the insurer (not the carrier), the insured should arrange for a survey with the claims agent of the insurance company.

⊂용어⊃ surveyor : 손해 정도 및 손해의 원인을 확인하기 위하여 보험회사 또는 피보험자의 요구에 응하여 전문적 판단이나 감정을 업으로 하는 자를 말한다. 국제적으로 신용이 있는 surveyor로 Lloyd's 협회 소속의 Lloyd's surveyor가 있다.

survey report : 해상손해에 대해서 surveyor가 그 감정의 결과를 기록하기 위해서 작성한 보고서를 말한다.

[460c]

step 3 : Settlement of Claim

If the claim is covered by the policy and claims procedures are appropriately followed, the insurance company will pay the insured. If the insurance company declines to approve payment, the insured could pursue arbitration or other dispute settlement procedures as provided in the insurance contract.

In CIF contracts, the exporter takes out an insurance policy for the benefit of the buyer and the risk of loss is transferred to the buyer once goods are put on board the vessel at the port of shipment.

It is estimated that proper packing, handling, and stowage can prevent about 70 percent of cargo loss or damage.

[461] Mediation

A process by which the parties to a contract can attempt to settle a dispute, generally involving a third independent party who can suggest a compromise solution, acceptable to all concerned parties. (축약문)

Mediation is often preferred over litigation, an expensive and time-consuming process for which all judicial rules must be followed, and which cannot offer compromise solutions.

⊂용어⊃ mediation (조정) : conciliation이라고도 하며 claim이 제기되었으나

원만한 해결이 이루어지지 않을 경우 당사자 쌍방이 선정한 조정인, 즉 mediator가 조정안을 제시하고 양 당사자가 자주적으로 해결하도록 하는 방법이다. 이 방법으로 해결이 되지 않는 경우 보통 arbitration 방법을 취하게 된다.

[462] Arbitration

A process by which the parties to a contract can settle a dispute. (축약문)

It will render a decision in a much shorter period of time. In an international contract dispute, the arbitrators will follow the laws specified in the choice of law clause. Arbitration tends to be much cheaper than litigation.

⊂용어⊃ **arbitration** (중재) : 상사 분쟁이 발생하는 경우 분쟁 당사자들 사이에 제3자, 즉 중재인이 개입하여 해당 분쟁을 해결하는 방법을 말한다.
arbitration clause (중재조항) : 분쟁이 발생할 경우 중재를 통해 해결할 것이라는 규정을 말한다
arbitrator (중재인) : 중재조항에 의거해 선임된 심판자를 말한다.

[463] Panel

A group of (generally) three arbitrators who are empowered by the parties involved in a contract dispute to reach a decision on the facts of the dispute, and whose decision is binding on all parties. (축약문)

Generally each of the parties chooses one arbitrator, and the third is chosen by a neutral party.

⊂해설⊃ 상사분쟁을 중재로 해결하기 위해서 보통 3명의 중재인으로 구성되며 이들의 중재안은 당사자들에게 구속력이 있다.

[464] Litigation

A process by which the parties to a contract can settle a dispute, involving the courts of the country chosen in the choice of forum clause of an international contract. (축약문)

Litigation is considered a last resort option, when mediation fail and when the parties in dispute cannot agree to arbitration.

⊂해설⊃ 상사 분쟁이 mediation이나 arbitration으로 해결되지 못하는 경우 최종적으로 법원에 의뢰하여 해결 방안을 찾는 방법이다.

[465] Customs Clearance

The term used to signify that the goods were imported in a country and that the importer paid the duty that was due on those goods : the goods were released by the customs authorities. (축약문)

⊂용어⊃ customs clearance (통관) : 수출입 화물에 대하여 세관에 의한 법절차가 완료되고 당해 화물이 세관 단속으로부터 해방되기까지의 일체의 절차를 말한다.

[466] Customs Invoice

Certain countries require special invoices containing specific information for the customs clearance and valuation of imported shipments. These documents contain most of the elements of the commercial invoice, and are usually in the language of the importing country.

⊂용어⊃ customs invoice (세관송장) : 수출업자가 수출품의 진실성에 대해 수입업자를 통하여 수입국 세관에 제출하기 위해서 작성된 공용의 송장을 말한다. 영사송장과 내용은 동일하지만 수출국 주재 수입국 영사의 사증을 필요로 하지 않는다는 점에서 다르다.

[467] Import License

The express authorization, granted by the government of the importing country, to import a particular product in a given quantity. (축약문)

An import license is granted to the importer.

Many countries have currency exchange controls which serve to limit the amount of currency available for the purchase of foreign merchandise. The import license is used to control orders sent to foreign exporters. It is important for exporters to understand their foreign buyer's licensing requirements as payment negotiations are made prior to any exportation.

⊂용어⊃ import licence (I/L) (수입승인) : 외국으로부터 수입을 하기 위해서 수입국 정부로부터 얻어야 되는 승인을 말한다.

[468] Valuation

The process of determining the value of an import, or the amount upon which the duty will be calculated. (축약문)

The value of an import generally includes not only the value of the goods but also the value of some of the transportation services used to get it into the importing country.

⊂해설⊃ 부과되는 관세 금액을 계산하는 데 기초가 되는 수입품의 가치 결정 과정을 말한다.

[469] Drawback

A process by which the customs office refunds the duty it collected on goods that are imported into a country if the same goods are later exported.

(축약문)

⊂해설⊃ duty drawback : 수출을 이행하면 수입시 징수했던 관세를 환급해 주는 제도를 말한다.

[470] Electronic Date Interchange(EDI)

A method to send documents (invoice, certificates, packing list, and so on) from one company to another, using electronic means. (축약문)

EDI is different from fax (facsimile transmission) in that it does not transfer a copy of a sheet of paper, but sends the information it contains, which is then used by the recipient to create a document.

⊂용어⊃ electronic data interchange (EDI) (전자문서 교환방식) : 당사자 간의 합의에 의해 표준화된 자료인 전자문서를 데이터 통신망을 통해 교환하여 재입력과정 없이 직접 업무에 활용할 수 있도록 하는 정보전달 방식을 말한다.

[471] Individual Validated Export License

The express authorization, granted by the government of the exporting country, to export a particular product, or to export to a particular country or particular individual. (축약문)

⊂용어⊃ export licence(E/L) : 수출승인을 의미한다.

[472a] Entry

The process by which an importer notifies customs that it has imported a particular product. (축약문)

The entry process encompasses an entry form and is accompanied by a number of other documents : invoice, certificate of origin, certificate of inspection, and so on.

⊂용어⊃ entry : 세관의 통관 수속을 말한다.

[472b] Liquidated Entry

An entry that has been successfully reviewed by customs authorities and for which duty has been paid. (축약문)

No further processing is required when an entry is liquidated.

⊂단어⊃ liquidate : to enter into the process of liquidating financially

[473] Custom Trade Partnership Against Terrorism (C-TPAT)

A program instituted by the U.S. Customs and Border Protection Agency, through which Customs gives preferential treatment to companies who have implemented a number of security measures in their supply chains. (축약문)

The shipments of companies participating in the C-TPAT program are less frequently inspected and are cleared faster than those of companies that are not participating in the program.

[474] Foreign Port Program

A U.S. Customs and Border Protection(CBP) initiative under which ports abroad purchase container scanning equipment and agree to inspect cargo that the CBP considers suspicious. (축약문)

Cargo shipments originating from these ports get preferential treatment in the customs inspection and clearance process in the U.S.

[475] Informed Compliance

A standard of behavior, set and enforced by the United States Customs, that is expected of importers if they want their customs entries to be cleared quickly and if they want to keep customs inspections to a minimum. (축약문)

[476] Twenty-Four-Hour Rule

A rule first instituted by the U.S. Customs and Border Protection Agency, which requires carriers to send Customs the manifest of all cargo destined for the United States twenty-four hours prior to the cargo being loaded in the port of departure. (축약문)

[477] ATA Carnet

An international customs document that may be used in lieu of national customs entry documents and as security for import duties and taxes to cover the temporary admission and transit of goods. (축약문)

T·R·A·D·E·E·N·G·L·I·S·H

제3절 해상보험 및 중재에 관한 국제협약

[478] A contract of marine insurance is a contract whereby the insurer undertakes to indemnify the assured, in manner and to the extent thereby agreed, against marine losses, that is to say, the losses incident to marine adventure.

⊂해설⊃ 해상보험계약은 보험자가 피보험자에 대하여 해당 계약에 의해 합의된 방법과 범위 내에서 해상손해 즉, 항해 사업에 부수하여 발생한 손해를 보상할 것을 약정한 계약이다.

[479] The assured must be interested in the subject-matter insured at the time of the loss though he needs not be interested when the insurance is effected.

⊂해설⊃ 피보험자는 보험계약 체결시 보험 목적물에 대하여 이해관계를 가질 필요는 없지만 손해 발생시에는 이해관계를 가지고 있어야만 한다.

[480] A defeasible interest is insurable, as also is a contingent interest.

⊂단어⊃ defeasible : capable of being annulled or terminated
contingent : happening by chance or accident

⊂해설⊃ 소멸할 수 있는 이익은 보험에 부보할 수 있으며 불확정 이익의 경우에도 그러하다.

[481] The insurer under a contract of marine insurance has an insurable interest in his risk, and may reinsure in respect of it.

⊂해설⊃ 해상보험계약의 보험자는 자신의 보험책임에 관하여 피보험이익을 가지며 이를 재보험에 부보할 수 있다.

[482] A contract of marine insurance is a contract based upon the utmost good faith, and if the utmost good faith be not observed by either party, the contract may be avoided by the other party.

⊂해설⊃ 해상보험 계약은 최대선의에 기초한 계약이며 당사자의 일방이 최대선의를 준수하지 않을 경우 다른 상대방은 해당 계약을 취소할 수 있다.

[483] The assured must disclose to the insurer, before the contract is concluded, every material circumstance which is known to the assured, and the assured is deemed to know every circumstance which, in the ordinary course of business, ought to be known by him. If the assured fails to make such disclosure, the insurer may avoid the contract.

⊂해설⊃ 피보험자는 보험계약이 체결되기 전에 자신이 알고 있는 일체의 중요한 상황을 보험자에게 고지하여야 하며 피보험자는 통상적인 업무과정에서 알아야만 하는 모든 상황을 알고 있다고 간주된다. 피보험자가 이런 고지를 하지 않은 경우 보험자는 해당 계약을 취소할 수 있다.

[484] A contract of marine insurance is deemed to be concluded when the proposal of the assured is accepted by the insurer, whether the policy be

then issued or not; and for the purpose of showing when the proposal was accepted, reference may be made to the slip or covering note or other customary memorandum of the contract.

⊂해설⊃ 해상보험계약은 피보험자의 제안을 보험자가 수락한 경우 그 당시 보험증권의 발행여부에 관계없이 계약이 체결된 것으로 간주된다. 청약이 승낙된 시점을 입증하기 위해서 보험인수각서나 보험인수증 또는 기타 관습적인 계약각서를 참조할 수 있다.

[485] A contract of marine insurance is inadmissible in evidence unless it is embodied in a marine policy. The policy may be executed and issued either at the time when the contract is concluded, or afterwards.

⊂해설⊃ 해상보험계약은 해상보험증권에 구현되지 않는다면 증거로서 인정되지 않는다. 해상보험증권은 계약 체결시 또는 그 이후에 작성되어 발행될 수 있다.

[486] A marine policy must specify the name of the assured, or of some person who effects the insurance on his behalf.

⊂해설⊃ 해상보험증권에는 피보험자의 이름이나 피보험자를 대신하여 보험에 부보하는 사람의 이름이 기재되어야 한다.

[487] A marine policy must be signed by or on behalf of the insurer, provided that in the case of a corporation the corporate seal may be sufficient.

⊂해설⊃ 해상보험증권은 보험자 또는 보험자의 대리인에 의하여 서명되어야 하며 법인인 경우 법인의 인장으로 충분할 수 있다.

[488] Where the contract is to insure the subject-matter at and from, or from one place to another or others, the policy is called a **voyage policy**, and where the contract is to insure the subject-matter for a definite period of time the policy is called a **time policy**. A contract for both voyage and time may be included in the same policy.

⊂해설⊃ 보험계약이 목적물을 어느 지점에서 그리고 어느 지점에서부터 부보를 하거나, 또는 한 지점에서부터 다른 한 지점까지 아니면 다른 수개 지점까지 부보를 하는 경우 해당 증권은 항해보험증권이 된다. 보험계약이 목적물을 일정한 기간 동안 부보하는 경우 해당 증권은 기간보험증권이 된다. 항해 및 기간에 대한 계약이 동일한 증권에 함께 포함될 수 있다.

[489] A policy may be valued or unvalued. A **valued policy** is a policy which specifies the agreed value of the subject-matter insured. An **unvalued policy** is a policy which does not specify the value of the subject-matter insured, but, subject to the limit of the sum insured, leaves the insurable value to be subsequently ascertained.

⊂해설⊃ 보험증권은 기평가 보험증권이 될 수도 있고 미평가 보험증권이 될 수도 있다. 기평가 보험증권은 보험 목적물의 협정가액을 명기한 보험증권이다. 미평가 보험증권은 보험 목적물의 가액을 명기하지는 않았지만 보험금액을 한도로 하여 보험가액을 추후에 확정하는 보험증권이다.

[490] A **floating policy** is a policy which describes the insurance in general terms, and leaves the name of the ship or ships and other particulars to be defined by subsequent declaration.

⊂해설⊃ 선명 미상 보험증권은 일반적인 조건으로 보험을 기술하고 선박명 및 다른 세부사항들은 추후 통지에 의해 확정하는 보험증권이다.

[491] Where two or more policies are effected by or on behalf of the assured on the same adventure and interest or any part thereof, and the sums insured exceed the indemnity, the assured is said to be overinsured by double insurance.

⊂해설⊃ 동일한 사업 및 이익 또는 그 일부에 대해 둘 이상의 보험계약이 피보험자 또는 그 대리인에 의해 체결되고 보험금액이 보상액을 초과하는 경우 피보험자는 중복보험에 의해 초과 부보되었다고 한다.

[492a] A warranty may be express or implied.

⊂해설⊃ 담보는 명시담보이거나 묵시담보일 수 있다.

[492b] An express warranty may be in any form of words from which the intention to warrant is to be inferred. An express warranty must be included in or written upon, the policy, or must be contained in some document incorporated by reference into the policy.

⊂해설⊃ 명시담보는 담보하려는 의사를 추론할 수 있다면 어떤 문구라도 사용할 수 있다. 명시담보는 보험증권에 삽입되거나 기재되든지 아니면 참조를 통해 보험증권에 결합되는 서류에 포함되어야 한다.

[492c] Warranty of Neutrality : Where insurable property, whether ship or goods, is expressly warranted neutral, there is an implied condition that the property shall have a neutral character at the commencement of the risk, and that, so far as the assured can control the matter, its neutral character shall be preserved during the risk.

⊂해설⊃ 선박이든 화물이든지 간에 피보험 재산이 명시적으로 중립 재산이

라고 담보된 경우 해당 재산은 위험이 시작될 때 중립적인 성격을 갖고 있고 피보험자가 사정을 통제할 수 있는 한 그 중립적인 성격은 위험기간 동안 보존되어야 한다는 묵시조건이 있다.

[493] Warranty of Good Safety : Where the subject-matter insured is warranted well or in good safety on a particular day, it is sufficient if it be safe at any time during that day.

⊂해설⊃ 안전담보 : 보험 목적물이 특정일에 무사 또는 안전할 것을 담보할 경우 해당 일에 임의의 시간에 안전하면 그것으로 충분하다.

[494] Warranty of Seaworthiness of Ship : In a voyage policy there is an implied warranty that at the commencement of the voyage the ship shall be seaworthy for the purpose of the particular adventure insured.

⊂해설⊃ 선박의 내항성 담보 : 항해보험의 경우 항해가 시작될 때 선박은 부보된 특정 항해를 수행하기 위해서 내항성이 있어야 한다는 묵시담보가 있다.

[495] Warranty of Legality : There is an implied warranty that the adventure insured is a lawful one, and that, so far as the assured can control the matter, the adventure shall be carried out in a lawful manner.

⊂해설⊃ 부보된 사업은 적법한 것이어야 하며 피보험자가 사정을 통제할 수 있는 한 해당 사업이 적법한 방법으로 수행되어야 한다는 묵시담보가 있다.

[496] Unless otherwise agreed, the duty of the assured or his agent to pay the premium, and the duty of the insurer to issue the policy to the assured or his agent, are concurrent conditions, and the insurer is not bound

to issue the policy until payment or tender of the premium.

⊂해설⊃ 별도의 합의가 없는 한 피보험자 또는 그 대리인의 보험료 지불 의무와 보험자의 피보험자 또는 그 대리인에 대한 보험증권 발행 의무는 동시이행 조건이며 보험료가 지불되거나 제공될 때까지 보험자는 보험증권을 발행할 의무를 지지 않는다.

[497] A loss may be either total or partial. Any loss other than a total loss, as hereinafter defined, is a partial loss. A total loss may be either an actual total loss, or a constructive total loss. Unless a different intention appears from the terms of the policy, an insurance against total loss includes a constructive, as well as an actual, total loss.

⊂해설⊃ 손해는 전손일 수도 있고 분손일 수도 있다. 다음에 정의하는 전손 이외의 모든 손해는 분손이다. 전손은 현실전손일 수도 있고 추정전손일 수도 있다. 보험증권의 문언 상에 다른 의사표시가 없는 한 전손을 담보하는 보험은 현실전손뿐만 아니라 추정전손도 포함한다.

[498] Where the subject-matter insured is destroyed, or so damaged as to cease to be a thing of the kind insured, or where the assured is irretrievably deprived thereof, there is an actual total loss. In the case of an actual total loss no notice of abandonment need be given.

⊂해설⊃ 보험 목적물이 파괴되거나 부보된 종류의 물품으로 존재할 수 없을 정도로 심하게 손상을 입은 경우 또는 피보험자가 보험 목적물을 박탈당하고 회복할 수 없는 경우 현실전손이 발생한다. 현실전손의 경우 위부의 통지를 할 필요가 없다.

[499] There is a constructive total loss where the subject-matter in-

sured is reasonably abandoned on account of its actual total loss appearing to be unavoidable, or because it could not be preserved from actual total loss without an expenditure which would exceed its value when the expenditure had been incurred.

⊂해설⊃ 피보험 목적물의 현실전손이 불가피한 것처럼 보이기 때문이거나 또는 비용이 발생한 경우 피보험 목적물의 금액을 초과하는 비용을 지출해야만 현실전손을 면할 수 있기 때문에 피보험 목적물을 합리적으로 위부한 경우 추정전손이 성립된다.

[500] Where there is a constructive total loss the assured may either treat the loss as a partial loss, or abandon the subject-matter insured to the insurer and treat the loss as if it were an actual total loss.

⊂해설⊃ 추정전손이 발생하는 경우 피보험자는 손해를 분손으로 처리하거나 또는 보험자에게 부보된 목적물을 위부하고 손해를 현실전손인 것처럼 처리할 수 있다.

[501] Where the assured elects to abandon the subject-matter insured to the insurer, he must give notice of abandonment. If he fails to do so, the loss can only be treated as a partial loss.

⊂해설⊃ 피보험자가 보험자에게 부보된 목적물을 위부하기로 선택한 경우 피보험자는 위부통지를 하여야 한다. 피보험자가 위부통지를 하지 않은 경우 손해는 단지 분손으로 처리될 뿐이다.

[502] Notice of abandonment may be given in writing, or by word of mouth, or partly in writing and partly by word of mouth, and may be given in any terms which indicate the intention of the assured to abandon his in-

sured interest in the subject-matter insured unconditionally to the insurer.

⊂해설⊃ 위부통지는 서면이나 구두 또는 일부는 서면으로 일부는 구두로 할 수 있다. 부보된 목적물에 대한 피보험자의 부보된 이익을 보험자에게 무조건적으로 위부한다는 피보험자의 의사를 표시한 것이면 어떤 어구를 사용하여도 된다.

[503] Where there is a valid abandonment the insurer is entitled to take over the interest of the assured in whatever may remain of the subject-matter insured, and all proprietary rights incidental thereto.

⊂해설⊃ 유효한 위부가 있는 경우 보험자는 부보된 목적물에 남아 있는 피보험자의 이익과 그에 부수되는 일체의 모든 소유권을 인계받을 권리를 갖는다.

[504] A particular average loss is a partial loss of the subject-matter insured, caused by a peril insured against, and which is not general average loss.

⊂해설⊃ 단독해손은 부보된 위험에서 기인한 부보된 목적물의 분손이며 공동해손이 아닌 것을 의미한다.

[505] Salvage charges means the charges recoverable under maritime law by a salvor independently of contract. They do not include the expenses of services in the nature of salvage rendered by the assured or his agent, or any person employed for hire by them for the purpose of averting a peril insured against. Such expenses, where properly incurred, may be recovered as particular charges or as a general average loss, according to the circumstances under which they were incurred.

⊂해설⊃ 구조비는 계약과는 독립적인 구조로서 해상법에 의거해 보상받을 수 있는 비용을 의미한다. 이 구조비에는 피보험자나 그의 대리인 또는 보수를 받고 이들에 의해 고용된 사람들이 피보험 위험을 피하기 위해 행해진 구조의 성격을 띤 노무비용은 포함되지 않는다. 적절하게 발생된 이런 비용들은 발생된 상황에 따라 특별비용이나 공동해손 손해로 회수될 수 있다.

[506] General average loss includes a general average expenditure as well as a general average sacrifice.

⊂해설⊃ 공동해손 손해에는 공동해손 희생뿐만 아니라 공동해손 비용도 포함된다.

[507] There is a general average act where any extraordinary sacrifice or expenditure is voluntarily and reasonably made or incurred in time of peril for the purpose of preserving the property imperilled in the common adventure.

⊂해설⊃ 공동의 항해를 하면서 위험에 처한 재산을 보존하기 위해서 위기시에 통상적이지 않은 희생이나 비용이 자발적이고 합리적으로 발생한 경우 공동해손이 있다.

[508] Where there is a general average loss, the party on whom it falls is entitled, subject to the conditions imposed by maritime law, to a rateable contribution from the other parties interested, and such contribution is called a general average contribution.

⊂해설⊃ 공동해손 손해가 발생한 경우 이 손해를 입은 당사자는 해사법이 정한 조건에 따라 다른 이해 당사자들에게 일정 비율의 분담금을 청구할 수

있는 권리가 있으며 이를 공동해손 분담금이라고 한다.

[509] Where the assured has incurred a general average expenditure, he may recover from the insurer in respect of the proportion of the loss which falls upon him; and in the case of a general average sacrifice, he may recover from the insurer in respect of the whole loss without having enforced his right of contribution from the other parties liable to contribute.

⊂해설⊃ 피보험자가 공동해손 비용을 지출한 경우 자신에게 귀속된 손실 부분에 대해 보험자로부터 회수할 수 있다. 공동해손 희생의 경우 피보험자는 분담 의무를 지는 다른 당사자들에 대한 분담 청구권을 행사하지 않고 손해의 전액을 보험자로부터 회수할 수 있다.

[510] Where there is a total loss of the subject-matter insured: (1) If the policy be a valued policy, the measure of indemnity is the sum fixed by the policy; (2) If the policy be an unvalued policy, the measure of indemnity is the insurable value of the subject-matter insured.

⊂해설⊃ 부보된 목적물에 전손이 발생한 경우 다음과 같다. (1) 기평가 보험증권인 경우 손해보상의 한도는 보험증권에 정해진 금액이다. (2) 미평가 보험증권인 경우 손해보상의 한도는 부보된 목적물의 보험가액이다.

[511] Where the subject-matter insured is warranted free from particular average, the assured cannot recover for a loss of part, other than a loss incurred by a general average sacrifice, unless the contract contained in the policy be apportionable; but, if the contract be apportionable, the assured may recover for a total loss of any apportionable part.

⊂해설⊃ 부보된 목적물이 단독해손 부담보 조건으로 부보된 경우 보험증권에 기재된 계약이 분할가능한 경우가 아니라면 공동해손 희생으로 인해 발생한 손실 이외의 일부 손실은 보상받을 수 없다. 하지만 보험계약이 분할가능한 경우 피보험자는 분할가능한 부분의 전손에 대해 보상받을 수 있다.

[512] Right of subrogation : Where the insurer pays for a total loss, either of the whole, or in the case of goods of any apportionable part, of the subject-matter insured, he thereupon becomes entitled to take over the interest of the assured in whatever may remain of the subject-matter so paid for, and he is thereby subrogated to all the rights and remedies of the assured in and in respect of that subject-matter as from the time of the casualty causing loss.

⊂해설⊃ 대위권 : 보험자가 부보된 목적물의 전체에 대한 또는 분할 가능한 부분의 물품에 대한 전손에 대해 지급을 한 경우 보험자는 해당 목적물에 남아 있는 피보험자의 이익을 인수할 권리를 갖는다. 또한 보험자는 손해를 야기한 재난의 발생시부터 해당 목적물에 존재하고 이와 관련된 피보험자의 모든 권리 및 구제책을 대위한다.

[513] There is a general average act when, and only when, any extraordinary sacrifice or expenditure is intentionally and reasonably made or incurred for the common safety for the purpose of preserving from peril the property involved in a common maritime adventure.

⊂해설⊃ 공동의 해상 항해와 관련된 재산을 위험으로부터 보존할 목적으로 이례적인 희생이나 비용지출이 공동의 안전을 위해 의도적이고 합리적으로 행해지거나 비롯된 경우에 한해 공동해손 행위가 존재한다.

[514] Damage by Jettison and Sacrifice for the Common Safety : Damage done to a ship and cargo, or either of them, by or in consequence of a sacrifice made for the common safety, and by water which goes down a ship's hatches opened or other opening made for the purpose of making a jettison for the common safety, shall be made good as general average.

⊂해설⊃ 공동의 안전을 위한 투하 및 희생에 의한 손해 : 공동의 안전을 위하여 행한 희생에 의해서나 또는 그 희생의 결과로 인해서 선박과 선적된 화물 또는 그중 어느 하나가 입은 손해 그리고 공동의 안전을 위하여 투하할 목적으로 열어 놓은 창구나 다른 열어 놓은 입구를 통해 들어온 물로 인해서 선박과 선적된 화물 또는 그 중 어느 하나가 입은 손해는 공동해손으로 보상된다.

[515] Extinguishing Fire on Shipboard : Damage done to a ship and cargo, or either of them, by water or otherwise, including damage by beaching or scuttling a burning ship, in extinguishing a fire on board the ship, shall be made good as general average; except that no compensation shall be made for damage by smoke or heat however caused.

⊂해설⊃ 선박 화재의 소화 : 선박의 화재를 소화하는 데 있어서 불타고 있는 선박을 해안으로 끌어올리거나 또는 구멍을 뚫어 가라앉히려고 함으로써 선박과 선적된 화물 또는 그중 어느 하나가 입은 손해를 포함하여 물 또는 기타의 방법으로 인해서 선박과 선적된 화물 또는 그중 어느 하나가 입은 손해는 공동해손으로 보상된다. 원인이 무엇이었든지 간에 연기나 열에 의한 손해는 공동해손으로 보상되지 않는다.

[516] Voluntary Stranding : When a ship is intentionally run on shore for the common safety, whether or not she might have been driven on shore, the consequent loss or damage shall be allowed in general average.

⊂해설⊃ 공동의 안전을 위하여 선박이 의도적으로 해안에 끌어올려진 경우 그대로 놔두었다면 해당 선박이 해안으로 얹히게 되었을지 여부에 관계없이 이 결과 발생된 멸실 및 손실은 공동해손으로 인정된다.

[517] Salvage Remuneration : Expenditure incurred by the parties to the adventure on account of salvage, whether under contract or otherwise, shall be allowed in general average to the extent that the salvage operations were undertaken for the purpose of preserving from peril the property involved in the common maritime adventure.

⊂단어⊃ remuneration : an act of remunerating
⊂해설⊃ 구조비 보상 : 구조 때문에 항해사업에 종사하는 당사자들에 의해 지출된 비용은 구조활동이 공동의 항해사업과 관련된 재산을 위험으로부터 보존하기 위해 수행된 범위 내에서 계약에 의하든 그렇지 않든 간에 상관없이 공동해손으로 인정된다.

[518] The contribution to a general average shall be made upon the actual net values of the property at the termination of the adventure.

⊂해설⊃ 공동해손에 대한 분담금은 항해사업의 종료 시점에서 재산의 실질 순가치에 기초하여 결정된다.

[519] Where cash deposits have been collected in respect of cargo's liability for general average, salvage or special charges, such deposits shall be paid without any delay into a special account in the joint names of a representative nominated on behalf of the shipowner and a representative nominated on behalf of the depositors in a bank to be approved by both.

⊂해설⊃ 공동해손, 구조비, 특별비용에 대한 선적된 화물 측의 책임과 관련

하여 공탁현금이 징수된 경우 이런 공탁금은 선주를 대신하여 지명된 대리인과 공탁자를 대신하여 지명된 대리인의 공동명의로 양자가 합의한 은행의 특별계정에 예치하여야 한다.

[520] The term arbitral awards shall include not only awards made by arbitrators appointed for each case but also those made by permanent arbitral bodies to which the parties have submitted.

⊂해설⊃ 중재판정이란 용어에는 각 사건에 대해 지명된 중재인에 의해 내려진 판정뿐만 아니라 당사자들이 의뢰한 상설 중재기관에 의해서 내려진 판정도 포함된다.

[521] The contracting state shall recognize arbitral awards as binding and enforce them in accordance with the rules of procedure of the territory where the awards is relied upon.

⊂해설⊃ (United Nation Convention on the Recognition and Enforcement of Foreign Arbitral Awards의) 각 체약국은 중재판정을 구속력이 있는 것으로 인정하고 해당 판정이 적용되는 지역의 절차상 규정에 따라 이를 집행하여야 한다.

[522] If the parties have not previously agreed on the number of arbitrators (i.e., one or three), and if within 15 days after receipt by the respondent of the notice of arbitration the parties have not agreed that there shall be only one arbitrator, three arbitrators shall be appointed. (UNCITRAL 〈United Nations Commission on International Trade Law〉 Arbitration Rules)

⊂해설⊃ 당사자들이 중재인의 수에 관하여 사전에 합의하지 않은 경우 중재 통지를 받은 피신청인이 이를 수령한 후 15일 이내에 중재인의 수를 단

지 1인으로 할 것에 합의하지 않는다면 3인의 중재인이 선정된다. (UN 국제 무역법 위원회 중재규칙)

[523] If three arbitrators are to be appointed, each party shall appoint one arbitrator. The two arbitrators thus appointed shall choose the third arbitrator who will act as the presiding arbitrator of the tribunal.

⊂해설⊃ 3인의 중재인이 선정되는 경우 각 당사자는 1인의 중재인을 선정한다. 이렇게 선정된 2인의 중재인은 중재법정의 의장 중재인으로 행동할 제3의 중재인을 선정한다.

[524] Any arbitrator may be challenged if circumstances exist that give rise to justifiable doubts as to the arbitrator's impartiality or independence.

⊂해설⊃ 중재인으로서의 공정성과 독립성에 관하여 정당화시킬 수 있을 정도의 의문을 야기하는 상황이 존재하는 경우 해당 중재인은 거부될 수 있다.

[525] When there are three arbitrators, any award or other decision of the arbitral tribunal shall be made by a majority of the arbitrators.

⊂해설⊃ 중재법정이 3인으로 구성된 경우 중재법정이 내리는 모든 판정 및 결정은 다수결로 한다.

제 7 장

무역거래에 관한 주요 구문

T R A D E E N G L I S H

T·R·A·D·E·E·N·G·L·I·S·H

제1절 거래제의 및 조회

[526] 상대방을 알게 된 경로에 관한 문구

Through the courtesy of the Korea Trade Promotion Corporation we have learned that you are interested in importing jewellery.

⊂용어⊃ 편지 작성과 관련된 용어를 정리하면 다음과 같다. letterhead(서두); inside address(수신인 주소); salutation(서두인사); body of letter(편지의 본문); complimentary close(끝인사); signature(서명); reference number(참조번호); attention line(특정 수신인 이름); letter subject(제목); identification marks(편지작성 관련인의 약자); enclosure notation(동봉 서류의 표시); carbon copy notation(사본 배부 표시); postscript(추신).

Through the kindness of the New York Chamber of Commerce we have acquired your name and address.

We are indebted for your name and address to the Canadian Trade Commission in Korea.

⊂단어⊃ indebted : socially or legally obligated to another

⊂유사예문⊃ I am indebted to him for the situation I hold now. (현재의 위치에 있는 것은 그의 덕분이다.)

We have found your name and address in Trade Directory.

Your name has been recommended to us by the Chicago Chamber of Commerce.

Your name and address have been given us by the Boston Chamber of Commerce as a large exporter.

We owe your name and address to the Italian Embassy in Seoul.
⊂단어⊃ owe : to indebted or obliged for
⊂유사예문⊃ I owe much to him. (나는 그에게 많은 신세를 지고 있다.)

We have received your name and address from the Chamber of Commerce in your city.

[527] 명세서

The particulars of our terms and conditions will be provided upon request.
⊂단어⊃ particulars : details of information or news
⊂용어⊃ market research(시장조사); trade inquiry(거래조회); credit inquiry (신용조회); circular letter(안내장); offer(청약); acceptance(승낙); contract (계약); claim(클레임)

Please be assured that the machine tools must be guaranteed to be to our specifications.
⊂단어⊃ specifications : a detailed and exact statement of particulars

[528] 본사

This contract recognizes the fact that it is on a principal to principal basis between seller and basis.

⊂단어⊃ principal : a person who empowers another to act as his representative

[529] 대리점

We wish to continue to act as your agent in our territory.

We have decided to appoint you our sole selling agent.

We hope to be appointed as your sole agent.

We have authorized International Food Company to sell our products as our exclusive agent. International Food Company is our exclusive agent.

⊂단어⊃ agent : one that acts for or as the representative of another

territory : the area for which a person is responsible as representative or agent

⊂용어⊃ sole selling agent(독점 판매 대리점); exclusive agent(독점 대리점)

We understand that you have no selling agent in Japan, and we would like to offer our services.

⊂용어⊃ selling agent(판매 대리점); selling commission(판매수수료)

We are happy to receive your letter dated May 17 showing your proposal to act as our buying agent.

⊂단어⊃ dated : marked with or displaying a date

⊂용어⊃ buying agent(매입대리점); buying commission(매입수수료)

[530] 동봉하다

We are enclosing our price list and catalog.

We are enclosing a copy of a catalog.

⊂단어⊃ enclose : to insert in the same envelop or package

Enclosed is our Sales Note No. 012808 confirming your order.

Enclosed is our illustrated catalog for this merchandise.

Enclosed are copies of the shipping documents covering the order.

A list of all the members on the board of directors is enclosed.

Enclosed you will find our check of 50 dollars covering your sample.

Enclosed please find a check for 100 dollars.

⊂유사예문⊃ Enclosed please find a check for five dollars. (5달러 수표를 동봉하였으니 받아 주시기 바랍니다.)

Please find enclosed a bank check herewith.

⊂단어⊃ herewith : along with this

We appreciate your letter of May 22 enclosing your order no.131283.

From the enclosed price list you will find that our prices are lower than those of our competitors.

⊂용어⊃ bargain sale(염가 대매출); regular sale(정규판매); a sale on 〈for〉 cash(현금 판매); a sale on credit(외상 판매); a sale for 〈on〉 account(외상 판매); clearance sale(재고 정리 판매); worldwide sale(전 세계적 판매).

Our stocks are offered to you at the lowest possible prices shown in the enclosed price list.

[531] 가능한 저렴한 가격으로

We are one of the leading manufacturers of home electronic appliances and are confident that we can supply the best quality at the lowest prices.

We offer you the goods at the lowest possible prices.
⊂용어⊃ rock-bottom prices(최저가격); best possible prices, lowest possible prices(내릴 만큼 내린 가격)

[532] 거래조건

The particulars of our terms and conditions will be provided upon request.
⊂용어⊃ market area(판매지역); market condition(시장상황); market fluctuation(시장변동); market price(시가); market risk(시장위험); market value (시장가격); territory(판매지역)
⊂유사예문⊃ It is available on request. (청구하면 곧 입수할 수 있다.)

We wish to confirm to have sold you the following merchandise on the terms and conditions stipulated below.

Trade terms used in the contract shall be governed and interpreted by the provisions of the latest Incoterms unless otherwise specifically stated.

We are pleased to send this order on terms and conditions stated on the face and back of this order sheet. Kindly sign and return the duplicate immediately as your confirmation of the same.

⊂단어⊃ duplicate : an identical copy
⊂용어⊃ memorandum(비망록); minutes of meeting(의사록); letter of intent(의향서) make a contract, conclude a contract(계약을 체결하다); execute a contract, carry out a contract, perform a contract, fulfill a contract (계약을 이행하다); break a contract(계약을 불이행하다) cancel a contract (계약을 취소하다); renew a contract(계약을 갱신하다)

[533] 총 매상고

Our annual turnover for 2011 is estimated to US$5,000,000.
⊂단어⊃ turnover : the amount of business transacted during a given period of time
⊂용어⊃ total sales(총 매상액); sales proceeds(매상고); sales promotion(판매촉진); sales quota(판매 할당); sales talk(판매 상담); sales territory(판매지역); sales area(판매 지역); sales tax(판매세); sales account(매출계정); sales agent(판매 대리인); sales contract(매매 계약); sales deposit(판매 선수금)

[534] 조회하다

As to our credit standing, please refer to the Bank of America, Salem.
⊂단어⊃ as to, as for, with regard to, in regard to, with respect to, in respect to, with reference to, in reference to, concerning, regarding(…에 관하여)
refer : to direct to a source for information
⊂용어⊃ credit inquiry : 신규 거래처의 신용상태 즉, credit standing에 대한 조사를 말한다. 통상적으로 4 C's, 즉 character, capital, capacity, conditions 등에 대해 조사가 이루어진다.

For any information as to our financial standing please refer to the Shinhan Bank, Head Office, Seoul.

⊂단어⊃ refer : make reference

⊂유사예문⊃ She refers to a dictionary. (그녀는 사전을 찾아본다.)

For our financial status you may refer to the Shinhan Bank, Head Office, Seoul.

⊂단어⊃ financial status, financial standing; reliability; trustworthiness; reputation; way of doing business; credit standing

Regarding our financial standing we refer you to the Chase Manhattan Bank, Salem.

⊂단어⊃ refer : to direct to a source for information

⊂유사예문⊃ He refers her to a heart specialist.

We refer you to the Bank of America, Portland for our financial status.

For any information you require regarding our financial standing, please contact the Shinhan Bank, Head Office.

Regarding our financial status, we refer you to the following bank :

The Shinhan Bank, Head Office.

As to our credit standing, please refer to the Shinhan Bank, Walker Hill.

Your name has been given to us as a credit reference by the Songwon Trading Co., Ltd.

⊂단어⊃ reference : one that is referred

⊂용어⊃ credit reference 또는 reference(신용 조회처) : 신용조사를 할 경우의 조회처를 말한다. 은행이 조회처인 경우 bank reference라고 하며 관련 업체가 조회처인 경우 trade reference라고 한다.

In reply to your letter dated May 25, 2008, we are pleased to refer you to the Woori Bank, Suchungju as our credit reference.

As to our financial status you may refer to the Woori Bank, Head Office.

We refer you to the Woori Bank, Head Office for our financial status.

They have given us your name as a reference.

Our bankers, the Korea Exchange Bank will give you any information regarding our credit standing.
⊂용어⊃ one's bankers (거래은행)

[535] 감사하다

We shall be much obliged if you send us a sample together with price list.
⊂용어⊃ original sample(매도인이 매수인에게 발송한 견본); duplicate sample(매도인의 공용 견본); triplicate sample(공급자의 공용 견본); seller's sample(매도인이 매수인에게 보낸 견본); buyer's sample(매수인이 매도인에게 공급 가능성을 묻는 견본); counter sample(buyer's sample에 대해 매도인이 발송한 공급 가능한 견본); shipment sample(선적된 상품이 도착하기 전에 매도인이 해당 상품의 일부를 매수인에게 보낸 견본)

We shall appreciate it if you furnish us with any information on their financial status.
⊂유사예문⊃ We should be appreciated if you would; We shall appreciate it if you will; We shall be obliged if you will; We shall be obliged if you would participate in the trade fair. We shall appreciate your letting us know your itinerary.

Any further information will be appreciated.

Your prompt reply will be highly appreciated.

Your immediate reply would be highly appreciated.

Your prompt attention to the foregoing would be appreciated.

⊂단어⊃ foregoing : previous, said

We would appreciate your prompt attention to the foregoing.

We would appreciate it if you would pay your prompt attention to the foregoing.

An early reply would be highly appreciated.

We shall be obliged if you advise us whether you can accept our proposal.

We thank you for this order and assure you of our best attention to its execution.

We should be obliged if you give us your opinion on their reputation and financial standing.

We shall appreciate it if you will furnish us with any information on their business standing.

We shall be obliged if you avail yourself of our product.

⊂단어⊃ avail (oneself) of : to make use of

We shall appreciate it if you will furnish us with any information on their business status.

We appreciate all the effort and your time you have spent.

We hope the above arrangements will meet your satisfaction.

We shall endeavor to execute your order to your complete satisfaction.

⊂용어⊃ to your complete satisfaction(귀사가 완전하게 만족하도록); to the satisfaction of(만족하도록)

We shall do our best to give you full satisfaction.

[536] 평판이 좋다

The firm enjoys an excellent reputation among the business circles here.
⊂용어⊃ have [enjoy] the reputation of = have [enjoy] a reputation for(…으로 평판이 좋다. …으로 유명하다); line of business(업종); enjoy an absolute confidence; enjoy an unlimited credit

The company in question is one of the oldest and largest manufacturers and has enjoyed the highest reputation.

These products have a good reputation here.
⊂용어⊃ enjoy a good reputation; have a good reputation

[537] 유감으로 생각하다

We regret to say that we have to give you unfavorable information about the firm.
⊂단어⊃ unfavorable : adverse, disadvantageous, negative
⊂용어⊃ We regret that; We regret to inform you that; We are sorry; We are sorry to say that

[538] 거래를 시작하다

Sigma Textile Co., Ltd. of your city has proposed to enter into business relations with us and has given your name as a reference.
⊂용어⊃ enter into business connections with; enter into business relations with; open an account with; have an account with; do business with; deal

with; have dealings with; establish business connections with; establish business relations with(거래를 시작하다)

We are writing to you in the hope of opening an account with you.

We have decided to open business relations with you to meet a large demand for our product.

[539] 거래 관계를 끊다

We have broken off business relations with the Kyoto Textile Co., Ltd.
⊂용어⊃ break off business relations; stop business connections(거래관계를 끊다); limited company(주식회사, 유한 책임회사); incorporated company(주식회사, 유한 책임회사); Co., Ltd.(=Company, Limited); Co., Inc. (=Company Incorporated); trading company(무역회사, 상사); general trading company(종합 무역상사); specialized trading company(전문 무역상사)

[540] 비용을 부담하다

Labor and material costs have been rising. We have tried to absorb these costs rather than to pass them on to you.
⊂단어⊃ absorb : to take in
⊂유사예문⊃ We couldn't absorb the additional expense.
Please pass this note on to the boss. (이 메모를 보스에게 전해 주십시오.)

[541] 책임을 지지 않는다

This is without any responsibility on your part.
We decline any responsibility in this matter.

[542] 비밀로 하다; 극비로 하다

Any information you may give us will be treated in strict confidence and any expenses connected with this inquiry will be paid by us.
⊂유사예문⊃ Please inform us in confidence〈confidentially 또는 privately 또는 in strict confidence〉 of your opinion about〈as to 또는 regarding 또는 concerning〉 their financial standing〈financial status 또는 financial position 또는 business integrity 또는 reliability 또는 trustworthiness 또는 way of doing business 또는 reputation〉.

All information you may give us will be held in confidence and will be for our use only.
Any information will be appreciated and treated as strictly confidential.
All information you may give us will be held in strict confidence and without any responsibility on your part.

This information will be kept as strictly confidential.
⊂용어⊃ as strictly confidential; in strict confidence; in confidence; confidentially; privately

Any information you may give us will be treated in strict confidence and for our files only.
Any information you may give us will be treated as strictly confidential.
Any information given to us will be kept in strict confidence.
Your response will be held strictly confidential.
Any information supplied to us will be treated in strict confidence.
Any information given to us will be treated in strict confidence.

[543] 보답하다; 답례하다

We shall be pleased to reciprocate your courtesy when an opportunity presents itself.

⊂단어⊃ reciprocate : to make a return for something given or done

We are pleased to reciprocate your courtesy whenever the occasion may arise.

T·R·A·D·E·E·N·G·L·I·S·H

제2절 청약 및 주문

[544] 청약하다

We are pleased to offer you the following merchandise on the terms and conditions stated herein.

⊂단어⊃ herein : into this

[545] …에 답하여

In response to your inquiry of September 21, 2008, we are pleased to inform you that the firm you inquired is one of the reliable importers.

⊂용어⊃ in reference to; in response to; in reply to; referring to; in answer to; as requested; as instructed; in compliance with your request; on the basis of the information supplied by you

We have received an inquiry for a car stereo radio and would like to have full details of your product.

⊂단어⊃ inquiry : the act of inquiring

In answer to your letter of November 15, we are pleased to place quantity orders with you provided that you will lower your quotation.

⊂용어⊃ place an order with (a person) for (a thing) (…에게 …을 주문하다)

In answer to your letter of July 15, 2008, we have sent you the price list.
In reply to your inquiry dated May 21, 2008, we want to point out that our price is the best.
In reply to your inquiry of May 21, we submit our quotation as follows:
⊂단어⊃ quotation : the act of quoting, the quoting of current prices and bids for goods

In reply to your letter dated October 21, 2011, we are pleased to enclose a detailed quotation and catalog of our product.

In reference to your letter of May 23, we confirm that we can ship your products till June 7.

In compliance with your instruction, we have honored a draft.
⊂용어⊃ in compliance with, in accordance with, in conformity with, in pursuant of(…에 따라서)

Further to our letter dated July 27, 2008, we would like to invite your attention to our new goods.
⊂용어⊃ further to (…에 부언하자면)

[546] 가격 할인

Please send us full information concerning your goods, their prices and the earliest date you can ship.
⊂용어⊃ list price(정가); market price(시가); reduced price(할인가격); fixed price, set price(定價); retail price(소매가격); wholesale price(도매가격); special price(특가); unit price(단가); floor price(최저가격); ceiling price(최고가격); actual price(실제가격)

Please inform us if you can give a special discount on orders of more than 10,000 units.

⊂용어⊃ give 〈make, grant, allow, offer, accord〉 (a person) a discount of 5% off 〈from, on〉 ... (5%를 할인하다); make 5 percent discount for cash(현금에는 5%를 할인하다)

We will give you a discount of 10 percent off the list price.

This model has been reduced in price.

This product has come down in price.

⊂용어⊃ price cutting, price reduction(가격인하); cut the price, lower the price, reduce the price(가격을 인하하다); come down, go down, decline(가격이 인하되다); price fluctuation(가격변동)

We will reduce the prices of all models by 10% as of September 1, 2011.

⊂유사예문⊃ as of June 1(6월 1일 현재); as of today(오늘 현재)

[547] 견적하다

We would appreciate it if you give us a quotation of your lowest prices for your goods.

We have received your quotation of Model no.263 and enclose our order sheet.

⊂용어⊃ quotation(견적서); order sheet(주문서)

We hope to receive further details of your wool goods together with a price list.

⊂단어⊃ together with : in addition to

We would like to receive your latest catalog and delivery schedule as well as a price list.

We have quoted our lowest prices in the price list enclosed.
Please quote us for the supply of the items.
We quote you the prices on the following goods.

Please quote us your rate of marine insurance, I.C.C.(A) on a shipment of 500 units of sewing machines valued at US$ 150,000.

We quote you the rate of marine insurance at 0.275 percent on the shipment.

Quantity is subject to a variation of five percent (5%) plus or minus at seller's option.
⊂용어⊃ at one's option(…의 마음대로)

The minimum quantity is required to be five tons.

[548] 재고를 두다

We are afraid we will run out of stock.
⊂용어⊃ goods in stock(재고 물품); goods in bond(보세 물품); goods in hand(현품); defective goods(결함이 있는 물품); goods in process(제작중인 물품); marketable commodity(시장성이 있는 상품); perishable commodity (운송중인 생선 또는 야채처럼 썩기 쉬운 상품) ; household commodities(가정용 상품)

This merchandise will be in stock next week.

⊂용어⊃ in stock(입하하여, 재고가 있는); out of stock(재고가 없는); carry 〈hold, have, keep〉 a stock of(재고를 갖다); carry 〈hold, have, keep〉 no stock of(재고가 없다); a large stock(대량의 재고); a short stock(부족한 재고); be short of stock(재고가 적다); run short, run low(재고가 부족하다); run out of stock(재고가 없어지다); run out(재고가 없어지다)

This model is out of stock at present.
We have the parts of this product in stock.
We carry a stock of the components of this model.
We hold a large stock of this merchandise.
We have a short stock of this item.
The components of this model are short of stock.
The stock is running short due to a rush of order.
We will run out of stock within two days.
The stock runs out. This merchandise runs out.

[549] 청약

Thank you for your offer of November 23, 2008 for 500 pairs of Snow Brand Gloves at US$50 a pair, CIF New York for October shipment.
⊂용어⊃ for October shipment(10월 선적)

Please let us know if our offer does not contain what you want.

[550] 위탁구매 및 판매

We are compelled to ask you to consider the indent as cancelled.
⊂용어⊃ indent(위탁구매); indent house(위탁구매상 : 수입업자 또는 실수요자로부터 외국물품 구입을 의뢰받고 물품 수입을 대행하는 수입 대행업

자); consignment(위탁판매)

[551] 조회

Thank you for your inquiry of October 15, 2011.

Thank you for your letter of March 27, 2011 informing us of your interest in our new product.

[552] 불가항력

Sellers shall not be responsible for any delay in shipment due directly or indirectly to force majeure.

We are sorry that you have been put to a great deal of inconvenience by this delay, but it was a case of force majeure.

We are sorry that causes beyond our control have made it impossible for us to keep the delivery date of November 25, 2008.

We regret the inconvenience that this cancellation puts you to. We, however, ask you to understand that this is a matter completely beyond our control.

We want you to understand that the delay was in no way caused by any negligence on our part.

[553] 중재조항

Any disputes shall be finally settled by arbitration in Korea pursuant to rules of the Korean Commercial Arbitration Board, by whose award each party is bound.

[554] 약속을 하지 않는다

Please note that this letter is solely an advice and conveys no engagement on our part.

[555] 별봉으로

We are sending you our sample under separate cover.
⊂용어⊃ under separate cover, separately(별봉으로); under the same cover (동봉으로); by separate mail, by another mail(별도 우편으로)

As requested, our samples and catalogues were sent under separate cover by postal parcel.

We enclose a stamped self-addressed envelop for your reply.

We should appreciate it if you would send us full details by return mail.

As requested we have forwarded our samples to you by air parcel post together with a price list.

[556] …하는 조건으로 청약하다

We offer you firm subject to your reply reaching here by November 17, 2008 as follows.
⊂용어⊃ subject to your reply received here by September 29, 2008; subject

to your immediate acceptance by cable; subject to our final confirmation; without engagement; without committment; subject to change without notice; subject to being unsold; subject to alteration without notice

We are pleased to offer you firm the following goods subject to your reply reaching here by September 21, 2011.

We are pleased to offer you the following goods subject to our final confirmation.
All the prices will be subject to our final confirmation.

[557] 다음과 같은 조건으로

We are pleased to offer you the following goods under the terms and conditions mentioned below :
⊂용어⊃ take (a) pleasure in; have (a) pleasure in; be pleased to; be glad to; be happy to; have the pleasure of; take the pleasure of

We take a pleasure in offering you the undermentioned merchandise on the terms and conditions set forth below :
⊂용어⊃ under the following terms and conditions(하기와 같은 조건으로)

We hope to confirm the sale of the goods as specified below on the terms and conditions stated.
We have pleasure in offering you the following merchandise under the terms and conditions stipulated below subject to our final confirmation.

[558] 수요가 있다

Our product is in large demand.

⊂용어⊃ be in demand : 수요가 있다

There is a large demand for our product.

⊂용어⊃ bearish(약세의); bullish(상승세의); declining(하강하는); depressed (불경기의, 불황의); overstocked(재고 과잉의); sluggish(부진한, 불경기의); steady(안정된); stiff(물가 등이 오름세인)

Model no.231 has always been in great demand in domestic market.

⊂용어⊃ large demand; small demand; steady demand; poor demand; great demand; brisk demand

We are in the market for the more advanced equipments.

We are in the market for more sophisticated home electronic appliances.

⊂용어⊃ be in the market for(…을 사려고 하다)

Hyundai has placed the newest model on the market.

⊂용어⊃ buyers' market(수요가 적고 공급이 많은 매수인 시장); sellers' market(공급이 적고 수요가 많은 매도인 시장); home market(국내시장); domestic market(국내시장); overseas market(해외시장); securities market(주식시장); bond market(채권시장)

We hear that you have put cotton goods on the market.

⊂용어⊃ put (something) on sale; put〈place, offer〉 (something) on the market

[559] 주문하다

We trust that you will continue to place your orders with us.
<용어> place an order with (a person) for (an article)(…에게 …을 주문하다); give (a person) an order for (an article)(…에게 …을 주문하다); order from (a person)(…에게 주문하다)

We shall be able to place a large order with you soon.
<용어> initial order, opening order, first order(최초 주문); trial order(시험 주문); repeat order(재 주문); large order, strong order, tall order(대량 주문); substantial order, considerable order(상당한 주문); sizable order(꽤 큰 주문); additional order(추가 주문); regular order(정기 주문); verbal order(구두 주문)

We are pleased to place an order with the manufacturer as per your instruction.
We are pleased to place an order with you for the following items.
We are pleased to give you an order for the following items.
We are pleased to order the following items from you.
We reserve the right to cancel the order.

We hope that you will place further orders with us in the near future.
<용어> in the near future(가까운 장래에)

[560] 승인하다

We wish to acknowledge receipt of your order of September 9, 2008.
We acknowledge with thanks receipt of your order which reached us.
We acknowledge with thanks your order no. ST1275 which we confirm

as follows :

⊂단어⊃ acknowledge : to recognize as being valid

Your order no. KA2395, for which we thank you, has been booked as instructed and we are pleased to enclose our confirmation.

[561] 주문을 이행하다

Replying to your letter dated July 21, 2008 we regret to inform you that we cannot execute your order.

We are in receipt of your order dated March 21, 2008, for which we thank you.

⊂유사예문⊃ I am in receipt of your letter dated April 5. (4월 5일자 편지는 잘 받았습니다.)

T·R·A·D·E·E·N·G·L·I·S·H

제3절 대금결제

[562] 취소불능 신용장

We usually do business on a draft at sight under irrevocable L/C.

⊂용어⊃ draft at sight under irrevocable L/C(취소불능 신용장에 의거한 일람출급어음)

[563] 全通

The draft must be accompanied by a full set of bills of lading. invoice and insurance policy.

[564] 이서

Please present this letter to us for endorsement when you negotiate the draft.

⊂용어⊃ endorsement(이서); blank endorsement(백지이서)

⊂단어⊃ negotiate : to transfer ownership of (e.g., notes) to another party in return for value received

[565] …에 상응하는

The letter of credit covering your order no. ST2573 has not reached us.

⊂용어⊃ the covering letter of credit; the covering shipping document; the covering note; the letter covering our order

[566] 신용장을 개설하다

In order to cover the full amount we have opened an irrevocable letter of credit in your favor for the amount of US$100,000 through the Bank of America, Portland.

⊂용어⊃ open〈establish, issue, furnish, arrange〉 an L/C(신용장을 개설하다); in a person's favor; in favor of a person(…앞으로)

We have instructed the Chase Manhattan Bank, Head Office to open a letter of credit in your favor for US$200,000 to cover our order dated February 17, 2008.

We have instructed the Shinhan Bank, Head Office to open an L/C for US$170,000 in your favor valid until September 15, 2008.

We are pleased to inform you that we have instructed our bankers, the Shinhan Bank, Jochiwon Branch, to open an irrevocable letter of credit for US$200,000, valid until November 15, 2008 in your favor.

We will open an irrevocable letter of credit through the Shinhan Bank, Head Office.

We have instructed the Woori Bank, Head Office to open an irrevocable

L/C in your favor.

The L/C covering your order dated May 21, 2008 has not been received yet.

We have opened a letter of credit for an amount of US$25,000 covering our order no.2837 in your favor.

The L/C has been opened through the Shinhan Bank, Walker Hill for the value of US$27,000 to cover our order no. 2836.

In compliance with your letter dated January 27, 2009 we have requested our bankers, the Woori Bank, Head Office, to open a letter of credit for US$120,000 in your favor.
⊂용어⊃ bankers(거래은행)

In reply to your telex dated May 19, 2008, the letter of credit in question has already been opened.
⊂용어⊃ personal check(개인수표); international postal money order(국제우편환증서); mail transfer(우편송금, M/T); telegraphic transfer(전신송금, T/T); cash against documents(서류상환 현금불, CAD); cash on delivery(현금상환불, COD); documents against payment(지급상환 서류인도, D/P); documents against acceptance(인수상환 서류인도, D/A); payment in advance(선불조건); concurrent payment(동시불조건); deferred payment(후불조건); cash with order(주문불, CWO); remittance basis(송금방식); open account(청산계정); progressive payment(누진불); installment payment(분할불); mid-to-long-term payment(중장기 연불)

[567] 신용장을 통지하다

We are requested by the opening bank to advise you that they have opened their letter of credit.

Without any responsibility or engagement on our part we enclose an authenticated message advising the issuance of the credit.

We assure you that you will assume no responsibility for any contents given to us.

Please contact directly with the applicant as we are not authorized to vary the credit without instructions from the issuing bank.

We are instructed by the Bank of America, Salem to inform you that they have opened their letter of credit in your favor.

[568] 서류를 제시하다

Documents are to be presented within 15 days after issuance of shipping documents but within the validity of the credit.

⊂단어⊃ validity : the state of being valid

[569] 신용장의 내용을 수정하다

We have instructed the Shinhan Bank to amend the L/C No. 110908 and you will receive the amendment within a couple of days through the Korea Exchange Bank, Head Office, Seoul.

⊂단어⊃ amendment : revision or change

Under these circumstances we have to ask you to extend the shipping date to the end of this month.

The shipment extends over four days.

Please extend the shipping date of L/C no. RW5453 to June 21, 2011.

Please instruct your bankers to extend the validity enabling us to negotiate the draft under this letter of credit.

As requested, we have arranged with our bankers to extend the expiry date of our letter of credit.

[570] 송장 총액

Drafts shall be drawn at 90 days after sight for the full invoice value.

[571] 첨부서류

You are required to attach the following documents to your draft :
signed commercial invoice in 5 copies
packing list in 3 originals and 1 copy
full set of clean on board ocean bills of lading
certificate of origin in 1 original and 1 copy

⊂용어⊃ commercial invoice(상업송장); bill of lading(선화증권); air way-bill(항공화물 운송장); insurance policy(보험증권); documentary bill of ex-change(화환어음); export declaration(수출신고서); export permit(수출허가서); export license(수출승인서); export transaction license(수출거래 승인서); packing list(포장명세서); certificate of origin(원산지 증명서); certificate and list of measurement and/or weight(용적 및/또는 중량 증명서); consular invoice(영사송장); customs invoice(세관송장); certificate of quarantine(검역증명서); inspection certificate(검사증명서); shipping instructions(선적지시서); letter of guarantee(수입화물 선취보증서); letter of indemnity(파손화물

보상장); trust receipt(서류의 대도, 수입 담보화물 보관증, T/R)

We have drawn on you with shipping documents attached for the value of the invoice.

Enclosed are copies of the shipping documents as follows :

Three non-negotiable copies of the bill of lading and two copies of the invoice are enclosed.

We are enclosing the duplicate duly signed by us.

[572] 2통, 3통, 4통으로 작성된

The following documents are required :
commercial invoice in triplicate
consular invoice in duplicate
bill of lading in quadruplicate
⊂용어⊃ in duplicate(정부 2통으로 작성된); in triplicate(3통으로 작성된); in quadruplicate(4통으로 작성된)

[573] 운임 지급

full set of clean on board ocean bills of lading, made out to the order of shipper, marked freight collect and notify accountee (축약문)
⊂용어⊃ freight collect(수취인이 운임지급); freight prepaid(運賃先給); notify accountee(수입업자에게 통지 바람)

[574] 서류의 불일치

There is a discrepancy in the conditions set forth in the letter of credit. Please amend it.

⊂단어⊃ discrepancy : inconsistency

Our bankers do not overlook the slightest discrepancy.

⊂용어⊃ correspondent (환거래은행)

[575] 대금결제조로 어음을 발행하다

In order to cover ourselves for this shipment we have drawn on you at 30 days after sight for US$15,000 under L/C no. RT-4532 opened by the U.S. Bank, Salem and negotiated it with our bankers, the Shinhan Bank, Head Office.

⊂용어⊃ drawn on XX (XX 앞으로 발행된)

We have drawn on you for the amount of the invoice at 90 days after sight through the Hana Bank, Head Office.

We have drawn on the U.S. Bank, Head Office for US$120,000 at sight under their L/C No.122308 and negotiated the draft through their correspondent, the Shinhan Bank, Head Office, Seoul.

⊂용어⊃ draft, bill of exchange(환어음); promissory note(약속어음); accept a draft(환어음을 인수하다); collect a draft(환어음을 추심하다); discount a draft(환어음을 할인하다); endorse a draft(환어음을 배서하다); honor a draft, protect a draft(환어음을 지불하다); negotiate a draft(환어음을 매입하다); dishonor a draft(환어음을 부도내다); protest a draft(환어음의 지급을 거절하다)

Against this shipment we have drawn on the U.S. Bank, Head Office at 30 days after sight for the invoice amount of US$50,000 under their L/C no. KA2575 and negotiated with the Woori Bank, Head Office.

⊂용어⊃ to cover ourselves for this shipment; to pay for this shipment; in settlement of this shipment(대금결제조로)

Against this shipment we have drawn on you at sight for the invoice amount under the letter of credit no. ST7358 you opened through the Bank of America, Corvallis.

In order to cover ourselves for this shipment we have drawn on the Bank of America, South Salem at sight for US$ 25,000 under their L/C no. SU7806 and negotiated it through the Woori Bank, Head Office.

To cover this shipment we have drawn on you at sight through the Woori Bank, Head Office under the L/C no. KA2859 issued by the Bank of America, South Eugene and ask you to honor this draft on presentation.

⊂단어⊃ honor : to accept or pay as valid

Please draw a draft on us at sight for the full invoice amount under the letter of credit.

⊂용어⊃ draw (a draft) on (a person) for $(금액) at sight under a letter of credit(신용장에 의거하여 일람출급 어음 $ 를 xx에게 발행하다)

We authorize you to draw at 30 days after sight on the Shinhan Bank, Head Office.

We have drawn on you a draft at sight.

To cover this business we shall instruct our bankers, Woori Bank, to open an L/C for the amount of US$25,000 in your favor.

In accordance with the L/C opened by the Hana Bank, Head Office we have drawn on you for the amount of this shipment.

[576] 대금을 지불하다

Payment will be made by paying your sight draft under our letter of credit.

⊂용어⊃ make payment(지불하다)

[577] 일부 후 어음 및 일람 후 어음

We shall open a letter of credit in your favor available by your draft at 30 days after sight drawn on this bank.

⊂용어⊃ after date(일부 후): 환어음이 발행되고 일정 기간이 지난 후에 대금을 지급할 경우 사용하는 용어이다. 예를 들면 30 days after date(d/d) 또는 60 days after date(d/d) 등이 있다.

after sight(일람 후): 제시된 환어음을 일람하고 일정 기간이 지난 후에 대금을 지급할 경우 사용되는 용어이다. 예를 들면 60 days after sight(d/s) 또는 90 days after sight(d/s) 등이 있다.

[578] 송금하다

Please remit US$200,000 to the account with our bank in settlement of the balance.

⊂용어⊃ in settlement of, in payment of(…의 지불을 위하여); payment in advance(전도금); payment in 〈at〉 full(전액 지불)

[579] 대변(또는 차변)에 기입하다

We have debited US$500 against you. We have debited you with US$500.
We have credited US$200 to you. We have credited you with US$200.

[580] 어음을 인수하다; 어음의 대금을 지불하다

We hope that you will honor our draft upon presentation.
We ask you to honor the draft when presented.
⊂용어⊃ please honor〈accept, protect, pay, meet〉 the bill when presented; demand draft(요구불 어음, D/D); sight draft(일람출급 어음); usance〈time, term〉 draft(기한부 어음)

[581] 환어음

The bill of exchange has been presented by the Shinhan Bank, Head Office and has been accepted by us.

[582] 지급 또는 인수를 거절하다

We regret to say that our draft no. SK120708 drawn in settlement of your order dated February 21, 2008 for US$ 20,000 due on March 27 has been dishonored.
⊂용어⊃ Your draft has been dishonored by non-acceptance; Your draft has not been honored by non-payment; draft at sight〈sight draft 또는 demand draft〉; draft at 30 days after sight〈draft at 30 days' sight 또는 draft at 30 d/s〉; draft at 60 days after date〈draft at 60 days' date 또는 draft at 60d/d〉

[583] …의 대금을 지불하는 것으로

Enclosed you will find our money order for US$500 in settlement of the sample.

Enclosed please find our check for US$200 in payment for the sample.

Enclosed please find our check in the amount of US$1,500 in full discharge of our account.
⊂용어⊃ in full discharge of(완전히 지불하는 것으로); in full settlement of (완전히 지불하는 것으로)

Thank you for your draft for US$2,500 in full settlement of your account.

We have received your check for US$ 200 and credited it to your account. Your outstanding account of US$ 750 has not been settled.
⊂단어⊃ outstanding : not settled, still in existence

Unless your account is settled by the end of this month, we are compelled to take legal action for collection.

[584] 대변 및 차변

Please put the amount to our credit.
Please place the amount to our credit.
⊂단어⊃ to a person's credit〈to the credit of a person〉(아무의 대변에)

Enclosed please find the statement of your account showing a balance in our favor of US$230.

⊂용어⊃ statement of your account(귀사 계정명세서); balance in our favor (당사가 받아야 할 잔고)

[585] 이월하다

We will carry the amount of US$120 forward. We ask you to include it in your next remittance.

⊂용어⊃ carry forward(장부의 다음 장으로 이월하다); remittance(송금)

Please carry the balance forward to the new year's account.

Please send us at least partial payment on account.

⊂용어⊃ partial payment on account(일부 지급)

We are closing with a balance of US$950 in our favor.

T·R·A·D·E·E·N·G·L·I·S·H

제4절 해상운송, 해상보험 및 기타

[586] 출발하는 선편에 선적을 하여 보내다

We are pleased to inform you that your order no.140308 was shipped on May 21 on board the M.S. Queen that left Kobe for your destination.
⊂용어⊃ ship, vessel(선박, 배); steamer(증기선); liner(정기선); tramper〈tramp〉(부정기선); conventional vessel(재래선); container ship(컨테이너선); consignment(적송품)

The sailing of the M.S. Seoul scheduled to leave for Shanghai on July 27, 2008 has been postponed.
⊂용어⊃ 선박의 종류를 표시하는 방법 : steamship(S.S.); motor ship, motorship(M.S.); motor vessel(M.V.); container ship(C.S.); container vessel(C.V.)

We are pleased to confirm our cable just dispatched informing you that we have shipped your order no.2312 by the M.S. Chungju which sailed here today.

We regret to inform you that the sailing of the M.S. Arirang has been cancelled.

[593] 화물이 폭주하다

A considerable amount of cargoes has been congested.
⊂용어⊃ congest : to overcrowd

[594] 일치하다

We have found that three pieces of the shipped goods do not correspond with the samples.

We are disappointed to find that the quality of the goods does not correspond with that of the sample.

The conditions do not correspond with what I have offered.

[595] 과소선적

We realized that out supplier shortshipped this order by 10 cartons.
⊂용어⊃ short shipment(과소선적); punctual shipment(정시선적); prompt delivery(신속한 전달)

[596] 선적기일

Bills of lading must be dated not later than September 17, 2008.
Shipment must be made not later than October 15, 2008.
The date of bill of lading shall be taken as the conclusive date of shipment.

The delay is beyond our control. The expected date of shipment will be around June 21, 2008.

[597] 부보할 보험의 요율을 견적하다

Please quote us the rate for marine insurance, With Average, on a shipment of 5,000 units of plastic toys.

We are happy to know the rate at which you are planning to effect insurance.

[598] 보험에 들다

Please effect insurance on the cargo against Institute Cargo Clause(B) for the amount of US$230,000.

In accordance with your instructions we have arranged for marine insurance with the Hyundai Marine & Fire Insurance Company for 110% of the invoice amount.

Please effect insurance for US$1,000 on 5,000 dozen of these eggs against all risks.
⊂용어⊃ take out〈open, cover, effect〉 insurance(부보하다)

Please note that the insurance is to be effected by you.

The insurance on consignment has been effected by us.
⊂용어⊃ consignment(적송품); effect insurance(부보하다)

We shall effect insurance for you subject to I.C.C.(C) on US$20,000.

We will insure the merchandise for you subject to I.C.C.(B) with the

Hyundai Marine & Fire Insurance Co., Ltd.

Please effect insurance on our order on the I.C.C.(A) terms.

All shipments will be insured for a sum equal to the full invoice amount plus ten percent.
⊂용어⊃ insure 〈cover〉 (a thing) for (a person) for 〈for the amount of〉 ($) with (an insurance company); insure 〈cover〉 (a person) on (a thing); effect 〈take, cover〉 insurance on (a thing) for (a person) for 〈for the amount of〉 ($) with (an insurance company)
⊂유사예문⊃ Marine insurance policy or certificate in duplicate, endorsed in blank for 110% of the invoice value
⊂용어⊃ endorsed in blank(백지이서 하여); a sum equal to the amount of invoice plus 10%; 10% above invoice amount; 10% over invoice value

Please send us the insurance policy together with the statement of insurance premium due.

The prices are based on the rate of freight and insurance premium prevailing at the time of accepting the order. Any increase in the rate of freight and insurance premium at the time of shipment shall be borne by buyer.

We will absorb the difference between I.C.C.(A) and I.C.C.(B).
⊂용어⊃ absorb the difference(차액을 부담하다)

[599] 클레임의 제기

We need to file a claim with you. We urge you to honor a claim.

We will have to make a claim for compensation on this shipment.
Necessary steps must be taken.
Any claim by buyer must be made in writing within fourteen (14) days of receipt of the goods at the destination.
⊂용어⊃ be in receipt of(…을 받다); on (the) receipt of(…을 받는 즉시); acknowledge the receipt of(…받았음을 알리다)

[600] 열등품

We deeply regret to say that the wrong goods have been shipped.
⊂용어⊃ inferior quality(품질불량); wrong specification(규격상위); different goods(내용상이); defective packing(포장결함); inferior packing(불량포장); delayed shipment(선적지연); non-delivery(인도 불이행)

Every effort will be made to prevent repetition of such mistakes.
We regret to say that the inferior goods have been shipped.
The quality is far below your sample.
Two units do not correspond with the original pattern.

[601] 물품의 파손

We are in receipt of your letter of June 25, 2008 and are sorry to find that out of the 20 boxes shipped by us, 3 were badly damaged.
⊂용어⊃ be in receipt of(…을 받다); breakage(파손, 파손량, 파손 예상액)

One of the personal computers packed in box no.12 was found damaged beyond repair.

[602] 대체품

Would you send a replacement to us by air?

A replacement for the damaged goods will be dispatched today.

We are compelled to ask you to replace them.

⊂용어⊃ replacement of defective goods(결함 있는 물품의 대체품)

[603] 기대에 부응하다

We hope that the goods will come up to your expectation.

⊂용어⊃ meet one's expectation, come up to one's expectation(…의 기대에 부응하다)

[604] 할인

To settle this matter we are asking you to accept the merchandise at an allowance of 15%.

⊂용어⊃ allowance(할인)

[605] 대변 및 차변전표

We return it to you, carriage forward, and ask you to send us your credit note.

We are forced to ask you to send us a credit note for the amount of these 5 broken boxes.

⊂용어⊃ carriage forward = carriage collect(운임 수취인 지불로); carriage paid = carriage prepaid(운임 선불로); credit note(대변 전표); debit note(차변 전표)

We are enclosing a credit note for US$250 as payment in full of your claim for damages.

⊂용어⊃ claim for damages(손해에 대한 배상요구); market claim(마켓 클레임)

[606] 불편을 끼치다

This will put us to great inconvenience.

⊂용어⊃ cause inconvenience to (*a person*)= occasion inconvenience to (*a person*) = put (*a person*) to inconvenience(누구에게 폐를 끼치다);

[607] 계약의 위반

All disputes which may arise between seller and buyer for the breach of this contract shall be finally settled by arbitration in Seoul, Korea.

⊂용어⊃ breach(위반, 불이행)

[608] 불가항력적인 상황

Seller shall not be responsible for nonshipment or late shipment by reason of force majeure.

⊂용어⊃ force majeure(불가항력) : 예를 들면 다음과 같다. fires, floods, earthquakes, tempests, strikes, lockouts and other industrial disputes, mobilization, war, threat of war, riots, civil commotion, hostilities, blockade, requisition of vessel and any other contingencies beyond seller's control.

[609] 끝맺는 문구

We look forward to hearing from you soon.

We look forward to your early reply.

We hope to be of service to you.

It will be a pleasure for us to serve you.

Please do not hesitate to get in touch with us if there are other ways in which we can be of service.

⊂용어⊃ keep in touch with; get in touch with; make contact with; come into contact with; connect with; communicate with(접촉하다)

Please feel free to write us.

Please let us have your reply soon.

Please let us know if we can help you at any time and feel free to write to us.

We assure you that we shall make every effort to meet your requirements.

We thank you for this business and hope we may take pleasure in serving you again.

찾아보기

D

E

Q

R

저자약력

이병락

고려대학교 경상대학 교수

무역영어

2012년 2월 10일 초판인쇄
2012년 2월 15일 초판발행

저 자 이 병 락
발행인 안 종 만
발행처 (주) 박영사

서울특별시 종로구 평동 13-31번지
전화 (733) 6771 FAX (736) 4818
등록 1959. 3. 11. 제300-1959-1호(倫)

www.pybook.co.kr e-mail : pys@pybook.co.kr

저자와 협의하여 인지를 생략함

정 가 25,000원

ISBN 978-89-6454-195-1

We wish to confirm our cable just dispatched offering you the following goods.

[587] 정시에

The vessel arrived on schedule. The vessel arrived behind schedule.
⊂용어⊃ on schedule = on time; behind schedule = not on time

We hope that the goods will reach you in good condition and be a great satisfactory to you.

[588] 선적할 선편을 마련하다

We regret to say that there is no space available on our ships.

Immediately on receipt of your order we will arrange for shipment to meet your requirements.

[589] 선적하다

We shall effect shipment by that vessel.

We ask you to make shipment so that the goods may arrive here not later than May 21, 2008.

We will make shipment of the merchandises aboard the Arirang.
⊂용어⊃ make shipment of, effect shipment of, execute shipment of(…을 선적하다)

Please inform us when the goods **are ready for shipment**.

Your order will be shipped **on the first available** vessel.

Please deliver the following merchandise **as per** your sample.

We need to decline your order because the earliest delivery would be next May.

Please pay attention to the time of shipment.

The earliest shipment will be next month.

[590] 분할선적, 정시선적

Partial shipment shall be permitted **unless otherwise stated on the face**.
⊂용어⊃ partial shipment(분할선적); transshipment(환적)

We ask you to do everything to ensure **punctual shipment**.

[591] 비유통성의

We shall send you **non-negotiable** copies of shipping documents **under separate cover**.

[592] 유효기일

It is impossible for us to ship your order **within the validity of** letter of credit.